제목을 읽는 순간 이건 나를 위한 책이구나, 알아차렸다.
세례를 받기까지 방황하며 20여 년 긴 세월을 보냈으므로
세례를 받고 나면 그 후론 내 신앙심이 단단해질 줄 알았다.
그런데 그렇지가 않았다. 여전히 '나이롱 신자'인 것이다.
그러면서도 마음 한구석엔 신심 깊은 신자가 되고 싶다는
바람이 가득이다. 혹시 나 같은 이가 또 있지 않을까?
크리스찬이란 말을 입 밖으로 낼 때 자신 없고
미안한 마음이 드는 이들……
그러면서도 자신이 그저 단백질 덩어리의 합성이 아니라
하나님의 창조물임을 믿고 싶은 사람들……
그런 이들에게 꼭 필요한 책이 바로 이 책
『다시, 성경으로』이다.
모처럼 마음이 끌리는 저자를 만나 그녀의 새 책들도
찾아 읽고 싶으나 갑자기 세상을 떠났다고 한다.
더욱 애틋한 마음으로 읽는다.

— 최인아, 최인아책방 대표

버리기에는 아깝고 달리 쓸모가 없는 천들이 있다. 낡아서 못 입게
된 옷에도 멀쩡한 부위가 있기 마련인데, 나는 그 부분을 잘라서
모아놓는다. 개중에는 예쁜 천도 있지만 아무 무늬가 없는 것들도
있다. 나는 그런 작은 조각천을 이어 붙여 파우치나 가방, 이불을
만든다. 이렇게 하면 개성 없고 의미 없는 조각들이 무언가가 된다.
게다가 완성품은 아름답기까지 하다. 이 책의 저자인 레이첼 헬드
에반스가 성경을 모자이크에 비유했을 때, 나는 무슨 말인지 단번에
알아들었다.

이 책을 통해 저자를 처음 알게 되었다. 왜 여태 몰랐을까 싶을
정도로 저자의 매력에 흠뻑 빠져들었다. 이 책은 성경에 '관한'
책이다. 그렇지만 여느 성경 개론서와는 많이 다르다. 이 책은 세상을
구원하시는 하나님의 사랑이라는 거대한 이야기 안에서, 너무나
평범해 보이는 나의 이야기가 어떤 목적과 방향을 갖는지 생각해
보게 해 준다. 미천한 우리의 삶에 마음을 쓰고 계신 하나님의 사랑을
발견하게 도와준다.

나는 성경과 신앙에 대한 저자의 의문과 씨름에 십분 공감한다.
나 역시 내가 믿던 하나님에게 배신을 당했다고 생각한 적이
있어서 그렇다. 저자는 의심하고 흔들리는 신앙의 여정을 솔직하게
노출한다. 의심하는 사람들이 보통 냉소적이기 쉬운데 그의 글은
따뜻하다. 다 읽고 나면 책 제목처럼 "다시, 성경으로" 돌아가고
싶어진다. 갑작스럽게 세상을 떠나 저자의 글을 더는 접할 수 없다니,
정말 안타깝다. 아기엄마들은 하나님이 오래 살려 두셔야 하는 거
아닌가. 속상하다.

확신에 차서 큰 목소리로 주장하는 사람들이 많다. 자신들은 정답을
안다고 하면서 흔들리는 사람을 정죄한다. 살아 보니 나는 삶이란 게
참 복잡하던데, 나는 믿음이 부족한가 싶다. 나는 저자처럼 의문을
갖고 질문하는 사람들 편에 서서, 그들과 함께, 야곱처럼 밤새
씨름하며 복을 달라고 하나님에게 매달리겠다.

— 김경아, 『너라는 우주를 만나』 저자

레이첼은 여전히 '마법의 책을 가진 소녀'이다. 책 첫머리에 나오는 저자의 어린 시절 정체성은 학문과 인생, 신앙의 깊이를 더한 후에 더욱 견고하고 매혹적으로 자라났다. '구불구불한 산길'을 돌아 성경을 '다시' 사랑하게 된 저자가 펼치는 이 책에는 세 이야기가 교차한다. 성경 이야기, 성경을 쓰고 해석했던 이스라엘 사람들의 이야기, 그리고 레이첼과 우리들의 이야기! 이 책을 읽는 동안, 그리고 저자가 제시하는 방법론을 적용하여 성경을 '다시' 읽는 동안, 우리는 성경의 구원 이야기를 자신의 경험과 연결하게 될 것이다.

— 백소영, 강남대학교 기독교학과 초빙교수

'다시, 성경으로' 돌아간다는 말은 근본주의로의 회귀를 의미하지 않습니다. 그것은 성경이 기록된 상황과 맥락으로 긴 여행을 떠나는 일입니다. 여행의 종착지는 (영원한 하늘나라가 아니라) 유한한 오늘, 내가 사는 이 땅입니다.
쉽게 오해되고 오용될 수 있는 성경을 복음 전파의 도구로 삼으시고 불완전한 인간에게 해석의 자유를 주신 것이야말로 하나님의 낮아지심이며 인간에 대한 신뢰라고, 레이첼은 말합니다. 저자와 저처럼, 성경이 유년 시절에는 마법의 이야기책이었다가, 청소년기에는 지침서였다가, 성인이 되어서는 답안지였던 분들에게 권합니다. 답안지에 '오류'가 있을지도 모른다는 사실에 당황하기 시작한 분들에게도요. 그리스도는 사랑이고 진리는 자유인데 왜 누군가는 성경을 혐오와 억압의 근거로 삼는가 묻는 이들, 그럼에도 불구하고 무엇이 나를 신자로 남아 있게 하는가, 또는 나는 왜 떠나지 못하는가 묻는 나의 이웃들과 함께 당장 다시 읽고 싶은 책입니다.

— 최은, '모두를 위한 기독교영화제' 부집행위원장·영화평론가

성경을 오류 없는 하나님의 말씀으로 확신할수록, 하나님을
납작하게 이해할 가능성이 높다. 하나님을 보다 정확하게 이해하며
더 깊이 사랑하기 위해서는 의심하고, 질문하고, 저항하는 성경과의
'밀당'이 필요하다. 레이첼 헬드 에반스의 전복적인 성경 읽기는
성경 속 모순들과 씨름하고, 성경과 현실 사이에서 '밀당'하는 모든
이들을 새로운 진리의 길로 인도하기에 충분하다. 이토록 매력적인
스토리텔러, 레이첼 헬드 에반스를 대체할 작가를 당분간 만나기
어렵겠다.

― 오수경, 청어람ARMC 대표

찬송가의 한 소절처럼 성경이 '나의 사랑하는 책'이던 시절이
있었다. 내 삶과 세상의 모든 문제에 해답을 준다고 믿고, 날마다
읽고 묵상하고 적용하던 소싯적이 그립다. 성경책을 펴면 거기가
예수님의 품인 양 얼굴을 묻고 울기도 많이 울었다. 지금의 나는
머리가 커졌다. 성서는 예나 지금이나 여전히 전쟁과 차별의 씨앗이
되고, 내부적으론 모순투성이의 '팀킬' 서적인 데다 번번이 나를 걸려
넘어지게 하는 스캔들이다. 언제부터인지 성서보다 문학과 인문학,
영성가의 저작에 더 손이 간다. 그러다 본서 『다시, 성경으로』를
접했다. 제목 그대로 '다시, 성경으로' 돌아가 하나님의 말씀을
실존적으로 직면할 지혜와 용기를 준다. 성서의 책장을 넘길 때
일렁이는 실바람에서 설핏 그분의 숨결을 느낄 것만 같다.

― 박총, 작가 · 목사(도심 속 수도공동체 '신비와저항')

성경처럼 복잡한 주제를 탁월하고 기발하게 가르치는 최고의 작가, 아니 그 이상이다! 레이첼의 책 『다시, 성경으로』를 반도 읽기 전에, 벌써 나는 십 대가 된 아이들과 함께 읽고 싶어졌다. 내 자녀들이 사랑하길 바라는 예수와 성경이 여기에 있다! 눈부시게 아름다운 작품이다.

― 젠 해트메이커, 뉴욕타임스 베스트셀러 작가

레이첼 헬드 에반스는 많은 이들이 갈망하는 영적 여정의 본보기를 제시한다. 어린 시절의 믿음을 저버린다는 느낌 없이 어른의 눈으로 성경을 읽을 때까지 자라 가는 여행. 특유의 솔직함과 따뜻함으로 레이첼은 죄책감과 두려움에 사로잡혀 있는 많은 이들을 대변하며 그들이 즐거운 기대감으로 성경을 새롭게 읽을 수 있도록 안내한다. 성경은 진작에 그런 책이어야 했다.

― 피터 엔즈, 『확신의 죄』 저자

레이첼 헬드 에반스는 따분하고 케케묵은 성경을 누구나 다가갈
수 있는 책으로 만들었다. 그것도 오래된 기원과 문화적 맥락을
무시하지 않은 채로! 그 과정에서 레이첼은 우리가 성경을 읽으면서
종종 갖게 되는 이상한 선입관들을 뒤엎는다. 『다시, 성경으로』는
반갑고 꼭 필요한 책이다.

— 마이크 맥하그, 『세파 속에서 하나님 찾기』 저자

『다시, 성경으로』는 성경에 띄우는 연애편지다. 레이첼은 많은
사람을 위협하는 칼처럼 사용되었던 책을 보습으로 바꾸었다. 저자는
성경을 사랑하는 동시에 그 결점과 아름다움, 강점과 정신을 어떻게
살펴야 하는지 가르쳐 준다. 열쇠는 사랑이다. 숭배가 아닌 사랑!
이렇게 뛰어나고 시의적절한 책이 눈물 나게 고마울 뿐이다.

— 나디아 볼츠 웨버, '모든 죄인과 성도의 집' 목사

다시, 성경으로

다시, 성경으로

레이첼 헬드 에반스 지음 ★ 칸앤메리 옮김

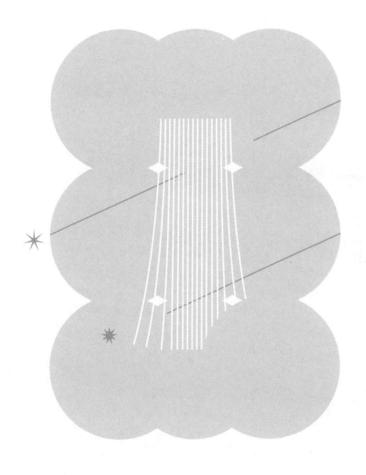

바람이불어오는곳

사랑하는 시어머니,
노마 에반스에게

"정말 그 사람은 하나님이

단 한 가지 의미만 담긴 이야기를 쓰셨다고 믿는 거니?

내 생각엔 한 가지로만 해석될 수 있는 이야기는

흥미도 또 오랫동안 기억할 만한 가치도 없단다."

―하임 포톡, 『다비타의 하프』

차례

일러두기

본서에 인용한 한글 성경 본문은 새번역을 주로 사용하되,
원문에 좀 더 어울리는 다른 역본이나 역자의 번역을 사용하기도 했다.

"오래전, 그러나
아주 멀지 않은 옛날에……"

———

마법의 책을 가진 소녀가 있었다.

다른 책들처럼 소녀의 책에도 왕과 왕비가 나오고 농부와 전사, 거인과 바다 괴물이 등장하고 위험천만한 여행기가 실려 있었다. 다만 소녀의 책은 읽는 사람마다 이야기 속에 흠뻑 빠져들어 마치 자신이 아슬아슬하고 놀라운 이야기 속 주인공이 된 것처럼 만들어 버리는 '마법'을 지녔다는 점에서 특별했다. 그 책을 읽으며 소녀는 양치기 소년 다윗의 용기와 가난한 소작농 룻의 지혜를 배웠고 아름다운 여왕 에스더에게선 사람의 마음을 움직이는 법을 배웠다. 소녀는 부와 행복의 비밀이 담겨 있다는 잠언을 암송했고 수천 년 동안 사람들이 그래왔듯 시편의 구절을 노래했다. 믿음만 있다면 새총 하나로 거인을 쓰러뜨릴 수 있고 물로 포도주를 만들 수 있으며 큰 물고기 배 속에서 사흘을 버틸 수 있다는 사실도 알았다. 심지어 천사와 한판 붙을 수 있다는 것도. 소녀는 그 이야기들은 사실이 아니라고 말하며 소녀의 책을 공격하는 사람들에 대처하는 방법도 터득했다. 필요하다면 소녀는 그 책을 진리의 검처럼 신성한 무기로 사용할 줄도 알았다. 누군가 소녀의 책이 하나님의 영감으로 쓰였다고 했을 때, 소녀는 단숨에 그 말이 진실임을 알았다. 책 속의 모든 말이 하나님의 음성처럼 들렸기 때문이다.

소녀가 이야기 속에서 예수라 하는 선생을 만났을 때, 하나님의 음성은 전보다 더 선명하고 또렷해졌다. 소녀는 그분에게 영원한 사랑을 약속했고 망설임 없이 그분을 따랐다. 가난한 자를 돌보고, 외로운 자에게 친절을 베풀고, 자신을 괴롭히는 사람을 용서하고, 어머니의 말씀에 순종하라고 그분은 가르치셨다. 예수는 아픈 사람을 고치고 죽은 자를 살리셨다. 자신을 따르면 똑같은 기적을 행할 것이라고도 말씀하셨다. 그런 일이 소녀에게 일어나지는 않았지만, 그래도 소녀는 여전히 신뢰를 저버리지 않았다.

그러던 어느 날, 소녀의 이야기가 조금씩 어그러지기 시작했다. 제법 머리가 굵어지고 호기심이 많아진 소녀에게 전에 보이지 않던 것들이 눈에 띄기 시작한 것이다. 아들을 희생 제물로 바치라는 명령에 순종했다고 아브라함을 믿음의 조상으로 치켜세우신 하나님. 선택받은 이스라엘 민족이 적군의 아낙네와 소녀들을 전리품으로 취하도록 면죄부를 내주신 하나님. 그 유명한 여리고성이 무너졌을 때 하나님의 명령을 받았다는 군사들이 남녀노소 가리지 않고 학살을 자행한 일. 노예로 있던 이스라엘을 파라오가 놓아주지 않자 하나님이 보내신 천사가 이집트의 맏아들을 모조리 죽인 일. 심지어 소녀가 가장 좋아했던 노아의 방주 이야기도, 알고 보니 하나님 자신이 생명을 창조한 일을 후회해서 그 모든 것을 싹 쓸어버리신 데서 시작하고 있지 않은가. 언제나 이야기의 멋진 영웅이셔야 할 분이 왜 악당처럼 처신하실까? 도대체 인생의 모든 신비를 풀어 준다는 책이 산더미 같은 질문만 안겨 주는 이유는 뭘까?

소녀는 내심 알고 있었다. 교활한 뱀이나 말하는 당나귀 같은 것은 존재하지 않으며, 세상의 모든 동물을 배 한 척에 욱여넣는 건 말도 안 된다는 것을. 과학책에는 지구가 일주일 만에 생긴 게 아니라고 버젓이 나와 있고, 하늘을 떠받치고 있다는 기둥 따위는 눈을 씻고 찾아봐도 찾을 수 없다는 것을. 위대하다는 다윗 왕에 대해서도 앞뒤가 안 맞는 이야기들이 있는가 하면, 누구나 다 아는 예수의 부활 이야기도 왠지 가짜 뉴스처럼 보이기도 한다는 것을.

그쯤 해서 소녀는 소녀의 책이 허구라는 것을 알아챘다. 더는 그 책이 마법의 책이 아니라는 사실이 두려움으로 다가오기 시작했다.

질문이 늘어 갈수록 하나님의 음성은 점점 작아지고 다른 목소리들이 커지기 시작했다. 사람들은 그런 질문은 아주 위험하다며, 너처럼 순진한 소녀가 절대로 해서는 안 될 질문이라고 타일렀다. 그들은 의심에 맞서 싸우라는 조언도 잊지 않았다. 하지만 소녀의 검은 점점 무뎌졌다. 사람들이 믿음을 가지고 굳건히 서 있어야 한다고 할 때마다 소녀의 다리는 오히려 사시나무처럼 떨려 왔다. 촉촉한 감동을 주던 문구들은 짜증을 일으켰고, 상상의 나래를 펼치게 했던 이야기들은 의심과 어두운 생각만 불러와 마음을 짓눌렀다. 아주 가깝고 무척 좋아하던 나무가 어느 날 갑자기 뿌리를 땅 위로 밀어 올려 짓궂게도 자신을 넘어뜨린 것 같은 느낌이랄까. 낯설어진 세상 한가운데 우두커니 서 있는 소녀에겐 지도도, 길을 밝혀 줄 등불도 없었다.

소녀는 길을 잃었다.

어떤 면에서 성경의 마법은 여전히 위력을 발휘했다. 이야기 속 인물들, 이제 전보다 더 사악해진 그들은 버젓이 소녀의 삶의 무대를 활보하며 소녀의 일과 관계, 계획을 헝클어뜨리기 시작했다. 오래된 이야기는 계속 들려왔고, 옛 전쟁의 소식 또한 그칠 날이 없었다. 소녀는 오래된 그 노래들을 머릿속에서 지워 버리지 못했다.

소녀는 여전히 이야기 속에 갇혀 있었다. 무수한 사람들이 그랬던 것처럼, 또 앞으로도 많은 사람들이 그러겠지만, 소녀는 출구를 찾지 못해 헤맸다. 멍하니 허공을 바라보다 소녀는 무심결에 질문을 던졌다. **내가 믿은 그 마법은 신이 내린 축복일까, 아니면 한낱 저주일 뿐일까?**

바로 그때, 극적인 반전이 시작됐다.

논란의 여지가 있는. 거룩한. 현실과 동떨어진. 시대를 초월한. 억압적인. 공격을 받는. 신성한.

오늘날의 독자들에게서 이처럼 다양한 평가를 끌어내는 책이 또 있을까. 그럼에도 성경의 영향력을 완전히 부인하기란 쉽지 않다. 우리는 번번이 '선악과'에 대한 우스갯소리를 하거나 누군가를 '선한 사마리아인'에 빗대어 칭찬하며 성경을 오래된 어록 정도로 가볍게 치부한다. 성경이 수천 년에 걸쳐서 수많은 저자들에 의해 쓰여진 이야기와 시, 예언과 잠언, 서신과 법조문으로 이루어진 인류의 보고라는 사실을, 윌리엄 블레이크부터 비욘세에 이르기까지 그야말로 만인의 입에 오르내리는 책이라는 사실을 애써 외면하는 것이다. 성경은 2천 개 이상의 언어로 번역되었고, 셰익스피어와 존 스타인벡, 조라 닐 허스턴의 작품과 블라인드 윌리 존슨의 주옥같은 노래에 영감을 주었다. 수많은 묘비에도, 시위대의 손에 들린 팻말에도, 심지어 결혼 정보 회사에 공들여 올린 자기 소개글에도 성경 문구는 들어간다.

흑인 민권 운동가들뿐 아니라 그들과 반대편에 서 있던 보수 기독교 인종 차별주의자들도 성경을 인용하기에 바빴다. 억압당하는 수백만 민중의 탄식을 노래하던 시편의 구절들이 오히려 압제자의 철퇴에 정당성을 부여한 경우도 부지기수다. 성경의 배경이 되었던 지역에서는 아직도 화약 냄새가 가실 날이 없다.

좋든 싫든 우리는 마법의 성에 갇힌 공주처럼 성경 이야기 속에 갇혀 옴짝달싹 못하게 되었다.

앨라배마주 버밍엄의 성 빈센트 병원에서 '레이첼'이라는 이름으로 태어난 순간부터 내 인생은 그야말로 성경과 엮였다. 성경에서 '라헬'이라고 불리는 이 여인은 야곱의 마음을 사로잡은 미모의 양치기이자 아버지와 당차게 맞섰던 여인이다. 남편을 두고 언니와 불꽃 튀는 경쟁을 벌였던 질투의 화신이었으며 둘째 아이를 낳고 죽을 때까지도 하나님께 자녀를 달라고 떼썼던 인물이다. 대머리만 아니면 누구나 머리에 헤어스프레이를 뿌려 대던 레이건 대통령 시절, 나는 과민하고 상상력이 풍부한 아이였다. 피부염을 달고 살았으며 가짜 브랜드 단화를 즐겨 신었고 나름 정치적 견해도 가지고 있었다. 일곱 살이 되던 해, 주일학교에서 성경 속 내 이름의 원래 뜻이 사람들이 **역겨울 때 내는 소리**(ewe)와 같다는 말을 듣고서 난 울며 집으로 돌아왔다. 엄마 아빠가 갓 태어난 내 모습을 보자마자 **징그럽다**고 오만상을 찌푸리며 그렇게 이름 지었을 것이라고 확신하면서 말이다. 나중에 그 말의 뜻이 '암양'이라는 것을 알았지만 그다지 큰 위로가 되지는 못했다. 내 친구 사라의 이름 뜻은 **공주**였기 때문이다.

어린 시절에 나는 물고기가 물속을 헤엄치듯 성경 속 이야기들을 자연스럽게 받아들였다. 80-90년대 복음주의 문화는 성경을 주제로 한 책과 비디오를 홍수처럼 쏟아 냈고, 나는 언제나 「세서미 스트리트」에 나오는 주인공들과 디즈니가 만들어 낸 별의별 공주 캐릭터들이 모세, 미리암, 아브라함, 이삭 같은 성경 인물들과 함께 어울려 끝없이 퍼레이드를 벌이는 상상을 하곤 했다. 나의 첫 번째 성경은 삽화가 절반을 차지하는 어린이용 성경이었다. 표지에는 사슴처럼 큰 눈을 가진 금발의 양치기 소년 다윗이 어린 양 두 마리를 품에 안고 있었고, 그의 지팡이 끝에는 참새 한 마리가 앉아 있었다. 불과 몇 년 후에 블레셋 사람 200명의 포피를 베어 장인에게 신붓값으로 바치게 될 운명일랑 까맣게 모른 채, 표지 속 소년은 마냥 행복했다. 책을 펼치면 내가 좋아하는 온갖 영웅들이 깜찍한 어린이의 모습을 하고 삽화 속에 등장했다. (그렇다고 성경의 모든 인물이 등장했던 것은 아니다. 예를 들어, 장막 말뚝을 가나안 장수의 관자놀이에 박아 암살했던 야엘 같은 여인은 삽화에서 빠져 있었다.) 내게는 그런 성경 인물들이 에이브러햄 링컨이나 베어 브라이언트[•] 그리고 가족 모임 때마다 빠짐없이 화제가 되는 돌아가신 친척분들과 별반 다를 바가 없었다. 그들은 신화 속에나 나올 법한 인물이면서 동시에 실재하는 인물이었다. 아니, 과거에 실존했던 인물을 넘어서 아직도 살아 있는 듯한 그런 존재였다. 나는 성경을 세상의 모든 이야기가 흘러나온 발원지이자 인생의 온갖 드라마가 펼쳐지는 도덕적 우주라고 생각했다. 이처럼 곧이곧대로 성경을 믿었던 나는 수년 동안 쉐보레를 운전하면서도

• 　대학 미식축구 역사상 최고의 감독으로 평가받는 전설적인 인물.

한 번도 고개를 돌려 뒷유리창을 내다보지 못했다. 롯의 아내처럼 소금기둥으로 변해 버릴까 봐 두려웠기 때문이다.

우리 가족이 소위 '바이블 벨트'의 유명한 동네, 그러니까 1925년 '스콥스 원숭이 재판'*의 본고장인 테네시주 데이턴으로 거처를 옮겼을 때, 난 이미 복음주의의 가르침에 흠씬 젖어 성경을 붙들고 살고 있었다. 고등학교에 들어가기 전에 시편과 잠언, 로마서의 상당 부분을 암기할 정도였고, 고등학교에 들어가서는 기독교 동아리 회장에 교회 학생회 회장까지 겸임했다. (회장이 되어 본 사람은 알겠지만, 자리가 주는 묘한 성취감 같은 게 있다.) 학습용 성경을 읽을 때면 노랑, 주황, 녹색 형광펜으로 줄을 착착 그어 가며 읽었고, 단 한 번도 아침 '경건의 시간'을 빼먹은 적이 없었다. 유년 시절의 성경이 재미있는 이야기책이었다면, 사춘기 때 성경은 어떻게 해야 할지를 알려 주는 일종의 유용한 안내서였다. 친구 문제, 이성 교제, 학업, 외모 등 그 나이 또래가 할 수 있는 온갖 종류의 고민거리가 생길 때마다 난 성경에서 답을 구했고, 그때마다 성경은 어김없이 엄마의 품이 되어 고민을 들어 주고 풀어 주었다.

당시 교회를 다니던 십 대들은 으레 '인생의 성경 구절'을 하나씩 골랐는데, 내 성경 구절은 빌립보서 3장 8절이었다. "또한 모든 것을 해로 여김은 내 주 그리스도 예수를 아는 지식이

• 존 스콥스라는 교사가 공립학교에서 진화론을 가르쳤다는 이유로 벌금형을 선고받은 재판. 이후 진화론 교육을 금지한 법안이 철폐되는 출발점이 되었다.

가장 고상함을 인함이라. 내가 그를 위하여 모든 것을 잃어버리고 배설물로 여김은 그리스도를 얻고 그 안에서 발견되려 함이니"(개역개정). (돌이켜 보면, 2천 년 전 한때 바리새파에 몸담았던 어떤 죄수가 당시 이름도 없던 종교 집단에 보낸 편지의 한 구절이 어떻게 1997년을 사는 열여섯 살 소녀의 마음을 움직여 「타이타닉」을 보러 영화관에 가는 대신 성경 공부 모임을 선택하게 했는지 참 알 수 없는 노릇이다. 이것도 마법이라면 마법이겠지.)

　고등학교를 졸업하고 보수적이기로 소문난 기독교 대학의 영문과에 입학한 나를 보고 놀라는 사람은 아무도 없었다. 심리학, 역사, 경제학 등 모든 학문을 '성경적 세계관'으로 가르치겠다는 것이 그 대학이 내건 슬로건이었다. 유년기의 성경이 이야기책이었고 사춘기의 성경이 안내서였다면, 청년 시절의 성경은 답안지였다. 성경은 무조건 **옳았고** 그래서 가치가 있었다. 내가 배운 성경은 기독교인들이 공화당에 표를 던지는 이유였고 진화론을 거부하고 동성 결혼에 반대하는 근거였다. 여자인 내가 결코 목사가 될 수 없는 이유도, 옷을 입을 때 늘 목선의 깊이에 신경 쓰게 만드는 것도 모두 성경이었다. 교수님들은 성경적 세계관을 갖추면 무신론자나 불가지론자와의 토론에서 절대 밀릴 일이 없고, 2001년 9월 11일 테러 이후 지금까지 휘청이고 있는 포스트모던 사회의 도덕적 혼란으로부터 자신을 지킬 수 있다고 힘주어 말했다. 성경에 대해 더 많이 알수록 더 자신 있게 믿을 수 있고 세상의 문제들에 대해 더 수월하게 답할 수 있다고 가르쳤다.

내게 확신을 심어 주려던 교수님들의 의도가 아무리 순수했을지언정, 청년이 되어 스스로 던지는 질문까지 막을 순 없었다. 지극히 '성경적'이라고 배웠던 답들, 가령 지구의 나이가 지질학자들이 말하는 것보다 훨씬 적다는 '젊은 지구 창조론'이라든지, 가정과 교회에서 여성의 역할은 제한되어야 한다든지, 불신자들은 모두 지옥에 간다든지 하는 견해들이 시간이 지날수록 혼란스럽게 느껴졌다. 명확한 답을 찾아 성경을 파헤칠수록 도리어 더 많은 문제와 맞닥뜨렸다. 예컨대, 내가 다니는 교회에서는 바울이 디모데에게 보낸 편지를 근거로 여성의 설교권을 부인하면서도(디모데전서 2:12), 그 바울이 여성은 머리를 가려야 한다고 고린도에 써 보낸 가르침(고린도전서 11:6)에는 왜 침묵하는 걸까? 부모에게 대드는 아이는 돌로 쳐 죽이고 적군은 아예 씨를 말리고 전쟁에서 포로로 잡은 여성은 노예로 삼아도 된다고 말하는 신명기를 보면서(20:14-17, 21:18-21), 어떻게 성경이 다른 종교의 경전보다 도덕적이라고 말할 수 있을까? 지구가 평평하며 움직이지 않는다 가르치고 노예제를 당연시하고 일부다처제 같은 가부장적 관습에 대해서도 구렁이 담 넘어가듯 하는 성경을 과연 '무흠하고 무오하다'고 주장할 수 있을까?

불현듯 성경과 불안한 가면 놀이에 빠진 느낌이었다. 화려하게 그려진 노아의 방주의 가면을 벗겨 보니 인류 파괴라는 험상궂은 민낯이, 여호수아가 이끈 여리고 전쟁의 가면을 들어보니 종족 학살이라는 얼굴이, 에스더가 거했던 왕궁의 가면을 들춰 보니 왕에게 간택되길 기다리는 궁녀들로 바글바글한 궁의 속살이 드러났다. 성경은 더 이상 어린 시절 위로를 주던 이야기도, 사춘기 때의 유익한 안내서도, 대학 시절의 확실한 답안지도 아니었다. 내 이십 대의 성경은 늘 나를 넘어뜨리는 걸림돌이요 한때 내가 알았다고 생각한 하나님과 나 사이를 가로막는 거대한 장벽일 뿐이었다.

부모님은 나의 질문에 성심껏 답해 주셨지만, 주변의 다른 기독교인들은 마치 급히 진화해야 할 산불이라도 만난 것처럼 당황한 기색이 역력했다. 친구들과 교수님, 주일학교 선생님은 앞다퉈 답을 내놓았고, 글리슨 아처가 쓴 『성경 난제 백과사전』이라는 방대한 책을 소개해 주기도 했다. 성경에 관한 어떠한 질문에도 척척 답해 준다는 500쪽이 넘는 이 두꺼운 책은 도움이 되기는커녕 뻐딱한 생각으로 가득한 내 머릿속에 이전에 알지 못했던 난제만 더 쌓아 놓았다. 반론을 잠잠하게 하려는 주위 사람들의 노력은 되레 나의 의구심만 더 키웠다. 이스라엘이 저지른 인종 청소는 어떻게든 교묘하게 정당화한다 해도, 가인은 도대체 어디서 아내를 구했으며 스스로 목매달아 죽은 가룟 유다가 어떻게 땅에 곤두박질쳐서 **다시** 죽을 수 있는지 같은 의문들이 내 존재의 뿌리를 흔들기 시작했다. 입을 쭈뼛거리며 그런 질문은 시간 낭비일 뿐이라고 말하는 사람들도 있었다. 어쩌면 성경은 아무런 마법도 없는 그저 평범한 책일지도 모른다는 생각이 해일처럼 밀려왔다. 사람들도 진작에 알고 있었을지 모른다는 생각과 함께. 성경을 열렬히 옹호하며 나의 신앙심을 다시 일으키려던 그들의 의도와는 반대로, 내 믿음은 바람 앞의 촛불처럼 흔들렸다. 어느 날 친구처럼 나를 대해 주던 목사님이 내가 회의에 빠진 것이 어쩌면 죄 때문일지도 모른다며 "혹시, 성적인 죄?"라고 물어왔을 때, 나는 의심의 터널을 지나는 이 시간이 얼마나 고독한 여정이 될 것인지 직감했다.

그 후로 몇 년 동안 나는 믿음에서 떠났다가 돌아오기를 수없이 되풀이했다. 결혼을 했고, 성공회 교인이 되었고, 버락 오바마를 찍었고, 역사 비평적 성경 해석에 심취했다. 도서관에 뻔질나게 드나들며 얻은 지식으로 블로그 활동에 열을 올리던 나는 예레미야 29장 11절("내가 너희를 두고 계획하고 있는 일들은 재앙이 아니라 번영이다. 너희에게 미래에 대한 희망을 주려는 것이다")과 같은 말씀이 자신의 인생 구절이라고 소개하는 사람들을 향해 심술궂게 핀잔을 날렸다. "원래 이 말씀은 너 같은 고3 학생이 **아니라** 바빌로니아에서 유배 생활을 하고 있던 이스라엘 백성을 위해 쓰인 건 알고 있니?" 성경의 권위에 딴지를 거는 일도 잊지 않았다. "**만일 진짜로** 바울이 골로새서를 썼다면 말이지요……" 하며 얕보기 일쑤였는데, 좀 아는 사람이 봤다면 실소를 금치 못했을 것이다.

한마디로 난 성경 악플러가 되었다.

성경에 대해 아무리 견실한 지식을 알게 되어도, 난 성경을 그저 흥미 삼아 연구해 볼 수 있는 박물관의 골동품처럼 다뤘다. 끊임없이 의심의 눈길을 보내고 교정하고 파헤쳐 보려는 나의 노력 뒤에는 언제나 참을 수 없을 만치 무거운 적막이 찾아왔다. 그리고 적막 속에서도 성경이 아직도 자석처럼 나를 끌어당긴다는 사실을 부인할 수는 없었다. 그러나 성경은 더는 말을 걸어오지 않았고 하나님의 음성 같은 것은 사라진 지 오래였다. 차가운 침묵의 얼음성으로 변해 버린 성경 앞에 난 그대로 멈춰 서 있었다.

내가 다시 성경을 사랑하게 되기까지의 과정을 길로 표현하자면 구불구불한 산길쯤 될까. 믿음의 여정이 대개 그렇듯, 나의 여정도 현재 진행형이며 아직 완성되지 않은 원고와 같다. 누군가의 도움이 없는 순례는 불가능하다고 했던가. 나 역시 앞서 이 길을 걸어간 많은 이들, 거룩한 것에 호기심을 품고 질문하기를 멈추지 않았던 작은 성인(聖人)들에게 신세를 졌다. 그들은 내게 의심을 피하지 말고 끌어안으라고, 그것을 통해 앎의 깊이를 더해 가라고 깨우쳐 주었다.

회고록 작가인 애디 지어맨은 율법주의적 신앙을 떠난 사람들을 위해 '애디에게'라는 온라인 칼럼을 쓴다. 최근 성경이 딱딱하게만 느껴지고 문제를 풀어 주기는커녕 도리어 의심만 키운다고 생각되어 어찌할 줄 모르겠다는 독자에게 그녀는 이렇게 조언했다. "성경은 찌푸린 눈으로 한참을 바라봐야 뭔가 보이는 『매직 아이』 같은 게 아니에요. 오히려 성경은 여러 가수들이 커버곡으로 부르고 리믹스해서 부르는 노래에 가깝습니다. 당신에게 제일 멋지게 다가오는 가수를 찾아보세요. 성경을 전혀 다른 관점에서 바라볼 수 있도록 도와줄 겁니다."[1]

지난 10년 사이에 나는 애디가 언급한 '나만의 가수들'을 만났다. 다양한 학자와 시인들, 성경을 바라보는 여러 전통과 관습을 통해 나의 성경은 다시 노래하기 시작했다. 오랜 세월의 흔적이 고스란히 녹아 있는 유대인의 성경 해석법은 내게 성경 속 수수께끼와 모순에 맞서 싸우지 말고 대범하게 품으라고, 성경은 본질적으로 읽는 이가 씨름하며 의심하고 상상하며 토론하게 만드는 책임을 가르쳐 주었다. (사회 불의의 제거라는 관점에서 성경을 보는) 해방신학과 페미니즘적 성경 해석을 통해 나는 성경의 이야기가 우리에게 정의의 문제를 상기시킴으로써 더 나은 세상을 만드는 지혜로운 도구가 될 수 있다는 사실을 깨달았다. 거룩한 독서(렉시오 디비나)와 이냐시오 명상법 같은 영적 실천은 한동안 잊고 있던 성경 묵상의 세계로 나를 다시 인도했다.

한결같은 나의 부모님은 성경을 읽는 목적이 "온갖 선한 일을 할 수 있게 하는 것"(디모데후서 3:17)임을 당신들의 삶으로 가르쳐 주셨다. 또 나의 멘토이자 친구인 구약학자 피터 엔즈는 "성경을 있는 그대로 바라보라"고 조언해 주었다. "성경을 얌전한 범생이로 만들려 하지 말고, 너저분하고 괴팍하고 말썽 많은 아주 오래된 모습 그대로 받아들이라"고 말이다.[2]

그 후로 난 성경을 편안한 마음으로 읽기 시작했다. 내 기호에 맞든 안 맞든 '있는 그대로' 성경을 보자 놀라운 변화가 생겼다. 성경이 고정불변하고 언제나 정답만을 말하며 확실하고 절대적이라고 우기기를 멈추는 순간, 우리는 살아 숨 쉬며 우리를 당혹스럽게 하고 놀라게 만드는 성경을 만난다. '마법'이라고 부를 수 있을 만치 매혹적인 성경의 참모습을 발견하는 것이다. 고대 유대 랍비들은 성경을 시끌벅적 붐비는 활기찬 궁전에 비유했는데, 그 궁전에는 사람들이 모이는 커다란 홀과 연회장처럼 열린 공간이 있는가 하면 비밀 통로와 밀실처럼 숨겨진 곳도 있다.

랍비 버튼 비소츠키는 『그 책을 읽다』라는 저서에서 "성경을 보는 것은 궁전의 비밀을 알아내고 모든 잠긴 문을 열어 왕과 그 영광을 얼핏 보는 모험과 같다"고 했다.[3]

저명한 신약 성서학자 톰 라이트는 성경을 5막으로 구성된 연극에 빗대어 설명하기도 했다. 하나님의 사람들은 감동과 반전으로 가득한 이 연극의 마지막 장, 아직 끝나지 않은 결론 부분에 참여하도록 초대받는다.[4] 라이트에 따르면, 자신에게 맡겨진 배역을 충실히 소화하기 위해 우리는 세상을 구원하시는 하나님의 위대한 서사시와 자신의 인생이 어떻게 연결되는지 적극적으로 탐색해야 한다. 우리가 페이지를 넘길 때마다 성경은 우리에게 주저 없이 질문하고 그 질문과 씨름하는 모험에 자신을 던지라고 요청한다.

성경과 엎치락덮치락하던 나날이 지나고 어느덧 서른다섯 살이 되었다. 앞으로도 성경과의 '밀당'은 계속될 테지만 나는 밤마다 스스럼없이 아기에게 시편 121편을 불러 준다. **"너를 지키시는 이가 졸지 아니하시리로다."** 앞서간 수많은 부모들처럼, 나도 향긋한 아가의 머리맡에 앉아 속삭이듯 노래한다. **"이스**

라엘을 지키시는 이는 졸지도 아니하시고 주무시지도 아니하시리로다."

갓 세상에 나온 아들에게 태곳적 노래를 가르치면서 나는 정말 오랜만에 그 노래를 감상한다. 이야기에 다시 사로잡힌다. 아니, 폭 안겨 버린다.

소설가 닐 게이먼은 G. K. 체스터턴을 인용하여 이렇게 말한다. "동화는 허구보다 실제에 가깝다. 무서운 용이 존재한다고 가르쳐서가 아니라, 우리가 용을 이길 수 있다는 사실을 말해 주기 때문이다."[5] '나'라는 그릇이 빚어지던 유년 시절, 문화 전쟁이 어떻고 장르의 종류와 성경적 해석이 무엇인지 아무것도 모르던 그 시절에 성경은 내게 가르쳐 주었다. 아무리 큰 홍수에도 동물을 가득 실은 배가 살아남을 수 있고, 바다가 갈라지고 사자가 양처럼 유순해질 수 있고, 소녀가 자라서 예언자와 용감한 전사와 여왕이 될 수 있고, 그리고 한 아이의 점심이 오천 명을 먹일 양식이 될 수도 있음을.

이따금 드는 생각이지만, 어쩌면 지금보다 어린 시절에 성경을 더 깊이 이해했던 것은 아닐까, 시간이 더 흘러도 마찬가지이지 않을까.

이 책을 쓰면서 나는 이전에 경험했던 성경의 마법을 조금이나마 되찾기를 바라는 마음을 갖게 되었다. 그렇지만 성경이 오래되고 복잡하며 논란거리가 많고 정리되지 않은 문서임을 인정하려 했고, 또 성경이 특정한 문화와 맥락에서 나왔지만 누구에게나 다가갈 수 있다는 점을 기억하려고 했다. 그리고 두 가지 유형의 독자를 마음에 두었다. 우선, 나처럼 보수적인 복음주의 배경에서 자랐지만 자신이 배운 성경과 실제 성경 간의 큰 차이를 발견하고 그 사이에서 길을 찾기 위해 고군분투하고 있는 이들. 그다음은, 현재의 나처럼 진보적인 전통을 가진 교회에 속했지만 예배 시간에 사용되는 말씀의 배경과 의미, 내용을 수동적으로 받아들이기보다는 한 걸음 더 들어가서 살펴보기 원하는 이들. 아무쪼록 독자가 엄격한 문자주의와 지나친 자유주의 양쪽을 모두 지양하고 말씀 그대로를 이해하려고 할 때 성경이 얼마나 매혹적이고 사실적인지 경험하게 되기를 바랄 뿐이다.

이 책에서 나는 성경 문서의 다양한 양식을 다루었다. 익숙한 성경 이야기를 창의적으로 재해석한 짧은 글('성전', '우물', '성벽' 등)과 성경의 양식에 대해 더 깊이 살펴보는 글('기원 이야기', '구원 이야기', '전쟁 이야기' 등)을 번갈아 배치했다. 또한 길지 않은 내 인생에 대한 반추와, 독자 자신의 삶이 성경과 어떤 지점에서 만날 수 있는지 생각해 볼 것을 권하는 초대도 사이사이에 끼워 넣었다.

나는 성경이라는 주제를 가급적 학자의 입장이 아닌 작가와 문학 애호가의 입장에서, 글의 의미를 제대로 파악하기 위해서는 우선 글의 양식을 살펴야 한다고 믿는 입장에서 바라보려고 했다. 성경은 다양한 이야기의 모음집이기에 각각의 이야기는 그 쓰인 의도를 파악할 때 거기서 가장 많은 것을 얻어낼 수 있다. 구약학자 피터 엔즈를 비롯한 여러 작가들의 학문적인 도움이 없었다면 이 책은 빛을 보지 못했을 것이다. 월터 브루그만, 엘런 데이비스, 들로리스 윌리엄스, 냐샤 주니어, 에이미 질 레빈, 라승찬, J. R. 대니얼 커크, 스캇 맥나이트, 글렌 R. 파우, 톰 라이트의 저작들이 많은 도움이 되었다. 성경 연구라는 순례를 함께하는 이들의 헌신에 그저 감사할 따름이다.

에세이 작가인 내가 성경에 관한 책을 쓴다는 것이 왠지 맞지 않는 옷을 입은 것처럼 생각되기도 했다. 그러나 성경을 향한 애정을 잃었다가 다시금 회복한 사람이라면 성경과 관계 맺는 것이 가족이나 절친한 친구와의 관계만큼이나 아주 현실적이고 복잡하다는 사실을 잘 알 것이다. 다행인지 불행인지 이름부터 시작해서 내 삶은 성경과 떼려야 뗄 수 없는 관계다. 이제는 내 인생이 자아낸 실을 말씀에서 억지로 잡아떼기보다는 그것이 성경과 어떻게 맞물려 있는지 더 잘 보고자 한다. 거대한 양탄자에 새겨진 문양을 보기 위해 몇 걸음 뒤로 물러서는 것처럼.

성경 어디에도 말씀을 '마법'에 빗대어 표현한 곳은 없다. 아마도 마법이라는 단어가 주는 어감이 이상한 종교 집단을 연상시키는 경향은 지금보다는 성경 시대에 더 짙었기 때문일 것이다. 대신 디모데후서의 저자는 "모든 성경은 하나님의 영감으로 된 것"(3:16)이라고 선언한다. 여기서 저자는 '신'을 뜻하는 그리스어 테오(*theo*)와 '숨을 내쉬다' 혹은 '입김을 불다'는 뜻의 프네오(*pneo*)를 조합해서 테오프네우스토스(*theopneustos*)라는 새로운 단어를 만들어 냈다. 영어와 영어의 형성에 영향을 끼친 다른 고대 언어들에서 **영감**은 언제나 신의 숨결이라는 이미지에 바탕을 두고 있다. 숨을 쉬고, 내쉬고, 모으고, 놓아 주는 영원한 리듬. 요한복음에서는 하나님의 숨결을 불고 싶은 대로 부는 바람으로 묘사하면서 "너는 그 소리는 듣지만, 어디에서 와서 어디로 가는지는 모른다"(3:8)고 말한다. 돛단배를 움직이는 보이지 않는 바람, 꺼져 가는 불씨를 일으키는 신비로운 숨결. 아무리 추적해도 그 자취를 알 수 없다.

예술가라면 마법보다 영감을 선호한다고 할 것이다. 진정한 영감은 행운이나 인기 많은 사람에게 오는 것이 아니라 성실한 사람에게 찾아온다. 아무리 피곤해도 매일 아침 꾸준히 키보드를 두드리는 작가에게, 손가락 끝에서 피가 나도록 연습하는 기타리스트에게, 자신만의 스타일로 만든 춤을 선보이기에 앞서 고전 무용의 스텝을 끊임없이 반복하는 무용수에게 영감은 찾아온다. 영감을 어떤 초긴장 상태에서 정체를 알 수 없는 천상의 소리나 음악을 듣는 것으로 생각한다면 그것은 오해다. 영감은 세상을 창조하신 창조자와 창조의 사역으로 부르심을 받은 작은 창조자가 동역하는 과정이며, 일방이 아닌 쌍방으로 이루어지는 거룩한 협업이다.

기독교인들이 성경의 계시와 권위에 절대적인 신뢰를 둔다고 해서 성경의 저자들을 절대 실수하지 않는 존재로 생각할 필요는 없다. 그들도 편집하며 고쳐 썼을 테고 전혀 진도가 나가지 않아 고통스러운 나날을 경험했을 것이다. 성경을 읽을 때마다 언제나 큰 깨우침을 얻고 그 위엄에 압도당해야 한다고 생각할 필요도 없다. 인내와 연습 없이 영감을 주고받는 일은 불가능하다. 내키지 않아도, 아무도 관심을 기울이지 않아도 포기하지 않고 바람이 일기를 기다리듯 기다려야 영감은 찾아온다.

하나님의 숨결은 멈추지 않는다. 영감이 깃들인 성경은 우리에게 영감을 불어넣는다. 바람을 기다리며 돛대를 올리고 불씨를 모으라. 하나님이 축복하실 때까지 알 수 없는 존재와 씨름했던 야곱처럼, 토론하고 논쟁하자.

호기심으로 성경을 본다면, 새로운 무언가를 배울 수 있을 것이다. 하지만 씨름한다면, 하나님의 숨결을 들이마실 것이다.

성전기원 이야기

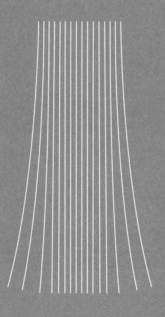

"기원 이야기는
우리가 누구이고
어디서 왔는지
그리고
세상은 어떤 곳인지
말해 준다."

성전

"동생은 어딨니?"

희미한 등잔 불빛에도 어머니의 걱정하는 기색이 역력했다. 할라*도 준비하고 가족 기도도 마쳤다. 일손을 놓으신 아버지는 어린 하난을 무릎 위에 올려놓고 어르고 계셨다. 한나의 삐딱한 남동생이 있든 없든 어쨌든 안식일은 시작됐다.

학개를 찾기 위해 한나는 할 수 있는 일을 다했다. 광활한 바빌로니아의 지평선 너머로 해가 저물어 갈 무렵 한나는 남동생의 이름을 애타게 부르며 케바강을 오르내리고 있었다. 알야후드, '유대인의 마을'이라 불리는 작고 초라한 동네의 거의 모든 집을 돌아다니며 한나는 남동생의 행방을 물었다.[1]

---

* 안식일에 유대인이 먹는 빵.

"집으로 오는 길을 모르는 것도 아니고⋯⋯." 익숙한 집 냄새에 마음이 조금 누그러진 한나는 체념조로 말했다. "엄마, 학개는 더 이상 어린아이가 아니에요. 몇 년 후면 군대에 가서 활을 쏘고 있을 텐데요."

어머니는 낮은 목소리로 사막의 추운 밤이며 문란하기로 소문난 바빌로니아 여인들에 관해 웅얼거리셨다.

저녁이 되면 으레 들려주시는 아버지의 이야기를 듣고 싶은 마음에 한나는 아버지 발밑에 털썩 주저앉았다. 얼마 안 돼 학개가 배고픈 강아지처럼 현관문을 박차고 들어왔다.

"늦어서 죄송해요!" 가쁜 숨을 몰아쉬며 학개가 큰 소리로 말했다. "성 안에 다녀왔어요."

"역시 내가 염려했던 대로군." 어머니가 짧게 탄식했다.

학개는 놀라운 소식을 들고 온 파발꾼처럼 흥분을 가라앉히지 못하고 이야기를 이어 갔다.

"사람들이 아키투 축제를 즐기고 있어요. 거리에는 먹고 마실 게 넘쳐나고 여기저기서 여인들이 삼삼오오 모여 춤을 춰요. 춤추는 여인들에게서 무화과와 올리브도 얻어먹었어요. 그리고 아버지, 이제껏 들어 보지 못한 놀라운 이야기도 들었어요. 어떻게 마르둑이 최고의 신이 되어서 위대한 신전의 권좌에 오르게 되었는지."

순간 어머니와 아버지의 시선이 마주쳤다.

집 안에 흐르는 긴장감에는 아랑곳없이 가슴을 펴고 목청을 한번 가다듬은 학개는 온갖 세파를 다 겪은 장로라도 되는 양 위엄 있게 자신이 들은 이야기를 전하기 시작했다.

"태초에, 하늘과 땅이 생기기도 전에, 사납고 변덕스러운 두 신이 살고 있었어요. 바닷물의 여신인 티아마트와 민물의 신인 아프수가 바로 그들이에요. 이 두 신이 어우러져 탄생한 다른 많은 신들로 우주는 금세 아수라장이 돼 버렸죠. 그야말로 모든 게 뒤죽박죽이었어요."

"어린 신들이 점점 소란스러워져 잠을 못 이루게 되자 아프수는 그들을 하나하나 처리하기로 합니다. 결국 전쟁이 시작되고 아프수는 소란을 잠재우기는커녕 도리어 위대한 마르둑의 아버지 에아에게 살해당해요."

"그러자 티아마트는 화가 나서 마르둑과 그의 군대를 향해 진격했어요. 무수한 악마와 괴물들, 광풍과 사냥개들이 여신을 뒤따랐고요."

"하지만 마르둑은 용맹한 전사였기 때문에 자신의 증조할머니에게 감히 도전장을 내밀며 일대일 결투를 신청했죠. 지루한 싸움 끝에 마르둑은 드디어 그물로 티아마트를 사로잡았습니다. 티아마트의 입에 강풍을 불어넣어 풍선처럼 만들어 버린 마르둑은 곧 회심의 화살을 날렸죠. 화살은 티아마트의 내장을 가르고 심장을 꿰뚫었어요. 마르둑은 시신을 두 동강 내어 한쪽은 창공 위에 있는 물을 막기 위해 하늘로 날려 버리고, 다른 한쪽은 지하에서 맹위를 떨치며 솟아오르려는 물을 막는 데 사용했어요. 움푹 파인 티아마트의 눈에서 물이 흐르기 시작했고 그게 바로 티그리스와 유프라테스강이 된 거래요."

"마르둑은 이제 달과 별을 만들고 다른 신들에게 다양한 임무를 맡깁니다. 하늘과 땅과 식물과 동물, 만물의 질서를 세운 신. 마르둑은 신 중의 신, 최고의 신이 되었습니다. 이후 그는 적들의 피를 모아 인간을 만들었어요. 신들을 섬기는 노예가 필요했던 거죠. 마침내 마르둑은 자신의 영광을 기리기 위해 지어진 거대한 성전을 보고 흐뭇해했답니다. 그곳에서 영원히 통치하고 편히 쉴 생각을 하면서."

"지금 이 순간에도 마르둑은 저 바빌론 성전에 계십니다." 학개는 결론적으로 말했다. "바빌로니아 왕은 바로 마르둑이 보낸 특사인 거죠."

연사가 청중을 향해 인사하듯 학개는 가볍게 고개를 숙였다.

장작 타는 소리와 어린 하난이 옹알거리는 소리가 가끔씩 들릴 뿐 한동안 집 안은 고요했다. 부모님의 얼굴에 슬픔이 차올랐다.

끝없이 길게 느껴졌던 침묵을 깨고 아버지는 온 가족을 불러모으셨다. "내게도 들려줄 이야기가 있다." 아버지의 눈에 빛이 돌기 시작했다. "할아버지가 내게 말씀해 주신 이야기란다. 할아버지는 증조할아버지한테 들으셨고, 또 증조할아버지는 고조할아버지에게 들으셨고……. 긴 세월 동안 아버지가 아들에게, 또 그 아들이 자기 아들에게 전해 준 아주 오래된 이야기야. 귀 기울여서 잘 들으렴."

"태초에, 하늘과 땅이 생기기도 전에 **엘로힘**, 하나님이 계셨단다.”

“우주는 아무런 형체가 없이 그냥 텅 비어 있었지. 혼돈 그 자체였어. 어느 날 하나님의 영이 물 위를 운행하시며 말씀하셨단다. ‘빛이 있어라.’ 곧 빛이 생겼고 그 빛은 하나님이 보시기에 좋았지. 하나님은 빛과 어둠을 나누시고 빛은 **낮**이라, 어둠은 **밤**이라고 부르셨어. 하나님께서 첫째 날에 하신 일이란다.”

“다음 날 하나님은 말씀하셨지. ‘물과 물 사이를 갈라 위의 물과 아래의 물로 나뉘어라.’ 그리고 하나님은 위의 물을 담아 두는 창공을 만드셨어. 역시 하나님이 보시기에 좋았지. 물을 나누신 하나님은 위에 있는 모든 것을 **하늘**이라 부르시고 아래 있는 것을 **땅**이라고 부르셨어. 하나님께서 둘째 날에 하신 일이야.”

“그리고 하나님은 바다에서 육지를 구별하셨어. ‘땅은 열매 맺고 꽃 피우는 식물, 밀과 버드나무 같은 온갖 식물을 내도록 하여라.’ 하나님이 말씀하셨어. 그러자 정말로 땅에서 싹이 움트기 시작했지. 풀이 자라고 포도가 익어 갔어. 뿌리를 내리고 가지를 펼친 나무 옆에서 백합도 꽃을 활짝 피웠지. 이 모든 게 하나님이 셋째 날에 하신 일이란다. 하나님의 기쁨이 날마다 더해 갔어.”

“넷째 날이 되자 하나님은 창공에 빛을 심으셨어. 해와 달과 별들. ‘이 빛나는 것들은 날과 해, 특별한 절기를 나타내는 시간 지킴이가 되어라.’ 하나님이 말씀하셨지. 하나님은 그 빛들을 흐뭇하게 바라보셨어. 모든 빛이 특별한 임무를 부여받고 자기 자리에 배치됐지."

"다섯째 날이 밝자 하나님이 말씀하셨어. '물에는 생명이 번성하고 하늘에는 새들이 날아라.' 하나님은 상어와 뱀장어, 해마와 각종 물고기를 바다에 풀어 놓으셨지. 또 하늘은 독수리와 참새, 벌새와 부엉이로 채우셨어. 헤엄치고 날아다니고, 무리 지어 다니고 갑자기 하늘로 치솟아 오르고. 물고기와 새들로 온 세상엔 활기가 가득했어. 하지만 그걸로 충분하진 않았지. 그래서 하나님은 여섯째 되는 날에 동물을 창조하셨어. 소와 낙타, 양, 뱀, 멋진 수사슴과 소심한 들쥐, 용맹한 사자와 작지만 지혜로운 개미. 이 모든 것들을 종류별로 만드시고 명령하셨지. '생육하고 번성하여 땅을 가득 채워라!' 하지만 여전히 뭔가 부족했어."

"그래서 하나님이 말씀하셨지. '사람을 만들자. 나의 형상과 성품을 따라 지어진 사람이 나의 특사가 되어, 겸손한 왕과 여왕처럼 내가 만든 창조물들을 다스리게 하자.' 이렇게 하나님은 여섯째 날에 사람을 빚으셨어. 그리고 그들에게도 생육하고 번성하라고 명령하셨지. 모든 식물과 동물을 필요에 맞게 사용하고 책임감 있게 돌보라고 하시면서."

"일곱째 날, 하나님은 가지런히 정돈된 세상을 보셨어. 모든 것이 있어야 할 자리에 있었어. 이렇게 창조는 마무리되고 모든 것이 하나님 보시기에 좋았단다. 이날 하나님은 편히 쉬셨어. 바로 오늘 우리가 안식일을 지키는 이유란다."

아버지의 말씀이 이어졌다. "오늘은 언제나 우리를 선하게 다스리시는 하나님을 기억하기 위해 따로 떼어 둔 거룩한 날이란다."

다시 집 안에 침묵이 감돌았다.

"그러면 신들의 전쟁 같은 건 없었단 말인가요?" 학개가 물었다.

"그런 건 없었단다." 아버지가 답했다.

"할머니를 두 동강 내는 그런 일도 없었고." 어머니께서 덧붙이셨다.

"왕만이 아니라 모든 사람이 다 하나님께서 보내신 특사라고요?" 학개가 다시 물었다.

"그렇단다. 모든 사람은 하나님께서 보내신 존재이지. 하나님의 형상으로 지음 받아서 세상을 돌보라고 보내진 특별한 존재. 아들아, 우리는 노예가 아니란다."

학개는 잠시 생각에 잠겼다.

"그럼 성전은 또 뭐예요? 마르둑은 성전에 산다는데 **엘로힘** 하나님은 어디에 사나요? 우리에겐 그분을 위한 성전이 없잖아요."

한나는 감히 부모님의 안색을 살필 수 없었다. 이 질문이 알 야후드에 사는 사람들에게 얼마나 민감한 것인지 누구보다 잘 알았기 때문이다. 한때 유대인들에게도 성전이 있었다. 아름답기로 소문나 세상 모든 민족이 부러워하던 성전. 슬프게도 그 성전은 바빌로니아인들에 의해 무참히 파괴됐고 이제 유대인들의 하나님이 거할 곳은 사라졌다.

예상과 달리 아버지의 얼굴은 조금도 일그러지지 않았다. "학개야, 오히려 그 점이 하나님을 위대하게 만드는 것이란다. 우리 하나님께는 돌로 만든 성전이 필요 없어. 온 세상이 하나님의 집이란다. **모든 곳이 그분의 안식처이고 그분이 다스리는 궁전이란다.** 이런 노래 들어 봤니?"

하늘은 나의 보좌, 땅은 나의 발판이다.

너희는 내가 거할 집이 필요하다고 생각하느냐? 내가 이 모든 것들을 짓지 않았느냐? 온 우주가 나의 거처다!

내가 바라는 것은 단 하나, 겸손하고 뉘우치는 마음을 가진 사람과 나의 길에 순종하는 사람이다. 그런 사람들 안에 내가 거하겠다.[2]

눈물을 훔치시는 어머니를 보고 한나의 마음도 젖어 왔다.

잠시 침울해하던 학개가 입을 뗐다. "오늘 안식일 기도에 늦어서 죄송해요."

"괜찮다. 내 아들아." 학개의 머리를 쓰다듬으며 아버지께서 말씀하셨다. "하나님은 좀처럼 화를 내지 않으시고 곧바로 용서하신단다. 자, 이제 함께 저녁을 시작할까?"

기원 이야기

성경은 믿음의 위기가 빚어낸 작품이다. 성경에 있는 설화와 잠언, 시의 상당 부분이 구전으로 내려왔다는 데는 이견이 별로 없다. 하지만 학자들은 우리에게 구약으로 알려진 히브리 성서의 집필과 편집이 대부분 다윗 왕 시대에 시작되었다고 보고 있다. 이렇게 시작된 작업은 바빌로니아 제국이 남유다를 침공해서 이스라엘을 완전히 장악했던 시기, 수많은 유대인들이 바빌로니아 이방 땅에서 유배 생활을 하던 시기에 더욱 활발해졌다.

나라를 잃고 타국에 유배된 자들의 정신적 충격을 어디에 비길 수 있을까. 이스라엘 민족에게도 자랑할 만한 신전과 왕, 넓은 영토가 있었다. 그들은 이 모든 것을 하나님께서 이스라엘에게 영원히 안겨 주신 선물이라고 믿었다. 그런데 기원전 6

세기경 느부갓네살 왕이 예루살렘을 포위하고 성과 성전을 파괴하는 사건이 발생했다. 그곳에 살던 많은 유대인들이 포로로 잡혀 바빌로니아로 강제 징용되었다. 폐허가 된 예루살렘에 남은 이들은 왕도, 예배할 성전도, 민족이란 정체성도 없이 살아갔다. 처참했던 이 시기를 거치면서 이스라엘은 민족과 하나님에 대한 기존의 신념이 뿌리째 흔들리는 경험을 했다. 많은 사람들이 민족의 죄 때문에 이러한 국난이 찾아왔다고 생각했고 회개 운동으로 이스라엘의 영광을 되돌릴 수 있다고 믿었다. 다른 한편에서는 하나님께서 이스라엘을 완전히 버리신 것은 아닌지 두려워하기도 했다. 제사장들은 성전이나 제단 없이 어떻게 의식과 희생 제사를 치를지 몰라 난감해했고, 부모들은 자녀들이 바빌로니아의 부와 권세에 현혹되어 민족이 소중히 여겨 온 가치를 잊지 않을까 걱정했다.

시편 137편 1-6절은 이러한 이스라엘 백성의 고뇌를 잘 담고 있다.

우리가 바빌론의 강변 곳곳에 앉아서,
시온을 생각하면서 울었다.
그 강변 버드나무 가지에
우리의 수금을 걸어 두었더니,
우리를 사로잡아 온 자들이 거기에서 우리에게 노래를 청하고,
우리를 짓밟아 끌고 온 자들이 저희들 흥을 돋우어 주기를 요구하며,

시온의 노래 한 가락을 저희들을 위해 불러 보라고 하는구나.

우리가 어찌 이방 땅에서
주님의 노래를 부를 수 있으랴.
예루살렘아, 내가 너를 잊는다면,
내 오른손아, 너는 말라비틀어져 버려라.
내가 너를 기억하지 않는다면,
내가 너 예루살렘을
내가 가장 기뻐하는 것보다도 더 기뻐하지 않는다면,
내 혀야, 너는 내 입천장에 붙어 버려라.

글을 쓰는 작가라면 정신적 고통이 문학적 깊이를 더한다
는 사실을 잘 알 것이다. 민족의 정체성이 위기에 놓이자 유대
서기관들은 팔을 걷어붙이고 몇 세기에 걸친 구전과 기록 자료
를 모았다. 시대의 고민과 씨름하며 자신만의 고찰을 덧붙이는
일도 잊지 않았다. 왕도 성전도 그리고 영토도 없는 이스라엘
민족에게 이제 남아 있는 것은 무엇인가?

그들에겐 이야기가 있었다. 노래와 전통, 율법이 있었다.
그리고 그들에겐 하나님의 약속이 있었다. 창조 세계의 질서를
세우시고, 아브라함의 자손이 별보다 많을 것이라 말씀하시고,
이집트에서 노예로 살던 조상들을 해방시키시고, 시내산에서
친히 말씀하시고, 양치기 소년을 왕으로 세우신 그분은 어떤
경우에도 이스라엘과 함께하시겠다고 약속하셨다. 모든 것을

잃은 이스라엘에게 이 약속만큼 절절하게 다가오는 게 또 있었을까.

위기의 순간에 자신의 뿌리를 찾는 것은 현대를 사는 우리라고 예외일 수 없다. 내가 누구인지 돌아보고 나에게 벌어지는 일의 앞뒤를 살피기 위해 우리는 자신의 기원에 대해 알고 싶어 한다. 과거의 불빛으로 현재를 조명한다는 점에서 구약 성경이 출현한 근동 지역의 기원 이야기와 당신이 식탁에서 들었던 할아버지와 할머니의 연애담은 크게 다르지 않다. 기원이야기는 흑백 사진보다는 천연색 사진에 가깝다. 거기에는 오랜 세월에 걸쳐 사실과 신화의 경계를 넘나들며, 향수와 경각심을 일으키는 다양한 빛깔의 이야기가 섞여 있다. 그 이야기 중 어떤 것은 관심을 받지 못하고 가려져 있다가 특정한 시점에 중요하게 부각되기도 한다.

그리스도인들이 흔히 오해하는 바와 달리, 이스라엘의 기원을 말하는 이야기는 우주의 탄생이나 인류의 진화 같은 21세기 과학의 문제에 답하기 위해 쓰여진 것이 아니다. 오히려 그 이야기는 하나님의 본성이나 하나님과 창조물의 관계처럼 당시 사람들이 초미의 관심을 두었던 문제에 답하고 있다. 많은 학자들이 창세기 2장과 3장에 나오는 아담과 하와 이야기를 **인류의** 기원에 관한 것이라기보다는 정착과 불순종, 추방이 반복되는 이스라엘의 역사적 패턴을 원시적 배경으로 그려 낸 **이스라엘의** 기원에 관한 이야기로 생각한다.[1]

머리를 파랗게 물들인 성공회 신부인 내 친구 커린은 언젠가 성경에 대해 이렇게 말했다. "성경은 나를 장대한 서사시로 인도하는 문이야. 거기서 난 중심인물이 **아니지**. 바로 그게 내가 성경을 사랑하는 이유야." 우리의 기대와 달리, 성경의 저자들은 현대 사회의 과학과 정치, 학교 교과서를 둘러싼 이슈에는 관심이 없다. 그들의 관심은 억압받고 뿔뿔이 흩어진 유대인들에게 아직도 하나님이 그들을 사랑하신다는 믿음을 심어 주는 것이었다. 성경을 우리의 필요에 맞추려 할 때 우리는 자기 자신과 자신의 이익을 이야기의 중심에 놓는다. 정직하고 객관적인 눈으로 성경을 보려면 우선 그러한 유혹에서 벗어나야 한다.

모세오경(창세기, 출애굽기, 레위기, 민수기, 신명기)을 유심히 읽다 보면, 자연 현상을 바라보는 고대인의 시각과 마주치지 않을 수 없다. 예를 들어, 창세기 1장의 첫 창조 기사는 별과 달이 고정되어 있다는 거대한 반구형 지붕인 창공의 존재를 당연시한다. 당시 히브리 사람들과 주변의 다른 민족들은 창공이 하늘 위의 물이 폭포수처럼 떨어지는 것을 막아 준다는 생각을 공유했다. 성경은 물을 막아 준다는 이 둥근 천장을 만드는 데 하루가 고스란히 소요됐다고 말한다(창세기 1:6). 현대 과학이 증명하는바 대기에 그 같은 장치가 존재하지 않는다는 언급은 아예 없다.

구약 성경을 편찬했던 유대 학자들은 자연을 바라보는 시각뿐 아니라 문학적 감수성까지 이웃 민족들과 공유했다. 수메르의 전설집인 『길가메시 서사시』를 읽다 보면, 창세기보다 더 오래되었다고 여겨지는 아카디아 사람들의 시와 노아의 방주 이야기가 얼마나 유사한지 알 수 있다. 두 문서 모두 대홍수와 방주를 지은 고결한 인물에 대해 말하고 있으며, 세상의 동물들을 홍수에서 구한 뒤 새를 날려보내 물이 빠졌는지 확인하는 부분과 배가 산에 걸려 살아남는 결론까지 거의 흡사하다. 누가 누구의 이야기를 빌려 왔는지 밝히는 것은 그다지 중요한 문제가 아니다. 중요한 것은 정체성의 문제에 직면한 이스라엘이 이웃 민족들과 비슷한 세계관을 공유하며 유사한 문학 장르를 사용했다는 점이다.

피터 엔즈는 이렇게 썼다. "창세기가 근대적 세계관이 요구하는 물음, 예를 들어, 7일 만에 세상을 창조했다는 것을 문자적으로 해석해야 할지 아니면 비유적으로 봐야 할지, 창조 설화를 현대 과학과 나란히 세워 놓고 단순 비교하는 게 가능한지, 홍수가 지엽적이었는지 아니면 전 지구적이었는지와 같은 물음에 답할 거라고 기대하는 것은 근본적으로 잘못된 생각이다. 창세기의 초점은 이스라엘의 하나님 야웨가 과연 예배할 만한 신인가 하는 질문에 맞춰져 있다."[2]

창세기의 장르를 이해하기 위해 꼭 신학교에 가야 하는 것은 아니다. "옛날 옛적에……"로 시작하는 글을 읽을 때와 "연합통신에 따르면……"으로 시작하는 글을 읽을 때 우리는 자연스럽게 무엇을 기대해야 하는지 이미 알고 있다. 아담과 하와, 노아의 방주 같은 이야기가 역사적 사실을 단순 복기하는 게 아님을 본능적으로 아는 것이다. 자유주의 신학자들이 새로운 해석을 시도하는 게 문제가 아니다. 문제는 우리가 성경을 대할 때 어떤 장르인지를 생각하지 않도록 오랜 세월 동안 길들여졌다는 데 있다. 말하는 뱀이나 선악과가 등장하는 부분을 읽으며 명확하게 알 수 있음에도, 우리는 시나 신화, 과장법과 상징화 같은 문학 양식과 장치를 철저히 무시해야 한다고 배웠다. 이러한 현상은 현대 교회에 만연한, 내가 보기엔 조금 기이한 견해에서 그 원인을 찾을 수 있는데, 이 입장에 따르면 하나님은 우리와 소통하기 위해 고대의 문학 양식을 사용하실 만큼 자신을 낮추시지 않는다. 고대 사람들과 소통하기 위해 그들의 언어와 문학 양식, 구닥다리 우주관을 사용한다는 건 전혀 신에게 어울리지 않는 일이며, 오직 현대 과학과 역사만이 진실을 전달할 수 있는 유일한 도구라는 것이다.

이러한 견해는 현대 서구적인 (그리고 종종 미국적인) 관점을 내세우는 우를 범하고 있을 뿐 아니라 성경의 가장 중요한 테마를 놓치고 있다. 하나님이 자신을 낮추신다는 사실 말이다. 아담과 하와와 함께 에덴동산을 거니시고, 이집트를 탈출한 히브리 노예들과 구름기둥과 불기둥으로 동행하시고, 육신을 가진 사람이 되셔서 그들과 더불어 먹고 웃고 아픔과 나음과 눈물과 죽음을 경험하는 성경의 하나님은 자신을 낮추시고, 낮추시고, 또 낮추신다. 복음의 핵심은 하나님께서 십자가에 달려 죽기까지 자신을 낮추신 이야기이지 않은가. 위엄이 있고 없고, 믿을 만한지 그렇지 않은지를 떠나 우리 하나님은 끊임없이 자신을 낮추시는 분, 고집 세고 심통 사나운 자녀들이 여전히 사랑받고 있음을 알리시기 위해서라면 어떤 일도 마다하지 않는 그런 분이시다. 시와 잠언, 편지와 전설의 언어로 우리에게 말씀하시는 하나님과 딸아이의 침대맡에서 동화책을 읽어 주는 어머니는 크게 다르지 않다. 하나님은 우리에게 그런 분이시다.

유배 생활을 하던 이스라엘의 상황과 우리의 상황이 같을 수는 없지만, 민족이 처한 믿음의 위기 속에서 그들이 던졌던 질문은 오늘날에도 여전히 우리의 마음을 울린다. 선한 사람에게 왜 불행이 찾아오는가? 악과 죽음은 계속해서 승리할 것인가? 하나님께 택함 받았다는 것은 무슨 의미인가? 하나님은 신실하신가? 하나님은 지금도 현존하시나? 그분은 과연 선하신가?

이와 같은 질문에 성령님은 딱딱한 명제로 답하는 대신 이야기로 말씀하신다. 예언자들의 기억을 되살리고 서기관들의 저술을 독려하시며 잃어버린 자와 그들을 찾는 자를 함께 모으신다. 그리고 **기억하게** 하신다.

기억하는가. 하나님이 태초에 모든 것을 창조하시고 온 우주를 자신의 신전으로 만드신 것을? 그분의 형상을 따라 우리를 지으시고 노예가 아닌 청지기로 삼으신 것을? 아담과 하와의 불순종과 가인과 아벨의 불화, 자신에게 등돌린 사람들의 포악함을 보시고 세상을 창조한 것을 후회하신 하나님을? 그분께 순종한 한 가족이 어떻게 믿음으로 대홍수에서 살아남았는지를?

기억하는가, 하나님이 늙어 무자한 아브라함에게 자식을 약속
하시고 별보다 많은 후손을 주시겠다 하신 일을? 그때 사라가
웃었던 일을? 하나님께서 정처 없이 떠도는 유목민과 둘째 아
들 야곱과 어눌한 도망자였던 모세와 작은 양치기 소년을 선택
하셔서 한 나라를 일으키고 해방하고 다스리게 하셨던 일을?
그 나라의 이름이 하나님과 씨름하다 상처를 입고 절뚝거리던
사람의 이름을 따라 지어진 것을?

기억하는가, 쫓겨난 하갈과 사랑받지 못한 레아와 억압받는 히
브리 노예들의 고통을 돌아보신 하나님을? 파라오의 막강한
군대가 어떻게 홍해에 잠겼는지를?

기억하는가, 이스라엘이 떠돌던 사막을? 그들이 먹었던 만나
를? 바위에서 물이 솟아난 것을?

기억하는가, "내가 너를 속량하였으니, 두려워하지 말아라. 내
가 너를 지명하여 불렀으니, 너는 나의 것이다"(이사야 43:1)라고
말씀하신 분이 우리 하나님임을?

기억하는가, 지금까지 변함없으신 이 하나님을?

이러한 기억들을 다시 불러오는 과정에서 지금 우리가 아
는 성경이 탄생했다. 성경이 낯설다가도 익숙하고, 성스러운
동시에 사람의 손때가 묻어 있는 것은 그 때문이다. 성경의 저
자들이 초기에 염두에 둔 독자와 현대를 사는 우리는 비록 다
른 문화 속에 살지만 같은 인간성을 공유한다. 이스라엘의 신

학과 기도, 노래와 이야기 속에 이 인간성을 불어넣는 것, 그것이 바로 이스라엘이 섬겼던 하나님께서 그들에게 바라신 일이었다.

이러한 이유로 우리가 읽는 성경에는 찬양 시편이 있는가 하면 불평과 노여움으로 가득 찬 시편도 있다. 악의 본질이나 고통의 원인과 같은 철학적 질문을 던지기도 하지만 늘 답을 말해 주지는 않는다. 한쪽에서는 "지혜가 많으면 번뇌도 많다"(전도서 1:18)고 하다가, 다른 쪽에서는 "지혜가 으뜸이니 지혜를 얻으라"(잠언 4:7)고 한다. 이웃의 당나귀가 웅덩이에 빠졌을 때 어떻게 처리해야 하는지, 종교 의식에 쓰이는 기름에 계피를 정확히 얼마나 넣어야 하는지 알려 줄 정도로 매우 실제적일 때도 있다. 이 성경은 하나님을 손가락 하나로 통치하시는 고고한 존재로 묘사하다가도 또 다른 곳에서는 상처받기 쉽고 연약한, 지극히 인간적인 모습으로 묘사하기도 한다. 수 세기 동안 신학자들은 성경을 조직신학이라는 틀 안에 끼워 맞추려 했으나 누구도 성공하지 못했다. 성경은 길들여지지 않는다.

요컨대 성경은 살아 있는 관계처럼 복잡하고 역동적이다. 그것은 고결한 독백이라기보다는 정겨운 대화에 가깝다. 우리가 신성시하는 성경이 하나님으로부터 멀리 떠난 이스라엘이 믿음을 지키기 위해 처절한 싸움을 벌이는 과정에서 탄생했다는 사실은 시계추처럼 믿음과 의심 사이를 왔다갔다하는 우리 같은 사람들에게 큰 위로가 될 것이다.

그렇다. 성경은 그 옛날 히브리 사람들뿐 아니라 바로 우리를 위한 책이기도 하다.

⌒

나의 뿌리는 산에 터전을 잡고 살았던 '산사람'이다. 돌아가신 친척들은 대부분 그랜드파더산 아래 묻혀 있는데, 사시사철 추운 애팔래치아 산맥 속에 자리 잡은 이곳은 시내로 나가려면 꼬불꼬불한 길을 60킬로미터나 가야 할 정도로 아주 후미지다. 어떤 묘비는 남북전쟁이 시작되기도 전에 세워졌을 정도로 오래되었다. 묘비에 새겨진 글을 읽다 보면 고모와 삼촌, 사촌과 이웃들이 증조할머니 댁에 모여 조상들에 대해 왁자지껄 떠들어 대던 크리스마스의 추억이 하나둘 떠오른다. 듀이, 벅, 위크, 에델, 타프, 코디, 프레디, 투츠. 전설 같은 이분들의 이야기는 이름만큼이나 기이했다.

위크 삼촌과 에델 숙모를 예로 들어 보자. 아침부터 후덥지근하던 7월의 어느 날, 위크 삼촌은 동네 꼬마 녀석들을 데리고 읍내에 있는 잡화점에 가서 싼값에 폭죽을 사 왔다. 물론 에델 숙모는 처음부터 반대하셨다. 자라 보고 놀란 가슴 솥뚜껑 보고 놀란다고, 광부의 딸로 자란 숙모가 폭발물을 가지고 노는 것을 허락하실 리 만무했다. 로만 캔들과 로켓처럼 생긴 폭죽들을 죄다 개울에 버리지 않으면 저녁 먹을 생각일랑 아예 하지도 말라는 숙모의 엄명에도 위크 삼촌은 눈 하나 꿈쩍 않고 태연히 계획을 실행에 옮겼다. 똥고집에 살짝 남성 우월주의까지 있었던 삼촌은 저녁달이 떠오르자 앞마당에 술상을 차려 놓고 친구와 친지들을 불러모았다. 이윽고 국경일에나 볼 수 있는 화려한 불꽃놀이가 시작되었다.

아니나 다를까, 10분쯤 지나자 위크 삼촌이 피가 흥건한 손수건으로 한쪽 손을 감싼 채 헐레벌떡 부엌으로 달려왔다. "에델! 에델! 내 손가락이 날아갔어!"

숙모는 설거지하던 접시에서 눈도 떼지 않고 대답했다. "잘한다, 잘해."

그날 숙모가 내뱉은 이 한마디는 우리 집안 고유의 어법이 되었다. 학교에 외투를 입고 가지 않겠다고 고집부리다가 버스 안에서 덜덜 떨었다고 불평할 때, 공부하기 싫다고 버티다가 시험을 망쳤을 때, 자외선 차단 크림을 발랐다고 거짓말했다가 주말 내내 화상으로 고생했을 때 난 언제나 에델 숙모의 그 한마디를 들어야 했다. 할머니가 엄마에게, 그 전에는 증조할머니가 할머니에게 그랬듯이 엄마는 내게 쓴웃음을 지으며 말씀하셨다. "잘한다, 잘해." 매번 짜증이 났지만 엄마의 그 한마디는 내가 어지간해선 동요하지 않는 남부 여인 출신임을 되새겨주었다.

나의 가운데 이름인 그레이스는 증조할머니의 이름에서 따왔다. 유머 감각이 진짜 꽝이었다고 전해지는 그분은 당신만큼이나 따분하고 농사일밖에 모르는 증조할아버지를 만나셨다. 가족 앨범 속 사진에서 찡그린 표정으로 훈연실 앞에 서 계신 증조할머니의 한쪽 손에는 귀를 잡힌 돼지머리가 들려 있다. 증조할머니는 읍에서 최초로 자동차를 운전한 여인이었고,

그녀의 딸인 나의 할머니는 처음으로 대학 문턱을 밟은 여인이었다. 이슬 맺힌 나뭇잎 사진을 인스타그램에 올리기 위해 암벽 등반도 불사하는 나를 보면, '한다면 하는' 우리 집안 여인들의 내력이 지금도 이어지고 있는 것 같다.

기원 이야기는 천의 얼굴을 가지고 있다. 나라를 세운 건국 영웅들을 치켜세우는 전설뿐 아니라 왜 유대인들이 유월절에 셀러리를 소금물에 찍어 먹는지, 왜 우리 집안 여자들이 "잘한다, 잘해"를 연발하는지, 왜 할아버지네 헛간 문에 녹슨 변기 시트가 걸려 있는지 말해 주는 이야기가 모두 기원 이야기에 속한다. 너무나 보편적이어서 어떤 문화적 배경에도 잘 어울리는 기원 이야기는 그야말로 우리의 언어와 생각, 일상 속에 스며 있다.

18세기에 한쪽 눈을 실명한 영국 해군 장교가 다른 배에 타고 있던 상사의 후퇴 명령을 외면하려고 망원경을 안 보이는 눈에 갖다 대었다는 일화가 있는데, 200년이 훌쩍 지난 지금도 우리는 정치인들이 부패를 눈감아 준다는 의미로 '안 보이는 눈에 갖다 댄다'라는 표현을 사용하고 있다. 내 친구와 나는 이따금씩 '원숭이 마을'이란 호프집에서 목을 축인다. 이 맥줏집 이름은 80년 전 우리 마을에서 생물 시간에 진화론을 가르쳤다는 이유로 한 기간제 교사가 고소당하면서 시작된 세기의 재판인 '원숭이 재판'에서 가져온 것이다. 목요일을 뜻하는 Thursday가 천둥을 주관한다는 토르(Thor) 신의 이름에서 유래한 것을 보면 우리의 달력은 여전히 신들의 전설 속에 사로잡혀 있다. 밤하늘의 별자리를 보라. 수천 년 전의 영웅들이 아직도 사냥과 전쟁을 벌이며 춤추고 있지 않은가. 어느 문화권이든 사람들에게 사랑받는 창조 신화가 있다. 여러 세대에 걸쳐 전해지는 이러한 신화는 세계가 어떻게 창조되었는지 말해 주는 동시에 인간이 어떻게 탄생했는지를 설명해 준다. 인류가 비슈누의 배꼽에서 피어난 연꽃에서 시작됐다고 말하는 힌두 신화나 무지개뱀의 배에서 나왔다고 하는 호주 원주민의 신화, 길 잃은 사람을 신세계로 인도한 거미 여인에게서 시작됐다고 하는 호피족의 신화까지. 미국인들도 예외가 아니다. 차고에서 시작해 시장 가치 수십억 달러에 달하는 회사를 일구었다는 성공담이라든지, 방사능에 노출된 벌레에 물려 영웅이 되었다는 이야기에 그들은 열광한다.

최초의 추수감사절을 낭만적으로만 생각하는 미국 백인들이 원주민을 학대했던 조상들의 과오를 쉽게 간과하는 것처럼, 기원 이야기가 불편한 진실을 직시하지 못하게 방해할 때도 있다. 반대로 기원 이야기가 억압받는 자들에게 희망과 자존감을 주기도 한다. 자기 땅에서 쫓겨나 뿔뿔이 흩어져 살던 유대인들, 노예 제도 아래서 신음하던 흑인들, 인권 운동에 참여했던 아프리카계 미국인들은 출애굽기를 곱씹으며 위로를 받았다. 훌륭한 심리 치료사는 내담자가 어려움에서 구원받는 이야기에 몰입하도록 돕는다. 실제로 그러한 이야기에 자신의 삶을 투영하여 적극적으로 살아가는 사람이 그렇지 않은 사람에 비해 훨씬 더 건강하다는 연구 결과도 있다. 기업이 경영 컨설턴

트에게 수천 달러를 지불해 가며 비전이 담긴 이야기를 설정하는 작업에 도움을 받는 데는 다 그만한 이유가 있다.

대니얼 테일러는 자신의 책 『왜 스토리가 중요한가』에서 다음과 같이 말했다. "자신의 경험을 이해하려고 할 때마다 인간은 새로운 이야기를 창조한다. 그렇게 창조된 이야기 속에서 우리는 인생의 굵직굵직한 문제에 대한 답을 찾는다. 이야기는 어디서나 탄생한다. 가족과 교회, 학교와 문화 속에서 이야기는 생겨난다. 우리는 이야기에 둘러싸여 살기 때문에 종종 그것들이 이야기인지 인식하지 못할 때도 많지만, 물고기가 물을 마시듯 우리는 이야기를 숨쉰다."[3]

『눌린 자의 하느님』을 쓴 신학자 제임스 콘도 비슷한 말을 했다. "누구에게나 이야기가 있다. 자기 생각과 삶에 대해 자신과 자녀들 그리고 세상에 해 줄 수 있는 이야기 말이다. 존재의 이유를 찾아가고 확인하는 과정에서 이야기는 태어난다. 아무것도 아닌 존재에서 그 무엇이 되어 가는 기적을 표현하는 동시에 그 기적을 만들어 가는 과정이 바로 이야기이다."[4]

기원 이야기는 우리가 누구이고 어디서 왔는지 그리고 세상은 어떤 곳인지 말해 준다. 우리가 믿는 것과 구입하는 상품, 우리가 즐기는 축제와 존경하거나 경멸하는 인물이 모두 기원 이야기에 담겨 있다. 때로 우리는 자신의 기원 이야기에 기초해서 현실의 삶을 빚어내기도 하고 반대로 자신이 처한 현실에 기초해서 기원 이야기를 지어내기도 한다. 일반적으로는 두 경우가 조금씩 섞여서 나타난다. 내가 어떻게 자신을 미국인으로, 기독교인으로, 한 여자로, 엄마로, 딸로, 내성적인 사람으로, 남부 출신으로, 헬드 집안에 태어나서 에반스 집안에 시집온 사람으로, 그리고 앨라배마 크림슨 타이드 축구팀의 팬으로 인식하게 되었는지는 거의 모두 내가 들었던 이야기와 대대로 전해져 온 이야기, 그리고 내가 나 자신에게 했던 이야기에 기인한다. 기원 이야기에서 사실과 허구(좀 더 정확히 표현하자면, 진실과 거짓)를 구분하고, 해가 되는 이야기를 거절하거나 재해석하는 동시에 우리를 온전케 하는 이야기를 끌어안는 작업을 통해 우리는 영적으로 성숙해 간다.

사회 운동가이자 신학자인 모니카 콜먼은 이러한 영적 성숙 과정을 그녀의 아름다운 회고록 『조울증 신앙』에서 잘 묘사하고 있다. 회고록 첫머리에 나오는 가족사는 모니카의 트라우마와 우울증이 어떻게 시작되었는지를 말해 준다. 사우스캐롤라이나주에서 소작농으로 살았던 그녀의 증조할아버지는 아내와 사별한 후 얼마 안 되어 헛간에서 스스로 목을 매었다. 가족중 누구도 증조할아버지가 자살하는 데 썼던 밧줄을 건드리지 않았고 결국 그 밧줄은 30년 동안이나 서까래에 걸려 있었다.

모니카는 고아로 자란 할머니와 할머니의 형제들에 대해 이렇게 쓰고 있다. "그런 환경에서 자랐다고 생각했을 때 모든 것이 이해되기 시작했다. 헛간에서 놀 때마다 그들은 서까래에 걸려 있는 밧줄을 봤을 것이다. 하루에도 몇 번씩, 적어도 일주일에 한 번은. 그러면서 그들은 밧줄에 익숙해지고 아버지의 자살은 그들의 일상이 되었을 것이다. 무기력과 슬픔이 짙은 안개처럼 그들의 삶을 에워쌌던 것이다."[5]

모니카의 증조할아버지는 우울증이라고 진단받은 적이 없었다. "아이들을 먹여 살리느라 눈코 뜰 새 없이 바쁜 사람이 어떻게 병원에 갈 엄두를 냈겠는가?" 하지만 자신이 앓고 있는 우울증이 증조할아버지와 관련이 있다는 결론에 도달하자, 모니카는 증조할아버지의 자녀들이 보고 자랐던 그 밧줄의 어둠을 인정할 수밖에 없었다. 모니카는 "슬픔이 삶을 갉아먹고 더 나아가 목숨을 앗아갈 수도 있음"을 일찌감치 배운 것이다.[6]

우울증에서 벗어나려는 모니카의 춤은 가냘프다. 믿음과 약과 치료 요법과 친구들의 도움이 없다면 모니카의 춤은 오래가지 못할 것이다. 그녀는 고백한다. "이제 나는 앞서간 분들을 위해 해방의 춤을 춘다. 할머니와 증조할아버지를 위해, 서까래에 걸린 밧줄을 보며 자라난 할머니의 형제들을 위해…….. 그들의 눈물과 그 어려운 나날을 살아 낸 용기를 생각하며 춤출 것이다. …… 그들이 내게 남긴 유산과 오늘을 살 수 있게 하는 하루치의 자유를 위해 나는 춤을 출 것이다."[7]

모니카의 이야기는 우리의 이야기 속에는 이름을 불러 정체를 밝혀야만 쫓아낼 수 있는 악령이 있다는 사실을 깨닫게 한다.

내가 가지고 있는 '산사람'이란 유산도 경쾌한 밴조 소리에 맞춰 부르는 포크송마냥 늘 흥겨운 것만은 아니다. 애팔래치아의 차가운 계곡 주변에 들어선 이동식 가옥들은 일종의 거주촌을 이루었는데 그 주위에는 망가진 장난감과 맥주 캔이 여기저기 널브러져 있었다. 내가 사랑하는 사촌 몇 명은 알코올 중독으로 인생을 망쳤다. 이모와 삼촌, 사촌과 조부모님이 사셨던 그곳에서 나는 처음으로 흑인을 경멸하는 '깜둥이'란 말을 들었다. 좋은 이야기와 나쁜 이야기를 구분하고 진실과 반쪽 진실을 밝혀 나가는 일은 중요하다. 그 과정을 거쳐서 우리는 자신이 무엇을 믿고 왜 그렇게 행동하는지 깊이 이해하게 된다.

빈 커피 통을 버릴까 말까 고민하던 나의 남편 댄은 불현 듯 집 안에 있는 물품을 닳아 없어질 때까지 고쳐 써 가며 대공황과 전쟁 배급 시대를 버텨 냈다는 한 친척 이야기를 장황히 늘어놓는다. 어제 나는 시들해진 친구와의 관계를 안타까워하다가 "'경단녀'가 되지 않으려 잠시 친구를 못 챙겼던 것뿐이야" 하고 이야기하며 스스로를 위로했다. 친구의 생일을 잊어버린 일을 가지고도 나는 얼마나 그럴싸한 이야기를 지어내는가! 우리는 모두 뛰어난 작가다. 모순으로 가득 찬 삶에서 한 가닥 의미를 발견하기 위해 우리는 허구와 사실을 섞어 가며 끊임없이 이야기를 지어낸다.

"우리는 살기 위해 자신에게 이야기를 들려준다." 조안 디디온이 남긴 유명한 말이다. "누군가의 자살 소식을 듣고도 가르침을 얻으려 하고, 연쇄 살인 사건 기사 속에서도 사회적, 도덕적 교훈을 찾는다. 사물을 그냥 보지 않고 해석하며, 늘 자신에게 유리한 해석을 선택한다. 살기 위해 우리는 작가처럼 이질적인 이미지로 가득한 세상을 이야기로 포장하고, 주마등처럼 스쳐가는 실제 경험을 사진으로 포착하려 한다."[8]

기원 이야기가 우리의 문화와 삶 속에서 어떤 기능을 하는지 이해하게 되면 자연스럽게 성경 속 기원 이야기에 대한 이해도 한층 깊어진다. 하나님께서 우주의 질서를 세우시고 세상을 자신의 신전으로 만드신 창세기 1장의 메시지는 이스라엘을 넘어 우리의 가슴에도 다가온다. 돌로 지어진 건물 없이도 하나님은 통치하신다. 그분은 어느 곳에나 계시고 가난한 자의 마음속에 거하신다. 정체성이 무너지고, 의지했던 모든 것이 사라지고, 나라가 분열되고, 성전이 무너질 때에도 하나님께서 우리와 함께하시며 우리를 위하신다는 진리는 변함이 없다. 이 이야기는 2천 년 전만큼이나 지금도 사실이다.

창세기를 단순히 역사적 사실이나 과학적 발견, 폐허에서 건져 낸 고고학적 성과라는 관점으로 접근하면, 이 모든 메시지를 놓치게 된다. 완고한 근본주의자나 공격적인 무신론자에게 공통점이 있다면, 기원 이야기에 신화나 과장의 흔적 또는 문화적 영향이 보일 때 결코 사실로 받아들이려 하지 않는다는 것이다. 안타깝게도 이는 문학 양식을 크게 오해한 결과다.

이렇게 예를 들어 보자. 당신의 생일을 축하하기 위해 부모님과 형제자매, 이모와 삼촌, 사촌과 친구들까지 모두 모였는데 누군가 당신의 출생 신고서를 소리 내어 읽는다고 상상해 보자.

1984년 5월 1일. 오전 10시 5분. 3.12킬로그램. 미시시피주 투

펠로.

이게 전부다. 저녁 식사도 카드 놀이도 케이크도 아이스크림도 없다. 밤늦도록 촛불을 켜 놓고 둘러앉아 연례 행사처럼 듣던 그 허풍스러운 이야기도 없다. 내가 태어난 병원으로 차를 몰고 오던 아버지가 간신히 사고를 모면한 일이며, 할머니가 손수 지으신 드레스에 내가 응가를 해 버린 일이며, 간호사에게 계속 추근대던 삼촌에 관해 아무도 얘기하지 않는다. 내 입에서 맨 먼저 튀어나온 말이 '엄마'인지 '아빠'인지 따지는 우스꽝스러운 논쟁도 없다. 그해에 올림픽이 어디서 열렸으며 누가 대통령 선거에 나왔는지 검색해 보는 일도 없다. 내 이름이 성경에 나오는 아름다운 양치기 소녀와 애팔래치아 마을의 고집불통 여선생을 따라 지어졌다고 말해 주는 사람도 없다.

그저 출생 신고서에 나온 팩트뿐.

그게 생일 파티의 전부라면, 정말 이상하지 않을까?

자신이 누구인지 알려면 출생 신고서나 정부에서 정해 준 주민등록번호가 아니라, 자신이 속한 공동체가 반복해서 전해 주는 이야기를 들어야 한다. 출생 신고서의 출생 시각이 1분 늦었다고 해서 또는 출생 신고서를 통째로 잃어버렸다고 해서 나에 관한 진실, 내가 사랑받고 중요한 존재라는 사실까지 바뀌지는 않는다.

인문학자 바바라 하디는 1968년에 이미 다음과 같이 말했다. "우리는 이야기 속에서 꿈꾸고 몽상한다. 이야기 속에서 기억하고, 기대하고, 희망하고, 절망한다. 이야기 속에서 믿고, 의심하고, 계획하고, 계획을 수정하고, 비판하고, 구성하고, 남의 흉을 보고, 배우고, 미워하고, 사랑한다."[9]

그리고 이야기 속에서 우리는 하나님을 만난다.

성경의 기원 이야기는 우리가 아주 오래된 대가족, 창세까지 거슬러 올라가는 하나님의 가족에 속했다는 사실을 가르쳐 준다. 우리가 실수하고 넘어질 때도 하나님은 여전히 우리의 아버지이시다. 그분은 우리를 고아처럼 버려두지 않으신다.

෴

내가 초등학교 2학년인가 3학년이었을 때, 아버지가 재직 중이던 신학교가 이사를 했다. 최근에 비게 된 버밍엄의 한 교회를 개조해 대학 사무실과 기숙사, 강의실로 만드는 과정에서 아버지는 오래된 주일학교 교실을 정리하다가 별별 것을 다 찾아내셨다. 책과 미술 도구, 값비싼 나무 블록을 모아 둔 상자 등. 아버지는 퇴근길에 이런 것들을 보물처럼 챙겨 어린 두 딸을 위해 집으로 가져오시곤 했다. 하루는 까칠까칠한 녹색 천을 덮은 커다란 판을 가지고 오셨는데, 교회에서 아이들에게 성경 이야기를 들려줄 때 쓰던 판이었다. 삼각대에 고정해 놓고 쓰는 이 판에다 우리는 오랜 세월 상자 속에 보관돼 있던 탓에 옷 색깔이 희미하게 바랜 노아와 아브라함, 라헬과 룻, 예수님과 마리아와 요셉 같은 성경 인물 종이인형을 붙일 수 있었다.

동생 아만다와 나는 양말도 신지 않은 채 거실에서 몇 시간씩 아버지가 가져오신 녹색 판에 가위로 오려 만든 성경 인물을 붙이며 놀았다. 아브라함의 가족 이야기와 예수님이 행하신 기적 이야기를 재연하면서 우리는 종종 상상을 덧붙였다. (나는 오병이어의 기적에서 물고기와 떡을 제공한 소년에 대해 다소 극적인 이야기를 만들어 냈다. 아침부터 엄마에게 꾸지람을 들은 이 소년은 집을 뛰쳐나갔다가 잘못을 뉘우치고는 집에서 가져온 점심을 제자들에게 내놓고 용서받았다는…….) 아만다와 나는 아브라함과 이삭이 모리아산에서 내려오면서 나누었을 대화와 룻과 보아스의 연애담도 지어냈다. 교회 학교에서 「키 작은 삭개오」라는 노래를 배운 뒤에는 뽕나무에서 내려와 예수님을 따라간 삭개오에게 어떤 일이 일어났는지 상상해 보기도 했다.

이렇게 놀던 어린 두 소녀는 자신들이 수천 년을 이어져 내려온 창의적인 성경 해석 전통에 참여하고 있다는 사실을 꿈에라도 알았을까?

기독교인이 성경에 대해 많은 것을 배울 수 있는 집단이 있다면 바로 성경을 가장 오랫동안 간직해 온 유대인일 것이다. 몇 해 전 나는 성경의 여인들을 주제로 글을 쓰다가 '미드라시'라는 유대식 성경 해석법을 알게 됐다. 상상력을 동원해 성경 본문을 탐색하고 확대해 보는 이 방법은 유대 전통에서 가장 흔한 성경 해석 방식이다. 고문과 현대의 글이 섞여 있는 미드라시는 전에는 보이지 않던 성경 본문 속의 작은 부분들을 도드라져 보이게 했다. 세부적인 부분에 재미와 교훈을 더해 해석하는 이런 방식을 통해 평면적인 성경 인물들이 새롭게 되살아났다.

어떤 미드라시 전통에 따르면, 레아는 거칠고 사납기만 한 에서에게 강제로 시집보내질 것이 두려워 몇 날 며칠을 울기만 하다가 "시력이 약해졌다"(창세기 29:17). 또 이삭이 리브가에게 청혼하며 준 두 팔찌는 십계명이 새겨진 두 판을 상징하는데 이는 두 사람의 결혼을 통해 율법의 민족이 탄생하게 될 것을 미리 보여 준 것이다. 미드라시를 편찬한 랍비들은 재밌는 비하인드 스토리도 빼먹지 않았는데 그중에는 아브라함의 어린 시절에 관한 유명한 일화도 있다. 소년 아브라함은 어느 날 아버지의 상점에서 팔던 우상을 부숴 놓고는 아버지가 나타나자 우상끼리 싸우다가 그렇게 된 것이라고 말한다. 움직이지 못하는 우상이 어찌 서로 싸우냐고 다그치자 아브라함은 재치 있게도 그래서 우상은 아무 소용없는 것이 아니겠냐고 답하며 아버지를 깨우쳤다고 한다. 심지어 어떤 미드라시에는 아브라함과 이삭이 모리아산으로 운명의 여행을 떠날 때 끌고 갔던 당나귀의 족보까지 실려 있다. 족보에 따르면 이 당나귀는 하나님께서 여섯째 날에 창조하신 나귀의 직계 자손으로, 발람 예언자에게 말을 했던 당나귀이자, 모세가 이집트까지 타고 갔던 당나귀이며, 훗날 승전가를 울리며 메시아로 다시 올 다윗 왕을 모실 당나귀라고 한다. 참으로 바쁜 당나귀이다.

성공회 신부이자 성서학자인 윌다 가프니는 『우머니스트°미드라시』라는 책에서 미국 흑인들의 설교에 전통적으로 등장하는 여인들을 미드라시 방식으로 해설하며 이렇게 말한다. "미드라시는 독자의 눈에 보이는 문장만 해설하는 것이 아니다. 그것은 문장으로부터 숨겨진, 문장 너머에 있는 것까지 해설하며 행간을 읽어 준다. 랍비들은 언제나 글자와 글자 사이에 해석의 여지가 남겨져 있다고 믿는다."[10]

미드라시를 처음 접했을 때 나는 성경 주석과 팬 픽션[••]의 중간쯤 된다고 생각했다. 하지만 이내 그것은 내게 성경을 대하는 전혀 다른 태도를 가르쳐 주었으니, 독자의 기준에 맞지 않을 때 문서의 신빙성을 의심할 수밖에 없다는 전제를 버리고 성경의 텍스트를 있는 그대로 존중하며 즐기는 태도다. 유대인들은 성경을 읽을 때 생기는 긴장과 질문을 피해야 할 장애물이 아니라 하나님과 그분의 백성이 주고받는 대화로의 초대라고 생각한다. 수 세기 동안 지속된 이 위대한 대화의 문은 누구에게나 열려 있다.

내가 미드라시식 해석에 공감하는 이유는 그것이 어린 시절 성경을 읽을 때 가졌던 호기심이나 경이감을 어느 정도 되찾아 주기 때문이다. 미드라시는 성경 이야기를 '즐길' 수 있는 여유를 준다. 그리고 자유롭게 질문하고 의심을 피해 가지 말라고 일러 준다. 예컨대 아브라함이 이삭을 희생 제물로 바치려 했던 이야기에 대한 미드라시의 수많은 해석을 읽으면서 나

• 유색인 페미니스트.
•• 본 줄거리를 해치지 않는 선에서 팬들이 쓴 속편, 외전.

는 의혹을 품은 사람이 나 혼자만이 아니었음을 새삼 깨달았다. 아브라함을 시험하기 위해 이삭을 제단 위에 희생 제물로 바치라고 명령하신 하나님께서 천사를 보내 아들의 가슴에 칼을 꽂으려던 아브라함의 손을 제지하셨다는 이야기는 시대를 뛰어넘어 모든 독자를 혼란에 빠뜨린다. 우리는 "왜 하나님께서 아브라함에게 그토록 끔찍한 일을 시키셨을까?" 질문하며 여러 가능성을 떠올려 본다. 아이를 희생 제물로 바치는 당시 이방인들의 관습을 우회적으로 비판하려고? 하나님의 목소리를 들었던 것은 단지 아브라함의 상상이었을 뿐인가? 아브라함은 이스마엘을 쫓아낸 일로 인해 벌을 받는 것일까? 아브라함이 그 같은 일을 하기 전에 마음을 고쳐먹고 하나님의 명령을 거스르는 것이 오히려 바르고 도덕적인 선택은 아니었을까? 읽는 이를 당혹스럽게 만드는 이런 이야기를 부모들은 어떻게 받아들여야 하나?

후에 알게 된 사실이지만, 이 같은 질문을 놓고 토론하는 것은 유대인들에게는 아주 자연스러운 일이다. 그들은 토론을 거쳐 결론에 도달할 때 교육적으로 유익을 얻을 뿐 아니라, 해답을 찾아가는 과정에서 자신과 공동체 그리고 믿음에 대해 중요한 사실을 깨닫게 된다고 믿는다. 기독교인들은 대화에 **종지부를 찍으려고** 성경을 펼치지만 유대인들은 대화를 **시작하려고** 성경을 펼치는 것이다.

내가 알고 지내는 한 유대인 친구는 랍비인 자신의 남편이 동료와 학자, 친구들을 저녁 식사에 초대한 자리에서 무슨 일이 벌어졌는지 얘기해 준 적이 있다. "우리는 밤늦도록 율법을 어떻게 적용해야 할지 토론했어. 하나같이 다른 관점에서 얘기하니까 의견이 모일 리가 없었지. 논쟁이 격해지고 목소리도 커지면서 자고 있던 아기가 두 번이나 깼지 뭐야. 준비한 음식도 거의 다 동나고."

마지막으로 그녀는 웃으며 말했다. "유대인들에겐 정말 완벽한 저녁이었지."

그녀의 이야기는 공동체가 어떻게 성경 텍스트에 생명을 불어넣을 수 있는지를 잘 보여 준다. 젊은이와 늙은이, 배운 자와 못 배운 자, 부자와 가난한 자, 살아 있는 자와 죽은 자 등 다양한 독자에 의해 성경의 무한한 빛깔과 모습이 드러난다. 이러한 방식으로 성경을 읽을 때 우리는 성경 속에 묻힌 보물을 발견할 뿐 아니라 타인과 가까워진다. 가까이하기에 너무나 거룩해 보이던 말씀이 사람들이 편하게 드나드는 사랑방으로 바뀐다. 하나님이 직접 세우신 식탁에 그분의 백성들이 상을 차리면, 진리와 사귐에 배고파하는 사람들이 모여 만찬을 즐긴다.

『성경의 부상과 몰락』이라는 책에서 티모시 빌은 말한다. "성경은 공동체를 만든다. 사람들이 모일 수 있는 공간을 마련함으로써 공동체가 생길 가능성을 열어 주는 것이다. 성경은 독자들이 시공간을 뛰어넘어 토론할 수 있도록 신학적 언어와 이야기를 제공한다. 그리고 우리에게 열린 마음으로 대화에 참여하라고 요구한다."[11]

이런 방식의 성경 해석은 근본주의 기독교 집단에서 흔히 나타나는 승자 독식주의 방식의 해석과 극명한 대조를 이룬다. 승자 독식주의식 해석이란 한 개인이 진리의 심판자가 되어 간단히 본문을 읽고 해석하는 것을 말하는데 이때 그의 해석은 최종적이고 독점적인 권위를 가진다. 이를테면 이런 식이다. "성경이 이렇게 말했고, 난 그것을 믿으니, 더는 왈가왈부할 필요가 없어." 사람들을 대화의 장으로 이끌어 들이는 방식과는 아주 거리가 멀다.

상상력을 발휘해 성경을 해석하는 미드라시는 성경 해석이 꼭 제로섬 게임과 같을 필요가 없다고 말한다. 좋은 이야기가 그렇듯 성경도 무궁무진한 통찰을 제공하며 새로운 도전을 불러온다. 관계의 하나님은 우리에게 상호 소통할 수 있는 성경을 주셨다. 그 사실을 받아들이는 순간 우리는, 믿음의 사람이 된다는 의미가 곧 옳은 사람이 되는 것이 아니라 하나님과 회복을 추구하는 공동체의 일원이 되는 것임을 깨닫는다. 바울도 예수님도 이렇게 성경을 이해했다. 두 사람 모두 유대인이 아니었던가.

대화식으로 성경을 해석하는 유대인의 전통이 지속될 수 있었던 큰 이유는 이스라엘의 기원 이야기 속에 등장하는 화려한 출연진 때문이다. 랍비 비소츠키는 이 인물들이 펼치는 재미있는 가족사가 마치 "최장기 방영 가족 드라마"를 방불케 한다고 했다.[12] 아브라함과 사라, 그들의 자녀들과 그 자녀들의 후손들, 그리고 결혼으로 엮어진 친척과 그들을 괴롭히는 적들이 만들어 내는 명장면을 보고 있자면, 에델 숙모와 위크 삼촌의 일화가 지루할 정도다.

전해지는 이야기에 따르면, 하나님은 아브라함과 언약을 맺으시며 그의 후손이 별보다 많아져 큰 민족을 이룰 것이라고 말씀하신다. 이 민족은 세상의 다른 민족들에게 축복의 통로가 될 것이다. 하지만 늙은 아브라함과 사라는 자식을 주신다는 하나님을 신뢰하지 못한다. 사라는 아브라함에게 이집트인 노예 하갈을 주어 자식을 낳게 하고, 이내 "들나귀처럼 될"(창세기 16:12) 운명을 지닌 이스마엘이 태어난다. 하갈과 사라 사이에 갈등이 깊어지자 하나님은 사라를 통해 아들을 주실 것이라는 약속을 다시 확인해 주신다. 아브라함에게는 흠 없이 살라고 권면하시며 믿음의 표시로 자녀와 후손들에게 할례를 행하라고 명하신다. 아니나 다를까, 수년을 더 기다린 끝에 사라는 이삭을 낳았고 아브라함은 지체 없이 할례를 행했다.

사라가 죽고, 이삭이 장성했다. 아브라함은 아들을 위해 신붓감을 구했고 곧 리브가라는 여인을 찾았다. 이삭과 리브가는 쌍둥이를 낳고 야곱과 에서라고 이름 지었다. 둘의 기나긴 대결 구도는 출생 때부터 시작됐다. 매끈한 피부의 야곱은 털이 많은 형 에서의 발뒤꿈치를 붙잡은 채 어머니의 산도를 빠져나왔다. 이유를 알 순 없지만, 하나님은 말없이 나쁜 일을 꾸미는 이 마마보이를 좋아하신다. 야곱은 형을 속여 상속권을 빼앗고 늙은 아버지를 기만해 어쩔 수 없이 자신을 축복하게 만든다. 구약 성경은 유독 허접한 약자에게 관대하다. 야곱 같은 인물이 이스라엘 기원 이야기의 영웅이 된 것이다.

에서를 노엽게 만든 야곱은 밧단아람에 있는 삼촌 라반의 집으로 줄행랑을 친다. 거기서 야곱은 라반의 아름다운 딸 라헬과 사랑에 빠지는데 라헬은 언니 레아와 미묘한 사이이다. 라반은 야곱에게 7년 동안 자신의 양 떼를 돌보면 라헬과 결혼시켜 주겠다고 약속한다. 한눈에 보기에도 야곱은 쓸 만한 목자였기 때문이다. 고대하던 결혼식 날이 되었다. 춤과 노래와 술이 흥을 돋우었다. 하지만 다음날 아침 야곱이 신부에게 키스를 하려고 보니, "어이없게도, 레아였다!"(창세기 29:25, 공동번역) 라반에게 당한 것이다. 라반은 결국 7년을 더 일하는 조건으로 라헬을 야곱에게 허락한다. 야곱을 놓고 벌이는 자매 간의 살벌한 경쟁은 이때부터 불가피해졌다. 야곱은 두 여인 및 그녀들의 시종들에게서 열두 아들과 딸 하나를 얻었다. 그사이에 에서는 군대를 이루었다.

20년 동안 라반에게 당할 만큼 당했다고 생각한 야곱은 기회주의적인 장인의 양을 돌보느니 차라리 성난 형님의 군대와 맞붙는 게 낫겠다고 결론짓는다. 그는 온 가족과 모든 가축과 소유물을 챙겨 가나안으로 돌아가리라 마음먹고 사막 길로 나선다.

바로 이 광야에서 진퇴양난의 괴로움 끝에 그는 알 수 없는 존재와 마주한다.

얍복 강가에서 홀로 야영하던 야곱에게 황소처럼 힘이 센 남자가 싸움을 걸어왔다. 밤새도록 엎치락뒤치락 힘겨루기가 이어졌다. 새벽 여명이 밝아 오고 낯선 자의 정체가 서서히 드러났다. 그는 그저 '사람'이 아니라 현현한 하나님이었다. 야곱은 뻔뻔스럽게도 죽자 살자 싸우던 상대에게 복을 달라고 조른다. 끝내 하나님은 야곱을 축복하시고 그의 이름을 바꾸어 주신다. 이제부터 야곱은 이스라엘, 곧 '하나님과 씨름하는 자'로 알려질 것이다. 싸움은 끝났지만 엉덩이를 다친 야곱은 평생 절뚝거리게 되었다. 이후 야곱은 에서와 기적같이 화해한다. 그의 열두 아들은 이스라엘의 열두 지파가 되고 나머지는 우리가 다 아는 이야기다.

이스라엘 민족에게 이 이야기만큼 중요한 이야기가 또 있을까. 아브라함의 가족사는 하나님과 그분의 백성이 주고받는, 역동적이고 지극히 개인적인 '관계'가 어떻게 민족의 정체성에 뿌리박혀 있는지를 설명해 준다. **이스라엘이라는 이름** 자체가 그것을 말해 주고 있지 않은가. "네가 하나님과도 겨루어 이겼고, 사람과도 겨루어 이겼으니, 이제 네 이름은 야곱이 아니라 이스라엘이다"(창세기 32:28).

"이스라엘은 자신들을 하나님과 싸우는 링 위의 존재로 생각한다." 피터 엔즈와 재러드 바이어스도 『보통 사람을 위한 창세기』에서 비슷한 말을 했다. "이스라엘은 자신을 먹이사슬의 꼭대기에 있는 승자가 아니라 방황하며 끊임없이 질문하는 존재로 의식한다. 그들은 믿음과 씨름하는 사람들이다."[13]

유대인들이 하나님과 씨름하고 축복과 함께 상처까지 받은 민족으로 자신을 인식한다는 점은 성경을 대하는 그들의 자세에 대해 많은 것을 시사한다. 기독교인 역시 이런 식으로 성경을 읽어야 하지 않을까. 유대인들과 우리는 영적 DNA를 공유한 한 가족이다. 내가 사랑하는 성서학자들은 신학적 논쟁에서 이기려고 성경을 읽지 않는다. 일상의 슬픔에서 벗어나기 위해 진부한 문장을 찾지도 않는다. 그들은 축복을 구하고 인생과 세상을 헤쳐 나갈 지혜를 구하되 그 여정에서 야곱처럼 다칠 수도 있음을 잘 알고 있다.

『돌베개』라는 책에서 매들린 렝글은 이렇게 말했다. "어쩌면 우리에겐 시비를 걸어올 천사가 필요할는지 모른다. 성장통이 싫어 우리를 자라게 해 줄 질문들로부터 도망치려는 우리를 막아 줄 천사 말이다."[14]

믿음과 의심으로 점철된 서른다섯 해의 세월이 내게 가르쳐 준 것은 신앙은 일련의 명제에 수동적으로 동의하는 학문적 과정이 아니라는 것이다. 그것은 안전장치 없이 오르는 거칠고 험난한 등산과도 같으며, 가만히 기다리는 대신 밤새 씨름하며 복을 달라고 매달리는 싸움과도 같다.

성경도 마찬가지다. 성경을 읽는 것은 학회에 초청받는 것이 아니라 링 위에 오르는 것이다. 하나님은 긴 세월 내려온 생생한 대화의 장으로 우리를 초대하셨다. 창세부터 이어져 온 하나님과 그분의 백성이 주고받는 이야기가 이제 하나씩 펼쳐진다. 운이 좋다면, 당신도 절뚝거리게 될 것이다.

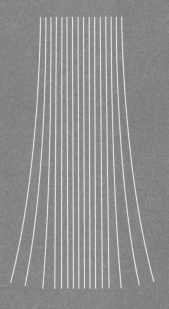

우물구원 이야기

"결코 잊지 마시길."

—

우물

—

이름 짓는 일은 언제나 하나님의 몫이다.

아브라함. 이삭. 이스라엘.

그러나 당신의 성경을 통틀어 단 한 번의 예외가 있다. 감히 하나님의 이름을 지은 한 사람. 제사장도 예언자도 전사도 왕도 아닌 그 사람은 바로 나, 하갈이다. 이방인, 여자, 그리고 노예.[1]

나는 힘없는 자로 기억되기를 거부한다. 힘은 남자들의 세계에서나 통용되는 용어니까. 광야에서 헤매다 하나님의 이름을 짓기 전까지, 나는 있으나 마나 한 존재였다. 검은 피부와 이방인의 말투는 브엘세바에서 환영받지 못했다. 일곱 개의 우물이라는 뜻의 브엘세바에서 피 튀기며 싸우던 부족들은 화해의 표시로 함께 우물을 팠다.

나의 주인은 여자가 바랄 수 있는 모든 것을 가진 여인이었다. 부와 명예, 전설적인 미모와 신의 은총까지. 하지만 그런 그녀에게도 부족한 게 있었다. 정처 없이 떠도는 유목민의 아내에게 요구되는 한 가지, 바로 아기를 가질 수 있는 자궁 말이다. 사라는 웃을 때 생기는 주름마저 아름다웠다. 그녀는 내가 만나 본 사람 중에 가장 탁월한 이야기꾼이었다. 사라의 흰 머리카락 사이로 나풀대는 사막의 바람은 그녀의 큰 웃음소리를 실어날라 건조한 대기 속에 단비처럼 흩뿌렸다. 종이나 자유인, 남녀노소 누구나 그녀가 머무는 장막에 조심스럽게 다가가 염소를 키우는 일, 결혼을 주선하는 일, 음식을 만드는 일과 기도를 올리는 일에 관해 상담했다. 하지만 우리의 세계에서 그녀는 그저 **석녀**(石女)일 뿐이다.

신의 약속을 믿지 못하는 여인을 주인으로 모신 건 나의 불행이었다.

사라는 나를 아브라함에게 보냈다. 그녀가 얼마나 아무렇지도 않게 그 일을 시켰는지, 난 평생 잊지 못할 것이다. 천을 거두고 음식을 준비하는 그날의 일과를 줄줄이 말하던 사라는 은근슬쩍 한 가지를 더 끼워 넣었다. 왜 그런 명령에 화를 내지 않았냐고, 더 저항하지 못했냐고 당신은 내게 물어 올지 모른다. 하지만 족장의 아이를 낳는다는 건, 비록 대리모가 되는 것일지라도, 자유의 몸이 될 수 있음을 의미한다. 적어도 내가 한낱 소모품이 아님을 보여 줄 기회였다. 그날 밤 아브라함은 한 번도 내 눈을 똑바로 바라보지 못했다. 늙은이가 나에게서 떨어져 등을 돌렸을 때, 난 이집트의 신들을 떠올리며 아들을 달라고 기도했다. 무사히 아이를 낳는다면, 그 아이가 결혼하는 걸 볼 날이 올지도 모르지. 나는 간절히 빌었다. 내가 아는 모든 언어로, 내가 기억하는 모든 신에게.

아기의 움직임은 발길질에서 시작하지 않는다. 그것은 아주 미세해서 좀체 알 수 없는 수수께끼 같은 흔들림이었다. 그래서 나는 그날 아침까지 반신반의했다. 그날도 밤을 설치고 깨어난 나는 가만히 모로 누워 있었다. 손을 배에 갖다 댄 순간, 돌연 어떤 움직임을 느꼈다. 부인할 수 없는 아기의 발길질이었다. 경이로운 이 순간을 준비된 마음으로 맞이할 수 있는 여인이 있을까. 기쁨과 두려움이 한꺼번에 몰려오는 그 순간, 누군가에게 말하고 싶은 마음에 주변을 둘러보았다. 물론 아무도 없었다. 그러자 두 번째 발길질이 느껴졌다. 이번에는 좀 더 길고 묵직했다. 아기는 마치 **"절대 혼자라고 생각하지 말아요, 엄마. 이제 우리는 함께예요"** 하고 말하는 것 같았다. 아기가 첫 숨을 들이마시기도 전에, 우리는 벌써 비밀을 나눈 사이가 되었다. 내가 노래하기 시작한 것은 바로 그 순간부터였을 것이다. 나의 기억은 더듬더듬 엄마가 들려주시던 자장가로 거슬러 올라갔다. 엄마 품의 사프란 향내와 흰 비둘기처럼 부드럽고 깊은 목소리가 아련했다. (노예의 기억은 언제나 흐릿하다.)

어쩌면 내 노랫소리가 너무 컸을지 모른다. 아마 이전보다 더 자신감 있게 행동했을지도. 당신의 성경은 내가 여주인을 깔보았다고 말하지만 한 번도 나의 관점을 묻지 않았다. 분명한 것은 배가 불러 올수록 사라가 점점 더 신경질적으로 변했다는 것이다. 바람에 부러질 듯한 갈대처럼. 거친 말과 식량이 끊길 건 예상했지만 신체적 학대까지는 예상치 못했다. 비아냥이 손찌검으로 변하고 고함치듯 명령하던 것이 채찍질로 바뀌었다. 그녀가 아기의 생명을 위협하지 않았다면 도망치는 일까지는 없었을 것이다. 당신이 꼭 알아 두길 바란다. 최악의 상황이 두렵지 않았다면, 나는 야밤에 물병 하나와 빵 한 쪼가리를 들고 사막으로 도망치는 위험을 감수하지 않았을 것이다. 물론 아브라함은 수수방관이었다. 내가 간절히 매달렸던 벙어리 우상들은 아브라함보다 더 무용지물이었다. 그 우상들은 나의 고통을 알기나 했을까? 내가 당하는 꼴을 보기나 했을까?

당신의 성경은 이 일을 여인들의 어리석은 말다툼 정도로 치부할 것이다. 이 저주받은 땅에 어떻게 인구가 불어났는지 설명하는 재미있는 일화쯤으로 사용하겠지. 하지만 성경을 기술한 서기관들은 한 번도 임신한 몸으로 사막에 피신 간 적이 없다. 배 속의 아이가 마지막으로 움직인 것이 언제인지 걱정하며 애태우는 마음을 그들이 조금이라도 이해할 수 있을까.

나는 수르로 가는 길을 택했다. 수르는 고향과 관련해 내가 알고 있는 유일한 지명이었다. 하지만 사막의 저 끝에서 커다란 해가 멍한 눈처럼 떠오를 때쯤, 나는 골반의 무게에 눌려 마비된 다리 때문에 그만 먼지 속으로 쓰러졌다.

단 한 방울의 물도 남지 않았다. 급히 먹은 빵은 식도로 역류했다. 한 줄기 피가 허벅지로 흘러내렸다. 난 거기서 죽기를 기다렸다……. 출산을 기다렸던 것일 수도……. 아니면 둘 다였을지도. **누가 죽은 내 몸뚱이를 발견이나 할까? 나에 대해서 그들은 뭐라고 지껄일까?**

그 순간 난 이글거리는 지평선 너머에 희미한 무언가를 보았다. 우물!

나는 짐승처럼 기어갔다. 그러고는 우물에 얼굴을 처박았다. 기억할 순 없지만 기절했음이 분명하다. 아니면 잠들었거나.

내가 말할 수 있는 전부는 눈을 떴을 때 어떤 낯선 이가 곁에 서 있었다는 것뿐이다. 남성도 여성도 아닌, 이집트인도 히브리 사람도 아닌, 안전하지도 위협적이지도 않은 어떤 존재가 아득한 어머니의 목소리로 말을 건넸다.

"사라의 여종, 하갈아, 네가 어디서 와서 어디로 가려느냐?"

이 낯선 이는 내 이름을 알았다.

"저는 제 여주인으로부터 도망치고 있습니다." 내가 대답했다. 어디로 가느냐는 말에 달리 뭐라고 답할 수 있을까?

"사라에게 돌아가라." 낯선 이가 말했다. "두려워할 필요 없다. 이 아기는 무사히 태어날 것이다. 내가 그를 통해 셀 수 없을 만큼 많은 후손을 네게 주어 큰 민족을 이루겠다."

이유를 알 수는 없지만 난 그 말을 그대로 믿었다. 비둘기의 목소리를 가진 이 낯선 이의 말에는 하나님의 권위가 실려 있었다.

"네 아들은 자라서 전사가 될 것이다. 사람들에게 들나귀 같은 존재가 될 것이다. 투쟁으로 점철된 험난한 인생이 되겠지만 그는 견뎌 낼 것이다. 아들의 이름을 이스마엘이라 하여라. '하나님이 들으신다'는 뜻이다. 네가 고통 가운데 부르짖는 소리를 하나님이 들으셨느니라."

숙연해야 할 그 순간, 나는 들나귀라는 말에 그만 웃고 말았다. 녀석이 배 속에서 해 대는 발길질만으로도 충분히 예견할 수 있는 말이었다. 엄마에겐 누구나 어느 정도 예언의 능력이 있다고 하지 않는가.

당신은 아들의 삶에 투쟁과 분투가 가득하리라는 예언이 나를 낙담케 했다고 생각할지 모르겠다. 하지만 노예는 투쟁하거나 분투하지 않는다. 그저 순종할 뿐이다. 예언이 맞는다면, 내 아들 이스마엘은 자유의 몸이 될 것이다.

어디서 힘이 났는지, 나는 낯선 이의 얼굴을 보려고 몸을 일으켰다. 눈부신 태양에 우리의 얼굴이 하얗게 지워졌다. 난 알았다. 이 존재가 사라의 하나님, 그녀가 야웨라고 부르는 하나님인 것을. 하지만 내가 한 민족의 어머니가 되려면 그에게 다른 이름을 붙여야 했다.

"주님은 들으실 뿐 아니라 보시는 하나님입니다." 힘찬 내 목소리에 나 자신도 놀랐다. "나를 돌아보신 하나님을 제가 보았습니다."

나는 이렇게 우물과 하나님의 이름을 지었다. 엘로이, 보시는 하나님.

아, 영원히 기억될 이름이여. 당신의 성경은 이렇게 기록한다. "그래서 그 샘 이름도 브엘라해로이°라고 지어서 부르게 되었다. 그 샘은 지금도 가데스와 베렛 사이에 그대로 있다."

수많은 나의 자매들이 그 우물에서 물을 길었다. 바로의 명을 어기고 노예의 아기들을 받은 히브리 산모들, 메시아와 수작을 주고받았다고 온 마을을 들썩이게 한 사마리아 여인, 서아프리카에서 짐승처럼 배에 태워져 바다를 건너온 어린 소녀 노예들, 자식들이 처형당하는 것을 지켜본 엄마들, 손자들이 총탄에 쓰러지는 것을 목격한 할머니들, 세상에서 잊힌 그러나 하나님은 결코 잊지 않은 수천 수백만의 유색인들, 고통의 재를 떨치고 일어나 불같은 예언자와 설교자로 부활한—나처럼 살아남아 감히 이름을 지은—여인들. 수년 후 사라가 다시 나를 광야로 내쫓았을 때 난 이 우물로 돌아왔다. 이번에는 내 다리를 붙들고 우는 어린 소년과 함께.

아브라함처럼 나도 믿음의 시험을 거쳤다. 하지만 내 믿음은 족장들처럼 카라바조의 붉은색이나 샤갈의 푸른색 그림으로 남아 후대까지 전해지지 못했다. 히브리인들의 장황한 이야기 속에서도, 신약의 족보에서도 나는 기억되지 못했다.

하지만 당신의 성경에서 감히 하나님께 이름을 붙인 유일한 사람은 제사장도 예언자도 용사도 왕도 아닌 바로 나, 하갈이다. 외국인이자 여자이며 노예였던.

• 나에게 나타나신 살아 계신 이의 우물.

결코 잊지 마시길.

구원 이야기

"오늘 밤이 왜 특별한가요?"

유월절 만찬에서 어린아이는 이렇게 묻게 되어 있다. 식탁을 장식한 촛불에 소녀의 두 눈이 반짝였다. 유대인의 명절을 기념하기 위해 모인 소녀의 가족과 친지들이 식탁에 둘러앉아 있었다.

호기심 어린 눈으로 아이는, 잔에 포도주를 채우고 기도를 올리고 효모를 넣지 않은 반죽으로 만든 크래커 같이 납작한 빵인 무교병을 조각내는 의식을 지켜본다. 구운 통닭과 찐 감자 냄새가 집 안 가득히 퍼졌다. 작은 여자아이의 접시는 거의 손대지 않은 채였다. 접시에는 삶은 달걀과 정강이뼈, 양상추한 뭉치와 셀러리 한 줄기 그리고 하로셋이 듬뿍 담겨 있었다. 사과와 잘게 썬 아몬드, 꿀과 계피를 섞어 만든 하로셋을 엄마는 소녀에게 재차 권했다. 한 입만 먹어 보면 좋아할 거라고 하면서.

접시 위의 음식은 각각 나름의 의미를 지니고 있다. 실로 유월절 식탁에 놓인 것 중 사연이 없는 것은 없다. 하로셋은 히브리 노예들이 이집트에서 창고를 지을 때 사용했던 진흙 반죽을 상징하고, 셀러리에 찍어 먹는 소금물은 그들의 눈물을 의미한다. 식탁에 둘러앉은 사람들은 상체를 꼿꼿이 세우지 않고 의자 등받이에 기대앉게 되어 있다. 고대 시대에는 오직 부유한 자유인만이 비스듬히 기대앉아 식사를 즐길 수 있었다. 유월절 만찬상에 비스듬히 기대어 그들은, 하나님께서 조상들을 해방시키실 때 자유뿐 아니라 삶의 고귀함까지 주셨음을 기억한다.

이러한 의식들은 소녀가 듣게 될 이야기의 예고편인 셈이다. 통닭이 거의 다 익어 갈 즈음 가장 중요한 순서가 찾아왔다. 이스라엘이 이집트에서 탈출한 이야기를 듣는 시간이다.

지금이 바로 작은 소녀가 그토록 기다린 순간이다. 모두의 시선이 소녀의 작은 입술에 모아졌다. "왜죠?"

"왜 오늘 밤은 다른 밤과 다른가요? 왜 무교병을 나눠 먹고 하로셋을 먹나요? 식탁에 비스듬히 기대서 찬송을 부르는 이유는 뭔가요?"

그녀의 할아버지나 할머니 혹은 고모 또는 회당에서 온 랍비가 일어나 이야기를 시작할 것이다.

"소녀야. 하나님께서 아브라함에게 그의 후손이 별보다도 많을 거라고 약속하신 일을 기억하니?"

"하나님은 그 약속을 지키셨단다. 이스라엘 백성은 큰 민족을 이뤘지. 하지만 세월이 흘러 이스라엘은 이집트의 노예가 되었어. 막강한 파라오가 시키는 대로 일을 해야 했지. 하나님은 모세라는 사람을 파라오에게 보내셔서 이스라엘 백성을 놓아주라고 하셨어. 하지만 파라오는 고집이 세고 잔인했단다. 하나님께서 메뚜기 떼와 어둠과 해충과 개구리를 보내 괴롭혔는데도, 심지어 나일강을 핏물로 만들었는데도 파라오는 꿈쩍도 안 했어. 하나님은 끝내 죽음의 천사를 보내셔서 이집트의 모든 집을 찾아가게 하셨지. 특별히 표시해 둔 이스라엘 사람들의 집만 빼고 말이야. 그제야 파라오는 노예를 풀어 줬단다. 이스라엘 백성은 서둘러 이집트를 떠나야 했지. 화덕에 넣어 둔 빵이 부풀기를 기다릴 여유조차 없었어. 이게 바로 오늘 우리가 무교병을 먹으며 첫 번째 유월절 밤을 기억하는 이유란다."

이 작은 소녀는 계속해서 듣게 될 것이다. 파라오가 어떻게 약속을 저버리고 전차 부대를 동원해 탈출하는 노예들을 뒤쫓았는지, 모세가 지팡이를 들어올리자 하나님께서 어떻게 홍해를 가르셨는지, 이집트의 군사들이 바닷물에 빠져 허우적댈 때 하나님의 백성은 어떻게 무사히 탈출했는지, 마지막으로 이스라엘 백성에게 이처럼 신실하셨던 하나님께서 앞으로도 영원히 신실하실 것이라는 이야기까지.

삼촌이나 고모가 이야기를 잘 들었나 소녀를 시험해 볼 수도 있겠지만, 대부분은 주요리로 넘어가거나 포도주를 한 잔 더 마시려 할 것이다. 유월절 만찬은 보통 밤늦게까지 이어진다. 2차 세계대전 당시 폴란드의 강제 수용소에서도 유대인은 유월절을 지켰다고 한다. 음식도 포도주도 촛불도 없었지만, 그곳에서도 그들은 기대어 앉았다.

출애굽 이야기, 파라오의 손아귀에서 탈출한 이스라엘 이야기는 성경에서 가장 널리 알려진 구원 이야기다. 유대인의 정체성과 윤리를 논할 때 결코 빠질 수 없는 이 이야기는 그들이 매일 올리는 기도 속에 그리고 매년 지키는 유월절 절기 속에 고스란히 담겨 있다. 성경 곳곳에서 우리는 자신을 '이스라엘의 하나님'으로 선포하시는 하나님을 만난다. "나는 너희를 이집트 땅, 종살이하던 집에서 이끌어 낸 주 너희의 하나님이다"(신명기 5:6). 출애굽 사건을 역사로 보든 혹은 전설로 보든 아니면 둘 다라고 생각하든 간에, 이 이야기가 헤아릴 수 없을 만큼 많은 사람들의 믿음에 영향을 끼쳤고, 수 세기에 걸쳐 예술가와 운동가, 세계적인 지도자들에게 영감을 주었다는 사실만큼은 부인할 수 없을 것이다. 그저 하나의 이야기일 **뿐**이야, 하며 가볍게 볼 그런 이야기가 아닌 것이다.

"내 백성을 보내라." 까마득한 옛날 거친 사막에서 이스라엘 사람들이 해방을 갈망하며 외쳤던 이 부르짖음은 시대와 장소를 뛰어넘어 앨라배마의 목화밭에서 일하던 노예들의 입술과 귀에 닿았다. 선창과 후렴을 주고받으며 그들은 이렇게 노래했다.

> 가라, 모세여,
>
> 저 이집트 땅으로.
>
> 늙은 파라오에게 전하라,
>
> 내 백성을 보내라.

처음 이 노래와 영가를 불렀던 미국 흑인 노예들 가운데 자신들이 부르는 노래의 배경이 되는 성경 이야기를 제대로 아는 사람은 거의 없었다. 노예 소유주들은 그들의 '소유물'인 노예들이 문맹 상태에서 벗어나지 못하도록 갖은 노력을 다했다. 심지어 프레드릭 더글러스*, 헨리 하이랜드 가네트** 같은 자유민 신분의 흑인들조차 흑인들에게 성경을 배포하는 일의 타당성에 대해 논쟁을 벌였다. "종들아, 두려워하고 떨며 성실한 마음으로 육체의 상전에게 순종하기를 그리스도께 하듯 하라"(에베소서 6:5, 개역개정)와 같은 성경 구절로 노예제를 정당화한 경우가 허다했기 때문이다.

앨런 드와이트 캘러한은 그의 주옥같은 책 『말하는 책: 미국 흑인과 성경』에서 다음과 같이 말했다. "아프리카계 미국인들은 성경이 영혼의 치유제인 동시에 해로운 독인 것을 알았

- 　19세기 미국 흑인의 자유와 평등을 위해 싸운 대표적 노예제 폐지론자, 작가.
- ● 흑인 노예로 태어나 노예제 폐지 운동에 앞장선 목사.

다. 독이 되는 부분을 받아들이지 않고 위안만을 바랄 순 없었다……. 자신들에게 적대적인 성경 본문의 독소를 없애 줄 해독제는 다시금 성경이었다. 일종의 동종요법처럼 성경의 독을 성경으로 치유하려는 시도였다."[1]

19세기 노예제 폐지 운동과 20세기 흑인 민권 운동의 서사에 가장 많은 영감을 준 것은 출애굽 이야기였다. "내 백성을 보내라"는 모세의 외침은 해리엇 터브먼*, 프레드릭 더글러스, 제임스 웰던 존슨**, 마틴 루터 킹 주니어***의 입에서 더욱 힘차게 메아리쳤다. 노예 신분에서 벗어난 요셉, 느부갓네살의 사자 굴에서 구원받은 다니엘 같은 성경 인물이 흑인 영가와 문학, 설교의 주요 소재가 되었다. 시편 68편에 나오는 "에티오피아는 하나님을 향하여 손을 들 것입니다"(31절, 공동번역)라는 구절을 아프리카에서 온 흑인들의 영화로운 미래를 약속하는 것으로 받아들이기도 했다. 예수 그리스도의 죽음과 부활은 여러 세대에 걸쳐 미국 흑인들에게 연대와 투쟁의 원동력이 되었으며, 해방 신학자인 제임스 콘은 예수님의 십자가와 흑인들을

• 남북전쟁 당시 '지하 철로'라는 비밀 조직을 통해 300명이 넘는 노예를 북부로 탈출시킨 흑인 여성.

•• 1920년대 흑인 문학 부흥기인 할렘 르네상스를 이끈 작가, 변호사, 민권 운동가. 그가 쓴 「모두 소리 높여 노래하자」는 흑인 애국가로 불릴 정도로 미국 흑인 역사상 가장 중요한 인물 중 하나로 기억된다.

••• 미국 침례교 목사, 인권 운동가. 1955년 몽고메리 공영 버스의 흑인 차별을 비판하는 비폭력 시위를 시작으로 1963년 워싱턴 대행진을 비롯한 흑인 인권 운동을 이끌며 법률과 제도의 개정 및 흑인 인권 증진에 큰 영향을 남겼다.

억압하는 폭력을 연결 짓는 신학으로 많은 이들에게 강렬한 인상을 남겼다. 페미니스트 신학자인 들로리스 윌리엄스는 그녀의 기념비적인 책 『광야의 여인들』에서 하갈이라는 인물을 심층적으로 분석한다. 그녀는 주인의 학대를 받으며 강제로 대리모가 된 아프리카인 노예 하갈이 과거와 현재에 위태로운 상황에 처한 미국 흑인 여성들을 상징적으로 나타내는 인물이라고 말했다.

다음은 앨런 드와이트 캘러한의 말이다.

> 아프리카에서 온 노예들과 그 후손들은 성경을 읽다가 세상에서 정의가 승리하리라는 약속을 발견했다. 이는 자기 조상들의 문화에서, 더군다나 자신들을 적대시하는 미국에서는 찾을 수 없는 개념이었다. 그런데도 그들은 거룩한 정의라는 선명한 끈이 성경을 관통하고 있음을 발견한 것이다. 성경이 말하는 정의는 그들이 지긋지긋할 정도로 잘 알고 있는 불의와는 전혀 다른 차원의 것이었다.[2]

어느 시대에나 소외되고 억압받는 사람들은 이 선명한 정의의 끈을 붙들었다. 가난한 사람을 존중하고, 이방인을 환영하고, 핍박당하는 사람을 놓아주라는 성경의 가르침은 자유를 위해 분투하는 그들을 지탱해 주는 든든한 받침목이 되었다. 출애굽 이야기에서 자유를 약속하는 하나님을 만난 미국의 흑인 노예들, 막달라 마리아가 부활의 메시지를 들고 사도들에게 보내진 것을 보면서 여성 목회의 정통성을 확신한 여성 개척자들, 그리고 "가난한 사람에게 기쁜 소식을 전하고…… 억눌린 사람을 풀어 주기"(누가복음 4:18) 위해 오셨다는 그리스도의 선포를 듣고 해방신학의 기치를 들어올린 라틴아메리카의 가난한 시골 농부들에 이르기까지, 모두가 성경 속 구원 이야기에서 희망을 발견했다. 나의 유대인 친구는 거의 모든 유대 절기를 다음과 같이 요약할 수 있다고 종종 농담처럼 말한다. "그자들은 우리를 없애 버리려 했지만, 우리가 이겼다. 그러니 먹고 마시자!" 유월절 만찬상에 앉아 보았거나 에스더 이야기를 재연하는 시끌벅적한 부림절을 경험해 본 사람이라면 누구나 하나님이 소외된 자의 편에 서시고, 스스로 방어할 수 없는 이들을 보호하시고, 고통받는 사람들을 돌아보신다는 것이 성경의 주제임을 금방 인식할 수 있을 것이다. 이는 아무리 관심 두려하지 않아도 성경 도처에서 발견되기 때문에 결코 간과할 수 없는 주제이다.

이처럼 성경의 구원 이야기를 새롭게 재해석하는 유구한 역사를 보면서 우리가 새삼 기억해야 할 한 가지 사실이 있다. 그것은 성경을 탄생시킨 특수한 상황과 초기 독자들을 이해하려는 노력이 오래된 성경 이야기를 현대의 문맥에 맞게 다시 해석하는 시도와 병행되어야 한다는 것이다. 이 역시 오래되고 중요한 전통이다. 성경은 **살아 있는** 하나님의 말씀이라고 하지 않는가(히브리서 4:12). 곧 말씀은 생명력이 있어서 항상 변화의 가능성을 품고 있다는 의미이다. 위대한 문학 작품이 시대에 따라 새롭게 재조명되는 것처럼("격렬한 기쁨엔 격렬한 파멸이 따른다." "조류를 거스르는 배처럼 우리는 전진한다." "지연된 꿈은 어떻게 되는가?")*, 성경 말씀도 시대에 따라 그 모습을 바꾸어 조율해 가며 다양한 신앙 공동체를 위로하고 도전하고 깨우쳤다.

결론적으로, 성경 이야기는 한 가지 방식으로만 해석될 필요가 없다. 성경을 진지하게 읽는다는 것이 목사님의 설교와 교회 학교 선생님의 가르침에서 벗어나지 않으려 그저 도덕적인 관점으로만 본문을 해석하는 것이라고 생각해서는 곤란하다. 오히려 성경 본문은 우리에게 다양한 가능성을 생각해 보라고 격려한다.

오래전 성경을 소중한 보석에 비유하며 "들여다보고 또 들여다보라"고 말했던 랍비는 이렇게 단언했다. "모든 것이 그 안에 있다."[3]

물론 성경 본문이 여러 가지 의미를 지닐 수 있다는 사실이 **아무 해석이나** 갖다붙일 수 있다는 뜻은 아니다. 노예 상인들은 노아의 아들 함에게 내려진 저주가 곧 아프리카인들이 노예로 살 운명을 의미한다고 주장하며 흑인 착취를 합리화했다. 미국으로 건너온 수많은 청교도들과 개척자들은 원주민 공격에 대한 지지를 얻어내기 위해 가나안을 정복한 여호수아 이

---

* 각각 윌리엄 셰익스피어의 『로미오와 줄리엣』, 스콧 피츠제럴드의 『위대한 개츠비』, 랭스턴 휴즈의 「할렘」에서 인용한 문장으로, 현대 영어에서 새로운 뜻으로 재해석되어 지금도 널리 통용되는 문구이다.

야기를 이용했다. 최근에 나는 여성을 추행한 정치인들에 대해 대수롭지 않게 여기며 다윗 왕도 그러지 않았냐고 말하는 기독교인을 만난 적도 있다. 타인에 대한 억압과 착취를 정당화하기 위해 성경을 사용할 때마다 우리는 이스라엘 민족을 "종살이하던 집에서 이끌어 낸"(출애굽기 20:2) 하나님으로부터 멀어지는 것이다.

따라서 사회적, 경제적, 인종적 문제에서 상대적으로 특권을 누리고 있는 사람들은 소외된 계층의 관점에서 성경을 읽도록 더욱 노력해야 한다. 성경 속에 면면이 흐르고 있는 정의의 선명한 자취를 더듬어 가려고 한다면 예나 지금이나 그들만큼 경험이 풍부한 길잡이가 없기 때문이다.

흑인이자 게이인 브로데릭 그리어 목사는 말한다. "나는 살아남기 위해 신학을 한다. 흑인, 트랜스젠더, 동성애자, 그리고 그 밖의 소수자들을 무자비하게 다루는 신학이 가능하다면, 모두를 해방으로 이끄는 신학도 가능할 것이기 때문이다."[4]

고백하건대, 최근까지 내 생각은 달랐다. 내가 자란 세계에서 내가 아는 목사는 모조리 백인 남자였고, 좋아하는 신학자는 모두 서구 출신이었으며, 내가 참석한 성경 공부 모임은 언제나 교외의 우아한 가정집에서 열렸다. 나는 성경이 내가 쓰는 억양 외에 다른 억양으로 읽히는 소리를 거의 듣지 못했고, 색칠공부책 속의 모세와 마리아와 예수님의 얼굴을 칠할 때면 습관적으로 '살구색'을 골랐다. 결과적으로 난 성경뿐 아니라 내가 속한 세상 속에 엄연히 존재하는 억압과 해방이라는 현실을 인식하지 못했다. 유색인 이웃과 장애인 그리고 저개발국에 사는 사람들에게 상처를 입히는 불의한 체제의 조력자로 살아온 것이다. 누구도 내게 그들의 이야기에 관심을 가져야 하고 그들의 관점에서 생각해 보아야 한다고 가르쳐 주지 않았다.

소셜 미디어가 비난의 대상이 되는 데는 다 그럴 만한 이유가 있다. 하지만 '콜드 플레이'를 문학으로 생각하고, 고등학교 졸업 후에도 계속 같은 동네에 살고 있는 20대 남부 지방 여성에게 소셜 미디어는 전혀 다른 세상을 열어 주는 창문이 되기도 한다. 거기에서 나는 사회 정의와 화해를 위해 능숙하게 성경을 활용하는 작가와 활동가, 목사, 성서학자들을 만났다. 그들은 내가 한 번도 눈여겨보지 않았던 성경 인물들에 주목했다. 여성도 유산을 물려받을 수 있게끔 이스라엘 장로들에게 성공적으로 로비 활동을 벌인 슬로브핫의 딸들, 인종적으로나 성적으로 소수자였기에 그의 감동적인 세례가 아웃사이더로 취급받는 사람들에게 더더욱 의미 있게 다가오는 사도행전의 에티오피아 내시가 바로 그 좋은 예다. 나는 색동옷을 입어 형들의 미움을 산 요셉이 인신매매의 피해자였으며, 예수님도 어린 시절에는 난민이었다는 사실을 이전에는 한 번도 인식하지 못했다.

인터넷에서 글을 접하고서 나는 더 많은 책을 읽고, 강연회를 찾아다니고, 관심 가는 인물을 만나 개인적으로 대화를 나누고, 그들의 예배와 시위에 참석하기도 했다. 물론 이 모든 경험이 항상 편한 것만은 아니다. 그들의 말과 글이 내 귀에 거슬릴 때도 종종 있다. 나는 여전히 배움의 과정에 있고, 여전히 넘어지곤 한다. 하지만 내게 가장 시급한 구원이 바로 '편안함으로부터의 구원'임을 하나님은 누구보다 잘 알고 계신다.

로렌 위너는 그녀의 회고록 『스틸』에서 노스캐롤라이나의 불법 체류자 수용소 밖에서 열린 성목요일 집회의 경험을 다음과 같이 묘사한 바 있다. 군중 속에서 어떤 이가 고린도전서 13장을 읽었다. "사랑은 오래 참고, 사랑은 친절하며……." 흔히 결혼식이나 밸런타인데이 카드에 쓰이는 이 익숙한 구절이 순간 전혀 다른 무게감으로, 마치 혁명의 슬로건처럼 다가왔다. "나는 바울이 '사랑'을 언급할 때 단순히 감정이나 가까운 사람을 대하는 태도를 의미했던 것이 아님을 새삼 깨달았다. 바울은 어느 성목요일에 체포되었던 또 다른 이, 예수에 대해 말하고 있었던 것이다."[5]

로렌 위너는 예상치 못한 장소에서 이런 식으로 성경을 새롭게 이해하게 되는 것을 '탈주석 현상'이라고 불렀다. 그녀는 계속해서 듀크 대학의 종양학과에서 복음서의 치유 이야기를 읽었던 일, 샬럿시에 있는 뱅크 오브 아메리카 본사에서 바벨탑 이야기를 읽었던 경험을 나눈다. 로렌은 익숙한 본문을 전혀 다른 환경에서 읽는 것이 "본문에 관해 가지고 있던 기존의 생각들을 통째로 흔들어 놓는다"고 했다. "어디서 읽느냐가 어떻게 이해하는지를 결정한다."[6]

예술은 태평한 삶을 사는 사람들을 불편하게 하고 고통받는 사람들을 위로한다는 말이 있다. 난 성경에도 그 말이 적용된다고 믿는다. 오랜 세월 동안 성경의 구원 이야기는 고통당하는 사람들에게 위안이 되었고 기득권자들에게는 도전이 되었다. 유월절 만찬상에 오른 음식과 흑인 영가의 가사는 우리에게 말한다. 성경은 결코 멈추지 않고 새로운 진리를 말할 것이며, 모두의 해방을 추구할 때 **그저 그런** 이야기란 절대 있을 수 없음을.

৩

하나님께서 창공을 여시고 비가 쏟아지게 하셔서 온 세상이 홍수에 잠겼을 때, 노아와 그의 가족은 방주로 피신했다. 40일 동안 밤낮으로 비가 내린 후에야 그들은 구원의 손길을 보았다.

모세가 히브리 노예들을 해방시키고 파라오의 군대가 바닷속에 잠긴 후, 자유의 몸이 된 백성은 불평하고 불순종했다. 40년 동안 광야를 헤맨 후에야 그들은 비로소 하나님이 약속하신 땅에 발을 디딜 수 있었다. 그리고 거기서 다시 한 번 구원을 경험했다.

나사렛에서 온 목수의 아들이 세례를 받자, 그가 메시아라는 소문이 온 갈릴리에 퍼졌다. 그때 예수님은 광야로 가셨다. 그곳에서 사탄은 하나님의 아들이 받은 사명을 정면으로 부인하는 세 가지 유혹으로 그분을 시험했다. 모세와 엘리야처럼 예수님도 40일 밤낮으로 금식하셨다. 그 후에 구원이 찾아왔다.

예수님이 세례 받고 시험당하시기 전, 그러니까 하나님이 사람이 되셔서 우리 가운데 사시기 전에 한 천사가 마리아에게 찾아와 그녀의 임신 소식을 알렸다. 마리아는 40주 동안 모태에 하나님을 모시고 다녔다. 그 후에 "해산할(구원받을) 날이 되었다"(눅 2:6).

40이라는 숫자는 성경에서, 특별히 구원과 관련된 이야기에서 남다른 의미를 지닌다. 그것은 어떤 기간을 정확하게 표시하는 것이라기보다 오랜 고난과 기다림과 방랑의 시간을 상징한다. 무언가 시작해서 열매를 맺을 수 있을 때까지 걸리는 최소한의 기간. 이 기간에 하나님의 백성은 종종 광야를 헤맨다. 한 치 앞도 알 수 없는 광야를.

나 역시 40주 광야의 시간을 보낸 경험이 있다. 유산의 아픔을 간신히 견뎌 내고 몇 달이 지난 어느 날, 나는 화장실 바닥에 앉아 임신 진단기에 다시 나타난 분홍색 줄을 우두커니 보고 있었다. 심장이 어찌나 크게 뛰던지, 옆집에까지 그 소리가 들렸으리라 확신할 정도였다.

나는 핸드폰의 앱을 켜고 숫자를 입력했다. "축하합니다! 당신의 아기는 제비콩만 합니다." 쾌활한 목소리가 들려왔다.

한 개의 작은 갈색 씨를 떠올렸다. 그리고 내 손 위에 올려진 그 씨앗의 무게를 상상하는 순간 갑자기 멀미가 밀려왔다. 이처럼 부서지기 쉽고 무력한 것이 세상에 또 있을까? 이토록 작은 것이 내 마음속에서는 어쩜 이렇게 큰 자리를 차지할 수 있을까?

"좋습니다!" 4주 후에 핸드폰이 진동했다. "당신의 아기는 금귤만 합니다."

금귤을 몰라 검색해 봐야 했다.

이런 일이 40주 동안 이어졌다. 축하 메시지에 등장하는 각양각색의 과일과 채소는 엄마의 상태와 상관없이 배 속의 아이가 무럭무럭 잘 자라고 있음을 알려 왔다.

아보카도
순무
국수호박
황색순무
가지

분만실에서 마지막으로 길게 힘을 주고 난 뒤에 다리 아래쪽을 지켜보던 산부인과 의사 선생님에게서 "축하합니다! 멜론입니다!" 하는 말을 들으면 어쩌나 싶었다.

유산이라는 경험을 처리하는 방식은 사람마다 제각기 다를 것이다. 나의 경우에 유산은 내 몸에 대한 깊은 불신을 남겼다. 두 번째 임신 때는 정상적인 생활이 힘들 정도로 극심한 불안에 시달렸다. 물론 자연스러운 호르몬의 변화도 한몫했을 테지만 말이다. 밤에는 침대 시트를 뒤집어 놓을 정도로 잠을 설쳤고, 낮에는 아주 작은 통증에도 신경이 곤두섰다. 배 속에서 딸꾹질과 발길질이 느껴지지 않을 때면 정말 지옥 같은 시간을 보냈다. 나의 소셜 미디어에는 어떻게 알았는지 임신에 따른 합병증과 유산에 관한 갖가지 글들이 불청객처럼 찾아왔다. 복부가 팽창해 올수록 내 마음은 구멍이 송송 뚫린 스펀지처럼 변하여 타인의 눈물을 더 깊이 흡수했다. 특히, 테러를 피해 시리아와 이라크에서 필사적으로 도망치는 엄마와 아이들이 매일 밤 뉴스에 등장할 때면 더더욱 그랬다. 난 원래도 상상력이 풍부한 사람인데 임신을 하고 나서는 더 심해졌다. 웬만한 공포 소설가도 놀래 줄 정도의 이야기들을 머릿속에서 지어내곤 했다. 30주 정도 지나서는 '임산부가 알아 두어야 할 합병증 목록'을 줄줄이 외웠다. 목록의 '만성 피로'와 '임신 중독' 사이에 **실존적 위기** 항목이 빠져 있는 것에 짜증을 내면서 말이다.

9개월 동안 흥분과 두려움이 번갈아 밀물처럼 밀려왔다가 썰물처럼 빠져나갔다. 나는 사람들에게 기차가 떠난 후 산에 메아리치는 기적 소리를 제일 좋아한다고 말하곤 했는데, 지금은 그렇지 않다. 초음파 검사기를 통해 일정하게 흘러나오는 아기의 심장 소리가 그 자리를 대신한 것이다. 검사실을 채우는 그 아름다운 음악을 듣기 위해 두 주마다 찾아오는 검진일을 나는 얼마나 학수고대했던가!

우리 아들은 2월 초 성촉절에 태어났다. 교회 절기를 중요시하는 사람들은 이날을 대림절, 성탄절, 공현절로 이어지는 성탄 절기가 공식적으로 마무리되는 날로 여긴다. 늘어진 엿가락처럼 시간이 더디 흘러가던 임신기의 마지막 석 달이 마침 이 상서로운 기간과 겹쳤다. 그리고 나는 이 기간 동안 나사렛 동네의 마리아에 대해 전에 없던 애착을 느끼기 시작했다. 흠정역 성경의 익숙한 구절을 떠올리며 나는 묵주 기도를 하듯 되뇌었다.

"그들이 거기에 머물러 있는 동안에, 마리아가 해산할 날이 되었다."

해산할 날이 되었다.

이 행간에 얼마나 많은 일이 숨겨져 있을까. 입덧과 호르몬의 변화, 아랫배의 통증, 잠 못 이루는 밤과 근심, 두려움, 깜짝 놀라게 하는 첫 발길질과 날카로운 첫 울음소리. 그리고 1세기의 임산부가 감수했어야 할 위험은 말할 것도 없고, 태어날 아이에 관한 중대한 예언까지 모두 이 짧은 문장 안에 들어 있다.

마리아는 한 번이라도 천사에게 들었던 메시지를 의심해 보았을까? 이른 출혈 혹은 극심한 통증으로 밤중에 깨어나 자신이 불렀던 노래가 그저 횡설수설 그릇된 희망 사항을 늘어놓은 것에 불과한 것은 아니었는지 불안해한 적은 없었을까?

기독교 신앙에서 우주를 창조하신 하나님이 태아처럼 연약하고 아기처럼 굶주린 존재가 되었다는 성육신 교리만큼 내게 경이로움을 주는 것도 없다. 마리아는 젖이 부풀어 오르고, 갑자기 온도에 민감해지고, 달걀 요리가 역겨워지고, 양 고기를 미치도록 먹고 싶어 하는 자신을 보면서 그리스도의 인성을 누구보다도 가깝게 느꼈을 것이다.

"마리아가 해산할 날이 되었다."

2천 년 후, 하나도 특별할 것 없이 한없이 길게만 느껴졌던 나의 임신 기간 동안 누가복음의 이 한 문장은 두려워 말고 뚜벅뚜벅 앞으로 나아가라고 나를 격려했다. 40년의 광야 생활이나 40주의 임신 기간이나, 결국 인생에서 가장 중요한 과업은 하루에 하나씩만 이루어진다는 진리를 나는 새삼 깨달았다. 출산은 몸 상태의 변화만큼이나 마음의 변화이기도 하다.

이처럼 성경의 구원 이야기를 자신의 경험과 연결하는 것은 오랜 세월 이어져 내려온 귀중한 전통이다. 예배당을 가득 메운 회중들을 바라보며 "간증하실 분 없습니까?"라고 묻는 설교자를 볼 때 우리는 이러한 전통이 많은 교회 가운데 생생하게 살아 있음을 알 수 있다.

이제 질문에 반응한 사람들이 고백하는 신성한 시간이 이어진다. 병에서 회복되고, 탐심과 도둑질의 유혹에서 벗어나고, 중독에서 헤어나고, 불행을 딛고 일어나고, 인정머리 없는 고용주에게서 해방되고, 도저히 기한 내에 낼 수 없었던 수도 요금을 기적처럼 납부하고……. 하나님의 백성들은 자신이 경험한 구원 이야기를 증거한다.

"길이 보이지 않는 곳에서 하나님이 길을 만들어 주셨습니다." 간증자들은 고백한다. "하나님의 손이 나를 도우셨습니다."

모세나 하갈, 마리아의 증언에 비하면 이러한 간증들은 미미해 보일 수도 있다. 하지만 상담사나 신경 과학자들은 자신의 경험을 가지고 어떤 이야기를 형성해 내는 능력, 자신의 이야기를 더 큰 서사와 연결하는 능력이 감정 이입과 목적의식 그리고 행복감을 높이는 데 있어서 필수적인 요소라고 입을 모은다. 실제로 일부 치료사들은 교수이자 심리 치료사인 마쿤구 아키넬라가 '간증 치료'라고 이름 붙인 치료법을 상담 과정에 적용하기 시작했다. 이 요법은 환자들에게 출석하는 교회에 가서 희망을 불어넣는 간증 시간을 적극적으로 활용할 것을 권한다. 유월절 만찬상에서 또는 부흥 집회의 울긋불긋한 줄무늬 천막 아래서 과거 우리가 경험한 하나님의 신실하심을 이야기할 때마다 우리는 깨닫는다. 하나님께서 모세와 히브리 노예들을, 해리엇 터브먼과 '지하 철로'를, 사회 보장 제도에 기대어 사는 할머니를, 20년째 술을 멀리하고 있는 알코올 중독자를, 그리고 황색순무가 어쩌고저쩌고 횡설수설하는 기진맥진한 임산부를 도우실 수 있다면, 나 역시 구원하실 수 있음을. 지금까지 그래왔던 것처럼, 앞으로도 이야기는 인류가 생존을 위해 사용할 수 있는 가장 위대한 도구로 언제까지 남을 것이다.

하지만 명심해야 할 한 가지 사실이 있다. 성경 속 이야기에서도 그리고 실제 우리의 삶에서도, 구원의 길은 언제나 우회한다. 광야를 지나지 않고 약속의 땅에 다다른 하나님의 백성은 찾아보기 힘들다.

지리적으로 어떤 특정한 지역을 가리키든 아니면 그냥 문학적인 소재이든, 광야는 성경 속 이야기와 시 속에 쉼 없이 등장하며 반복해서 연주되는 주제곡과 같은 기능을 한다. 현악기의 아름다운 선율로 유명한 영화 「아라비아의 로렌스」의 주제음악처럼 말이다. 하갈과 야곱 같은 인물은 억압이나 틀어진 관계에서 벗어나기 위해 광야로 도망쳤다. 반면 이스라엘 백성은 죄에 대한 징벌로 광야로 추방됐다. 엘리야 예언자는 정치적 박해를 피해 광야에 숨었고, 예수님은 공적 사역을 준비하기 위해 광야로 물러나 금식하고 기도하셨다. 그렇다. 연약한 사람이 되신 하나님조차 광야에 머물렀다.

성경에서 광야는 적막하고 위험한 곳이다. 들짐승들이 슬금슬금 접근해 오고, 생명을 위협할 정도로 바싹 마른 바위투성이의 땅이다. 인생에서 광야는 슬픔을 지나는 기나긴 여정이다. 둥지를 떠난 자녀에게서 전화가 걸려오기를 기다리는 시간, 당신의 인내를 시험하는 부양의 세월, 이혼 이후의 나날들, 의심의 시간들, 실직과 헤어짐의 시간, 진단에서 치료까지의 여정. 광야에서 하나님은 멀게 느껴지거나 아예 계시지 않은 것처럼 보일 수도 있다. 광야를 벗어나 정상적인 삶으로 돌아가는 데 수주 혹은 수개월, 심지어 수년이 걸릴 수도 있다. 그 사이에서 우리가 발견하는 우물과 만나, 그리고 부리에 빵을 물어 오는 까마귀는 모두 구원이다.

저명한 신학자이자 구약학자인 월터 브루그만이 말하듯, "만나와 마찬가지로, [하나님의] 광야에서 살아남을 수는 있어도 배부를 수는 없다. 은혜를 입지만 받은 것을 쌓아둘 수는 없으며 당연시할 수도 없다. 만나처럼 광야도 하나님에게서 오는 것이기에 결코 그 끝을 볼 수 없고 통제할 수도 없다."[7]

광야는 언제나 우리를 **혼란**에 빠뜨린다. 사막을 여행하는 사람들이 늘 말하듯, 광야는 근본을 돌아보게 하는 힘이 있으며 내면 깊은 곳에 숨겨진 두려움과 질문, 갈등을 표면 위로 끌어올린다. 비바람에 순복하며 야생에 투항하는 경험만큼 인간의 의존성과 실존을 드러내는 사건은 별로 없을 것이다. 광야에서 우리는 자신의 본모습을 발견하고 진정한 친구가 누구인지 깨닫는다. 그곳에서는 누구나 부차적인 것을 내려놓고 잠잠히 들을 수밖에 없다.

"쉴 새 없이 인터넷에 접속하고 24시간 내내 미디어가 돌아가는 요즘 세상에서 광야의 시간만큼 하나님의 저주처럼 느껴지는 것도 없다." 조너선 마틴 목사는 그의 책 『원형』에서 이렇게 말했다. "우리 사회는 당신이 바라던 직장이나 지위, 학위를 얻으면 그때부터 중요한 일이 시작될 것이라고 가르친다. 과연 그럴까. 좋은 일은 당신이 '아무것도 아닌 때에' 일어난다."[8]

실제로 성경의 중대한 사건들은 여정의 시작도 끝도 아닌 중간 곧 광야에서 일어났다. 광야에서 야곱은 미지의 인물과 씨름했고, 모세는 불타는 가시나무 덤불을 발견했다. 이스라엘을 오랜 세월 한 민족으로 남을 수 있게 한 율법도 광야에서 주어졌다. 메뚜기와 들꿀로 살아가던 세례 요한이 죄를 뉘우친 사람들에게 세례를 주며 예수님을 세상에 알린 곳 역시 광야였다. "광야에서 외치는 이의 소리"를 예언했던 이사야 예언자를 인용하여 세례 요한은 선포했다. "너희는 주님의 길을 예비하고, 그의 길을 곧게 하여라"(마태복음 3:3).

하나님의 백성이라면, 변두리를 떠돈 이들의 말을 잘 들어

두는 편이 좋을 것이다.

거의 모든 광야 드라마는 '이름 짓기'에서 절정에 이른다. 이스라엘이라는 새로운 이름을 받은 야곱은 하나님과 씨름한 곳을 **브니엘** 곧 '하나님의 얼굴'이라고 이름 지었다. 하갈은 자신을 구원한 우물을 '나를 살피시는 하나님을 내가 보았다'는 의미로 **브엘라해로이**라고 불렀다. 영적 조상들이 그랬던 것처럼, 당신도 자신이 경험한 구원을 이야기할 때에 반드시 기억해야 한다. 모든 희망이 사라진 것처럼 보이는 때에 하나님을 만났던 장소, 당신만의 광야에 반드시 이름을 붙여야 한다. 이집트로 가는 길에서 발견한 우물에, 앨라배마주 셀마의 다리에, 시카고 공항의 허름한 기도실에, 그리고 성촉절의 분만실에.

길이 보이지 않는 곳에서 하나님은 길을 만들어 주신다.

이것이 대대로 전해져 내려오는 구원 노래의 후렴구다.

이 노래에 당신의 이야기가 또 하나의 절이 되고, 당신이 만난 우물이 또 하나의 이름을 갖게 되기를!

◦◦

1년 365일 성경 일독표를 따라 66권의 성경을 순차적으로 읽어 보았다면, 당신은 이스라엘의 태곳적 이야기를 지나 큰 민족의 아버지인 아브라함 가문의 성립과 그 후손들이 이집트의 노예에서 해방된 이야기, 그리고 시내산에서 십계명을 주신 하나님 이야기도 읽었을 것이다. 노아의 방주에 들어가 대홍수를 무사히 넘기고, 하갈과 함께 죽음의 사막을 방황했을 테고, 끊임없이 "누구를 낳고"로 이어지는 구약의 몇몇 족보를 잘 참아 냈을 것이다.

벌써 많은 부분을 읽었다는 게 좋은 소식이라면, 나쁜 소식은 대부분의 신실한 독자들이 포기하고 책을 덮어 버리는 지점에 도달했다는 것이다. 율법이다.

내게는 가축의 배상 문제를 상세하게 설명하는 출애굽기 21장이 그 지점이다.

누군가의 소가 다른 사람의 소를 죽었다면 살아 있는 소를 팔아 죽은 소의 주인과 그 돈을 나누고 죽은 소도 반으로 나누어 가진다. 그런데 "그 소에게 받는 버릇이 있다는 것을 알면서도 그 임자가 단속하지 않았으면, 그는 반드시 살아 있는 소로 배상하고, 자기는 죽은 소를 가져야 한다"(출애굽기 21:36).

'나름 공정하네.'

소가 어떤 남자나 여자를 받아서 죽이면, 그 소는 반드시 돌로 쳐 죽여야 한다. 처형된 소는 먹어서는 안 된다. 이 경우에 소의 주인은 형벌을 받지 않지만, 그 소에게 받는 버릇이 있다는 것을 알고 있었다면 그 주인도 함께 죽여야 한다.

'음, 조금 가혹하군.'

소가 종을 받아 죽게 했으면, 소는 돌로 쳐서 죽이고 소의 임자는 그 종의 주인에게 은 삼십 세겔을 배상한다.

'어, 요즘 넷플릭스에서 뜨는 영화가 뭐더라.'

오랜 세월 기독교인들은 흔히 율법이라고 불리는 이 히브리 문서를 정확히 어떻게 해석하고 적용해야 할지 고심해 왔다. 모세오경의 삼 분의 일을 차지하고 있는 율법은 범죄에서부터 재산 문제, 성도덕과 인도주의적 행위, 절기에 이르기까지 방대한 내용을 다루고 있다. 고대의 랍비들은 이 율법을 모두 집계해서 613개의 계명이라고 했다. 탈무드는 이 계명들을 열거하며 이렇게 소개한다. "하나님께서 613개의 계명을 모세에게 밝히 드러내셨다. 금지 사항의 개수는 1년의 날 수와 같은 365개이며, 지시 사항의 개수인 248은 사람의 몸에 있는 뼈의 수와 일치한다"(바빌로니아 탈무드, 마코트편 23b).

더글라스 나이트는 그의 저서 『성경의 의미』에서 유대인에게 "율법은 전통을 살아 있게 하는 생명줄"이라고 말한다. "율법은 마치 맥박처럼 끊임없이 점검하고 토론하고 해석하고 또 다른 전통과 비교해야 한다."[9] 프란츠 로젠즈윅은 다음과 같은 유명한 가르침을 남겼다. 유대 공동체에서 "당신은 '미츠보'(하나님의 계명)를 지킵니까?"에 대한 대답은 단 두 가지만 있는데, 하나는 "그렇습니다"이고 다른 하나는 "아직은 지키지 않습니다"이다. 물론 유대교 내에서도 율법에 대한 다양한 해석과 적용이 존재한다. 정통파는 엄격하게 율법을 지키는 반면, 개혁파는 율법의 도덕적 측면을 강조하는 편인데 특정 음식의 섭취를 금하는 정결법 같은 율법은 강제하지 않는다. 그러나 전반적으로 유대인들은 율법을 자기 민족에게 주신 하나님의 선물로 여기며, 율법이 하나님과 그들이 언약으로 맺어진 특별한 관계임을 나타내는 표시라는 데 의견을 같이한다.

기독교인과 율법의 관계는 유대인보다 훨씬 매끄럽지 못
하다. 보수적인 기독교인들은 동성애를 비난하거나 연방법원
청사에 십계명 석판 설치를 지지할 때에나 적극적으로 율법을
인용한다. 반면 나 같은 진보적 기독교인들은 시위에 가지고
나갈 팻말에 "나그네를 환대하라"와 같은 구절을 쓸 때 말고는
율법을 시대에 뒤쳐진 쓸모없는 골동품인 양 취급한다. 회의
론자들이 율법에서 혼합 직물로 지은 옷은 입지 말라 했고 불
순종하는 자녀는 돌로 쳐 죽여도 된다 했다고 들고 나오면, 우
리는 기다렸다는 듯이 "그리스도인은 율법 아래 있지 않다!"
고 응수하지만, 우리 대부분은 한 번쯤은 "너는 마음을 다하고
뜻을 다하고 힘을 다하여 네 하나님을 사랑하라"(신명기 6:5, 개
역개정)는 쉐마 기도를 외워 본 적이 있을 것이다. 마르틴 루터
의 글에 영향을 받은 상당수의 기독교인은, 율법은 교조주의적
'종교'가 어떻게 잘못될 수 있는지를 보여 주는 반면교사에 불
과하며 모세오경의 상당 부분은 인간이 하나님을 기쁘시게 못
하기 때문에 예수와 같은 구주가 필요하다는 사실을 일깨우는
데만 유용하다고 주장한다.

확신하건대, 이처럼 빈약한 오해들은 율법을 그것을 둘러
싸고 있는 서사적 맥락에서 떼어 놓고 생각할 때 발생한다. "하
지 말지니"라고 말하는 율법은 난데없이 하늘에서 뚝 떨어진
것이 아니다. 이집트와 약속의 땅 사이에 있는 광야, 시내산이
라는 구체적인 상황 속에서 나온 것이다. 하나님께서 이스라엘
백성에게 십계명을 주실 때 그분이 상기시킨 사실이 있다. "나

는 너희를 이집트 땅 종살이하던 집에서 이끌어 낸 주 너희의 하나님이다"(출애굽기 20:2). 율법은 하나님께서 히브리 노예를 해방한 사건의 연장선상에 있으며 그들의 구원 이야기의 후속 편인 셈이다. 월터 브루그만은 이 점에 주목한다. "시내산의 계명은 언제나 이집트에서 해방된 기적에 뿌리박고 있다. 해방의 기적을 믿지 않는다면, 그 많은 조항은 말장난에 지나지 않는다. 출애굽 이야기라는 토대가 없는 율법이 어떻게 행복한 공동체를 만들어 낼 수 있겠는가."[10]

율법과 자유는 서로 어울리지 않는다고 생각할지 모른다. 하지만 이스라엘 백성은 자신들을 오랜 세월 억압했던 이집트 제국을 비롯한 주변의 문화와는 완전히 구별되는 이스라엘만의 고유한 정체성을 형성해 준 것이 바로 이 신성한 법령이라고 믿었다. 율법을 읽으면서 그들은 홍해를 가르시고 파라오의 군대를 무찌르신 하나님이 자신들을 끝까지 책임지신다는 사실을 깨우쳤다. 이 하나님은 자유를 주고 떠나가 버리는 신이 아니다. 이스라엘의 하나님은 광야에서 구름기둥과 불기둥으로 자기 백성과 동행하시는 하나님이며, 이동하는 성막의 형태로 그들과 함께 진 치시는 하나님이다. 소를 다루는 문제까지 신경 쓸 정도로 새로운 공동체의 삶의 세세한 부분까지 살피시는 분이다.

구원은 흔히 생각하듯 원터치 시스템이 아니다.

율법은 이스라엘 백성에게 안식일에 어떻게 휴식을 취하고, 이민자들을 긍휼히 여기는 마음으로 어떻게 대하고, 자신들의 구원사를 어떤 의식과 절기로 기념할지를 가르친다. 율법은 다른 모든 형태의 우상을 버리고 한 분 하나님을 예배할 것과, 질서와 이웃 사랑으로 특징지어지는 공동체를 이루어 하나님의 이름을 높일 것을 요청한다. 종종 과도하게 탐닉을 추구하던 고대 사회에서 율법은 안정감과 도덕의식을 제공했다.

예컨대, 저 유명한 **렉스 탈리오니스** 곧 "눈에는 눈, 이에는 이"(레위기 24:20)를 보며 현대의 독자들은 복수를 옹호하는 야만적인 법이라고 생각할 수 있다. 하지만 당시 문화적 맥락에서 보면, 이 '보복법'은 보복 행위를 법의 테두리 안에 한정함으로써 주변 부족들에서 행해지던 과도한 보복을 동종의 적절한 선에서 미연에 방지하려는 의도를 담고 있음을 알 수 있다. 한마디로 **당신이 잃은 만큼만 배상을 요구할 수 있지 그 이상은 안 된다는 말이다. 이것은 정의의 문제이지 복수의 문제가 아니다.** 율법은 또한 왕이 부를 축적하는 것을 제한하고, 고아와 과부의 보호에 특별한 관심을 기울이고, 노동자에게 공정한 임금을 제때 지급하라고 요구한다. 심지어 율법은 50년마다 죄수와 노예를 풀어 주고 빚을 탕감해 주며 부를 재분배하는 희년을 기념하라고 제안한다. (이 제안이 얼마만큼 지켜졌는지는 논쟁의 여지가 있다.)

물론 율법의 모든 조항이 진보적이지만은 않다. 이스라엘 백성은 노예 신분에서 벗어난 경험이 있음에도 노예 제도를 버리지 않았다. 히브리 노예는 7년 뒤에 풀어 줬지만, 전리품으로 얻은 이방인 노예는 소유물처럼 다뤘으며 히브리 노예에 비해 아주 적은 권리만 허용했다. 성폭력이나 순결, 결혼, 이혼에 관한 법은 당시의 가부장적인 사회 분위기를 그대로 반영한다. 남성이 여성의 몸과 인생을 마음대로 처분할 수 있다고 생각하는 사회에서 얼마나 많은 여성이 고통당했을지는 불 보듯 뻔한 일이다. 간통한 자와 거짓 예언자 그리고 부모에게 대드는 자녀에게는 사형이 준비되어 있었다.

성경의 율법을 완전히 구시대적이고 비도덕적이라고 깎아내리는 것도 오류지만, 정의로운 사회상을 반영한다며 지나치게 이상적으로 바라보는 것도 문제다. 같은 인간으로서 타인의 인권과 존엄성을 소중히 여기는 사람이라면 누구도 고대 이스라엘 사회로 돌아가고 싶어 하지 않을 것이다. 어찌 그때를 '좋았던 시절'이라고 부를 수 있겠는가. 어림도 없다.

심지어 성경의 구원 이야기에도 논란을 불러일으킬 소지는 다분하다. 비록 히브리 노예들의 집은 넘어가기는 했지만, 죽음의 천사는 인정사정없이 맏아들을 앗아가 모든 이집트 가정을 파괴했다. 많은 흑인 페미니스트 학자들은 하갈의 해방이 불완전한 것이었다고 주장한다. 하나님께서 잔인한 여주인에게 돌아가라고 말씀하셨기 때문이다. 다음 장에서 다루겠지만, 이스라엘은 새로운 영토를 장악하고 그에 대한 영토권을 주장하는 과정에서 외국인 혐오와 폭력, 포로를 노예 삼는 일을 서슴지 않았다. 뼛속까지 하나님의 구원과 은혜를 기억한다는 그들이 말이다.

모든 사람을 죄의 굴레(여기서 내가 말하는 죄의 굴레란 폭력과

권력, 두려움, 증오, 탐욕 등으로 기우는 개인적, 집단적 성향을 뜻한다)
에서 해방시키시는 하나님의 장대한 구원 역사는 그래도 도도
히 흘러간다. 기독교인들은 어떤 히브리 노예의 후손이 다음과
같이 선포했을 때 이 구원의 드라마가 다시 한 번 절정에 달했
다고 믿는다.

> '눈은 눈으로, 이는 이로 갚아라' 하고 말한 것을 너희는 들었
> 다. 그러나 나는 너희에게 말한다. 악한 사람에게 맞서지 말아
> 라. 누가 네 오른쪽 뺨을 치거든, 왼쪽 뺨마저 돌려 대어라.……
> '네 이웃을 사랑하고, 네 원수를 미워하여라' 하고 말한 것을
> 너희는 들었다. 그러나 나는 너희에게 말한다. 너희 원수를 사
> 랑하고, 너희를 박해하는 사람을 위하여 기도하여라. 그래야만
> 너희가 하늘에 계신 너희 아버지의 자녀가 될 것이다. (마태복음
> 5:38-39, 43-45)

예수님은 유대교의 율법을 없애려고 오신 것이 아니라 "완
성하려"(마태복음 5:17) 오셨다는 점을 분명히 밝히셨다. 그분
의 삶과 가르침은 율법이 의도했던 것을 구체적으로 드러낸다.
예수님을 보면 살아 숨 쉬는 하나님의 뜻이 무엇인지 알 수 있
다. 그것은 가난한 자를 긍휼히 여기고, 여성을 존중하고, 아픈
사람을 치료하고, 고통받는 사람들과 연대하는 것이다. 따돌림
당하는 사람과 함께 밥을 먹고 어린아이를 끌어안는 것이다.
징벌하는 대신 용서하는 것이고, 복수가 아닌 십자가를 선택

하는 것이며, 배신한 친구에게 아침상을 차려 주는 것이다. 엘턴 트루블러드는 이렇게 말했다. "기독교 역사에서 그리스도의 신성을 말할 때 그것은 단지 예수님이 하나님과 같다는 의미가 아니다. 그리스도의 신성은 이보다 훨씬 급진적인 개념이다. 그것은 도리어 하나님이 예수님과 같다는 의미이다."[11]

율법 전문가들이 율법의 정의를 물어 오며 예수님을 시험했을 때, 그분은 유대인이라면 누구나 알 수 있는 아주 간명한 답을 내놓으셨다. 신명기 6장과 레위기 19장을 인용하여 예수님은 이렇게 말씀하셨다. "'네 마음을 다하고, 네 목숨을 다하고, 네 뜻을 다하여 주 너의 하나님을 사랑하여라' 하였으니, 이것이 가장 중요하고 으뜸가는 계명이다. 둘째 계명도 이것과 같은데, '네 이웃을 네 몸과 같이 사랑하여라' 한 것이다. 이 두 계명에 온 율법과 예언서의 본뜻이 달려 있다"(마태복음 22:37-40).

모든 해방, 광야의 시간, 황소와 효모와 피에 관한 율법이 궁극적으로 가리키는 것이 바로 사랑이다. **사랑**은 곧 하나님을 경외하고 그분의 명령을 지키는 일이다. **사랑**은 노예주뿐 아니라 노예에게도 자유를 선사하는 계명이다. **사랑**은 구원 이야기의 최종편이다. 이집트에서 나온 방랑자들을 광야로, 산으로 그리고 약속의 땅으로 이끌 수 있는 것은 오직 사랑뿐이다.

우리는 얼마든지 성경을 아전인수 격으로 해석할 수 있다. 왜곡 정도가 아니라 억지가 될 때까지 말이다. 성경을 신성시하는 사람들조차 성경 해석의 과정에서 거리낌 없이 구절을 **취사선택**한다. 문제는 어떤 구절을 **왜** 선택하느냐다. 누구나 자기가 원하는 곳에 눈길을 주기 마련이다. 우리 모두 성경을 해석하고 적용하기 위해 애쓴다. 특히 어떤 문제에 관한 답을 찾으려고 성경을 펼쳤을 때 대부분 원하는 답을 찾아낸다. 따라서 우리 자신에게 던져야 할 질문은 이것이다. 나는 그리스도를 본받아 사랑의 마음으로 성경을 읽고 있는가, 아니면 판단과 권력, 이기심과 탐욕을 추구하기 위해 읽고 있는가? 나는 굴레를 씌우려 하는가, 자유를 주려 하는가? 짐을 얹으려 하는가, 거두려 하는가?

노예 제도를 옹호하기 위한 구절을 성경에서 찾는다면 어렵지 않게 발견할 수 있다. 노예제를 폐지하기 위한 구절을 찾는다면 그 역시 쉽게 찾을 수 있다. 여성을 억압하는 구절도, 반대로 여성을 존중하고 찬미하는 구절도 모두 찾아낼 수 있다. 전쟁을 일으킬 명분을 찾는다면 그런 구절은 널려 있다. 마찬가지로 평화를 도모하는 구절 역시 훨씬 쉽게 찾을 수 있다. 당신이 무엇을 찾느냐에 따라 시대에 뒤떨어지는 구닥다리 구절을 찾을 수도 있고, 모든 세대를 뛰어넘는 진리를 발견할 수도 있다.

이것이 성경을 읽을 때 '이 말씀이 무슨 뜻인가?'를 묻기보다 '내가 무엇을 찾고 있는가?'를 묻는 편이 훨씬 나을 수 있는 이유다. 어쩌면 예수님은 이를 염두에 두시고 "구하여라, 그리하면 하나님께서 너희에게 주실 것이다. 찾아라, 그리하면 너희가 찾을 것이다. 문을 두드려라, 그리하면 하나님께서 너희에게 열어 주실 것이다"(마태복음 7:7)라고 말씀하셨는지도 모른다.

당신이 폭력을 행사하기 원한다면 언제 어디서든 필요한 무기를 발견할 것이다. 당신이 낫기를 원한다면 필요한 치료제를 찾게 될 것이다. 세상에서 가장 강력한 이야기들이 성경과 함께 우리에게 주어졌다. 그 힘을 선용할지 악용할지, 억압의 도구로 사용할지 해방의 도구로 사용할지는 바로 우리 손에 달려 있다.

성벽＋전쟁 이야기

"그렇다고
이런 이야기를 읽으며
찔러도 피 한 방울
안 나올 것 같은 냉혈한처럼
반응하고 싶지는 않다.

예수님이 자신의 말씀과
일치하는 분이라면,
그분도 역시 나와 같은
생각이실 것이다."

성벽

무엇이 여리고 성벽을 무너뜨렸을까?

거룩한 군대의 함성? 일곱 개의 뿔나팔에서 나오는 묵직한 저음? 막강한 제국의 요새를 향해 행군하는 인간의 발걸음에 실린 하나님의 무게감? 그것도 아니면, 민족을 배반하고 성문을 열도록 창녀를 부추긴, 전리품에 눈먼 오합지졸의 정탐꾼?

누가 이야기하느냐에 따라 다른 답이 나올 것이다.

1099년, 예루살렘을 정복한 자는 누구인가?

그리스도를 위해 성지를 탈환하라는 하나님의 사명을 받은 십자군인가? 아니면 국고를 채우고자 로마 제국이 파견한 무개념의 군인들, 삐뚤어진 종교적 열정과 배고픔에 미쳐 거리에 피가 홍건할 정도로 거침없이 무슬림과 유대인을 학살한 그 군인들인가?

누가 이야기하느냐에 따라 다른 답이 나올 것이다.

그로부터 80년 후, 예루살렘을 다시 차지한 자는 누구인가?

할아버지 세대가 당한 치욕을 앙갚음하고 왕조를 재건하려는 이전 거주자들인가? 아니면 오늘날까지 성지를 훼손하고 있는 그릇된 종교의 추종자들인가?

누가 이야기하느냐에 따라 다른 답이 나올 것이다.

신세계의 해안까지 배를 타고 와서 미국 서부까지 기차선로와 마차 바퀴 자국을 선명히 새긴 정신은 무엇인가?

신의 섭리와 개척 정신인가? 아니면 원주민들에게 폭력과 질병, 약탈을 불러온 악한 침략의 사신인가?

드레스덴을 불바다로 만들고, 토라 보라*를 폭격하고, 스페인의 무적함대를 침몰시킨 실체는 무엇인가? 게티즈버그 들판을 피로 물들게 한 것은 무엇인가?

전투마다 수많은 이야기가 존재하지만 우리는 좀처럼 한 가지 이상의 이야기를 듣지 못한다.

무엇이 여리고성을 무너뜨렸을까?

모든 이야기를 손에 쥐고 계신 하나님만이 아신다.

---

* 오사마 빈 라덴의 은신처로 알려진 아프가니스탄의 산악 지대. 2001년 미군의 폭격이 있었다.

전쟁 이야기

　1637년 5월 26일 동이 트기 전, 영국 이주민으로 이뤄진 한 무리의 군사들이 존 메이슨 장군의 지휘 아래 '신비의 강' 연안에 자리한 피쿼트 마을에 침입했다. 그들은 다른 원주민 부족들의 도움을 받아 그 마을에 불을 놓았다. 수백 명의 피쿼트 사람들이 산 채로 타 죽었고, 간신히 탈출한 사람들은 병사들의 총칼에 쓰러졌다. 당시 학살에 참여했던 청교도였던 존 언더힐은 이런 기록을 남겼다. "눈앞에서 남자와 여자, 아이들이 쓰러졌다.…… 기독교인이라면 좀 더 자비롭고 측은히 여기는 마음을 가져야 하지 않을까?…… 하지만 성경은 종종 여성도 그리고 부모와 함께 자녀도 멸하라고 말한다.…… 우리의 행위에 정당성을 부여하는 말씀은 충분했다."[1]

　언더힐과 유럽의 식민주의자들은 성경 속 전쟁 이야기, 특히 이스라엘의 가나안 정복 이야기를 '정당한' 지침서처럼 여겼다.

성경의 이야기가 이스라엘의 기원에서 역사로 넘어가면서 자연스럽게 그 주제도 구원에서 정복으로 바뀐다. 모세가 죽은 후, 하나님은 여호수아라는 용사를 이스라엘의 지도자로 세우신다. 그리고 "광야에서부터 레바논까지, 큰 강인 유프라테스 강에서부터…… 서쪽의 지중해까지"(여호수아 1:4) 펼쳐진 땅, 오래전 하나님께서 그들에게 약속하신 땅을 정복하라고 명하신다. 문제는 그 땅에 이미 다른 민족들이 거주하고 있었다는 것이다. 가나안 사람이라 통칭하는 여러 원주민 부족들은 오랜 세월 그 지역을 장악하고 있었고, 그중에는 강력한 군사력과 요새를 자랑하는 부족도 있었다. 심지어 거인이 산다는 소문까지 돌았다. 그러나 하나님은 여호수아에게 말씀하셨다. "너희 발바닥이 닿는 곳은 어디든지 내가 너희에게 주겠다.…… 내가 너를 떠나지 아니하며, 버리지 아니하겠다. 굳세고 용감하여라. 내가 이 백성의 조상에게 주기로 맹세한 땅을, 이 백성에게 유산으로 물려줄 사람이 바로 너다"(여호수아 1:3, 5-6).

이제 여호수아는 백성을 이끌고 요단강을 건너 여리고성을 공격한다. 성문을 공략하는 정공법이 아니라, 성벽을 일곱 번 돈 후 뿔나팔을 불고 일제히 함성을 지르라는 하나님의 지시에 따라서 말이다. 아니나 다를까, 그 유명한 흑인 영가의 가사처럼 여리고 성벽이 무너졌다. 성경은 여호수아의 군대가 "성 안에 있는 사람을, 남자나 여자나 어른이나 아이를 가리지 않고······ 소나 양이나 나귀까지도 모조리 칼로 전멸시켜서 희생 제물로 바쳤다"(여호수아 6:21)고 전한다. 오직 창녀 라합과 그녀의 가족만이 이스라엘의 정탐꾼들에게 은신처를 제공했다는 이유로 목숨을 건졌다. (우리 집에 있는 어린이 성경은 연소자 관람가 등급에 맞춰, 라합은 "수시로 오가는 방문객이 많았기" 때문에 정탐꾼들을 도울 수 있었다고 설명한다.)

그 후 여호수아의 군대는 여리고를 떠나 아이성으로 진격하는데, 한 병사가 하나님의 명령을 어기고 전리품을 전용한 탓에 위기를 맞지만 두 번의 시도 끝에 성을 정복하는 데 성공한다. 한 무리의 군사가 아이성의 장병들을 밖으로 유인해 내자, 다른 곳에 잠복해 있던 군사들이 성에 불을 질렀다. 여인과 어린아이들만 남아 있던 그 성은 불타서 "황폐한 흙더미"(여호수아 8:28)로 변했다. 기록에 의하면 이스라엘은 아이성에 살던 주민 1만 2천 명을 하나도 남김없이 살해했다. 에발산에서 감사의 제사를 올린 이스라엘은 남쪽으로 향했다. 그들은 그곳에서 아모리 왕국의 연합군을 무찌르고 사로잡은 왕들을 참수한 후 그 시체를 나무 위에 걸어 두었다. 성경은 하나님께서 우박을 내려 아모리 군대를 치시고, 이스라엘이 승리하도록 24시간 동안 해를 하늘에 머물게 하셨다고 기록한다(여호수아 10장).

이스라엘은 모두 합해서 서른 개 이상의 가나안 도시를 점령했다. 마지막 대전은 하솔에서 벌어졌다. 이스라엘의 침입을 막기 위해 연합한 가나안 사람들이 군대를 출동시켰는데 "군인의 수효가 마치 바닷가의 모래와 같이 많았다"(여호수아 11:4)

고 성경은 말한다. 수적인 열세에도 불구하고 이스라엘은 마침내 승리하여 도시를 완전히 파괴했고 "살아서 숨 쉬는"(여호수아 10:40) 거주민들을 몰살했다. 성경에 의하면 "기브온 주민인 히위 사람 말고는 이스라엘 자손과 화친한 성읍 주민이 하나도 없었다. 나머지 성읍은 이스라엘이 싸워서 모두 점령하였다. 여호수아가 이들 원주민을 조금도 불쌍하게 여기지 않고 전멸시켜서 희생 제물로 바친 까닭은, 주님께서 그 원주민들이 고집을 부리게 하시고, 이스라엘에 대항하여 싸우다가 망하도록 하셨기 때문이다. 그래서 여호수아는, 주님께서 모세에게 명령하신 대로, 그들을 전멸시킨 것이다"(여호수아 11:19-20).

참으로 경악스러운 진술이다. 이 문장을 성경이 아닌 다른 곳에서 읽었다면, 우리는 대량 학살에 대한 변명일 뿐이라고 서슴없이 비난을 퍼부었을 것이다.

이처럼 우리의 눈살을 찌푸리게 하는 이야기를 읽고 반응하는 세 부류의 사람들이 있다. 첫째, 하나님이 가나안에서 이스라엘에 군사 행동을 명령하셨다는 것을 아무런 이의 없이 받아들이며, 이후에도 같은 방식으로 다른 집단의 군사 행동을 지지하셨으리라 지레짐작하는 사람. 둘째, 하나님이 인종 청소를 묵인하셨다는 생각에 신앙을 잃을 정도로 흔들리는 사람. 셋째, 멤버들의 이름을 줄줄이 외울 정도로 아이돌 그룹엔 관심이 있으나 이런 이야기엔 아무런 감흥이 없는 사람. 난 의심의 여지 없이 두 번째 부류다. 거룩한 전쟁과 폭력을 다루는 성경 말씀은 다리미질한 것처럼 반듯했던 내 믿음에 주름이 생기게 했다.

자라는 아이들이 늘 그렇듯, 난 차츰 교회 학교에서 배운 이야기의 흠집들을 눈치채기 시작했다. 하루는 노아의 홍수 이야기를 읽으며 하나님이 각각 두 마리씩만 빼놓고 모든 동물을 (사람은 물론이고) 물에 빠져 죽게 했다는 사실에 아주 실망한 적이 있다. 저녁을 먹으면서 나는 모든 것을 다 알고 계신 하나님이 어떻게 후회하실 수 있냐고 큰 소리로 버럭 질문했다. 내 친구는 일곱 살 된 자기 딸에게 이런 질문을 받았다고 한다. "엄마, 이 이야기에서 하나님은 좋은 분이에요, 나쁜 분이에요?" 참으로 아이의 고민이 묻어난 질문이 아닐 수 없다.

어린 시절 성경을 읽을 때마다 꼭 같은 질문이 내 머릿속을 쇠파리처럼 맴돌았다. 나를 혼란스럽게 했던 이야기는 노아의 홍수나 여호수아의 정복기만이 아니었다. 사사기에는 여성의 몸을 무기화하거나 교환과 약탈의 대상으로 삼는 이야기가 여럿 등장한다. 이처럼 잔혹한 일이 하나님의 이름으로 자행되는데도 그분은 묵묵부답이다. 레위인의 첩이었던 한 여인은 군중에게 던져져 집단 성폭행을 당하고 사체가 토막 난다. 절단된 시신은 이스라엘의 열두 부족에 보내져 분쟁의 불씨가 되었다(사사기 19장). 전투에서 승리한 입다가 자신의 어린 딸을 하나님께 희생 제물로 바친 이야기도 있다. 그가 "내가 암몬 자손을 이기고 무사히 돌아올 때에, 누구든지 내 집 문에서 먼저 나를 맞으러 나오는 그 사람은 주님의 것이 될 것입니다. 내가 번제물로 그를 드리겠습니다"(사사기 11:31)라고 서원한 것이 화

근이었다. 그보다 앞선 민수기에서 하나님은 미디안을 공격하는 이스라엘을 도우시며 남자와 여자와 아이들을 모조리 죽이라고 명하신다. 병사들은 남자와 동침한 적 없는 처녀만 살려 두고 후에 자기들끼리 나눠 가졌다. 페미니스트 학자 필리스 트리블은 이런 이야기를 두고 '테러 문학'이라 이름 붙였다.

그녀는 말한다. "예술이 인생을 모방하는 것처럼, 성경도 거룩함과 끔찍함이라는 붓으로 현실을 그려 낸다."[2]

젊은 여성으로서 나는 필리스가 언급한 성경의 테러 문학을 읽을 때면 악당을 꾸짖는 후기를 기대했다. 범죄를 다루는 방송 프로그램 막바지에서 흔히 듣는 '교훈적인' 멘트 같은 것 말이다. 아마도 나는 다음과 같은 후기를 기대했던 것 같다. **"이래서 가부장제는 안 되는 거야!"** 하지만 어디에서도 그런 논평을 찾을 수 없었다. 남성들이 여성들을 겁탈하고 죽이고 약탈하는데도 하나님은 담벼락같이 말이 없다.

한 마디만이라도 해 보시라고 기다렸지만, 돌아오는 건 늘 침묵이었다.

서로 경쟁하는 두 가지 확신, 곧 인간의 존엄과 가치는 무한하다는 확신과 성경은 무오한 하나님의 말씀이라는 확신 사이에서 난 어느 한쪽도 붙잡지 못한 채 불안하게 살아갔다. 이 두 가지 확신은 마치 커다란 행성의 중력처럼 나를 잡아당겼다. 중압감에서 벗어나려 했지만 뜻대로 되지 않았고, 한쪽을 택하려 해도 그럴 수 없었다. 교회 내 여성 리더십의 부재, 성적으로 부끄러운 일을 행했다고 여겨지는 여성을 천박하거나

'불결'하게 보는 시선, 하나님은 순종적이고 조용한 여자들을 가장 기뻐하신다는 주장은 긴장감을 더욱 고조시킬 뿐이었다. 여성의 의견을 존중하고 경청하는 우리 집에서는 그나마 숨통이 트였지만, 고등학교를 졸업하고 대학에 가면서 나는 내가 속한 기독교 공동체가 언제나 우리 집과 같지만은 않다는 사실을 금세 깨달았다.

고민 끝에 목사님과 교수님을 찾아가 조언을 구했지만, 그들은 하나같이 질문을 멈추고 그저 하나님의 선하심을 믿으라고 충고했다. 성경에 나온 전쟁 이야기는 모두 사실이지만 우리가 모든 것을 이해할 수는 없는 일이라고 하면서.

그들이 주장하는 요점은 다음과 같았다. "하나님의 길은 사람의 길보다 높다. 그러니 하나님의 의도를 파헤치려 들면 안 된다."

틀린 말도 아니다. 인간은 한계가 있고, 실수하며, 자기기만에 빠지기 쉽고, 감상적인 존재다. 감정만 의지해서 진리를 찾는다면 당연히 길을 잃을 수밖에 없다.

2010년에 여호수아의 가나안 정복을 어떻게 생각하느냐는 질문을 받은 칼뱅주의 침례교 목사이자 신학자인 존 파이퍼는 조금의 망설임도 없이 다음과 같이 답했다. "하나님은 언제든지 여성과 아이들을 죽이실 수 있습니다. 생명을 주시는 분도 취하시는 분도 모두 하나님입니다. 사람이 죽는 것은 다 하나님이 뜻하신 대로 죽는 겁니다."[3]

한 지인은 나에게 존 파이퍼의 이 같은 냉철함이 순수하고 헌신적인 믿음을 드러내는 징표라고 말하면서 나의 믿음은 인본주의와 감정에 오염되었다고, 이는 "여성이 교회에서 리더십을 가져서는 안 되는 이유를 보여 주는 좋은 예"라고 덧붙였다.

한동안 그 말을 믿었다. 다른 사람들은 조금도 껄끄럽지 않게 읽는 전쟁 이야기를 너무 감정적으로 받아들이는 내가 바보처럼 느껴지기도 했다. 하지만 바로 여기에 근본주의의 함정이 있다. 근본주의 신앙은 사람의 마음이 죄로 인해 부패했기 때문에 도저히 선과 악, 거룩함과 타락을 구분할 수 없다고 주장한다. 그에 따르면, 즉흥적으로 일어나는 본능과 직관, 양심, 비판적 생각이 성경과 부딪힐 때 우리는 과감히 그런 것들을 무시해야 한다. 착한 기독교인은 '성경의 명쾌한 가르침'에 절대 의문을 달지 않기 때문이다. 착한 기독교인은 하나님께 귀를 기울이지 직감 따윈 신경 쓰지 않는다.

나는 근본주의라는 함정에 빠져 허우적대다가 자신의 본래 모습마저 잃어버린 사람들을 가까이서 지켜봤다. 만일 하나님께서 우리에게 옳고 그름을 구별할 수 있는 양심과, 진실을 헤아릴 수 있는 이성을 주셨다는 사실을 믿지 못한다면, 세상을 의미 있게 살아가는 것도, 다른 사람들과 진실한 관계를 맺는 것도 모두 불가능하다. 또한 권위주의적인 운동의 표적이 되어 이용당하기 십상이다. 나 역시 양심과 호기심에 재갈을 먹인 채 성경을 보려 했던 적이 있었다. 정말이지 자아 분열에 빠지는 줄 알았다. 내가 얼마나 거짓되게 느껴지던지.

브레네 브라운은 우리에게 특정한 감정을 선택해 마비시키려 하지 말라고 경고한다. 이 말은 물론 믿음과 관련된 감정에도 해당한다.[4] 가나안의 어린아이들을 학살하는 이야기를 보고 대수롭지 않게 반응한다면, 피쿼트족 학살에 대해서도 똑같이 반응할 것이다. 시리아 참사와 유대인 학살에 대해서도 그저 심드렁할 것이다. 성경에 대해 어려운 질문을 던지는 훈련을 하지 않는다면, 잠재적 갈등과 의심을 그저 피해 가려고만 한다면 어떻게 불의를 합리화하는 해석에 용감히 반기를 들 수 있겠는가? 자신의 의견이 그릇되었을 때 어떻게 바로잡을 수 있겠는가?

"잔인한 신을 믿는 사람은 잔인한 사람이 된다"고 토머스 페인은 말했다.[5] 성경이 하나님은 사랑이시라고 가르친다면, 그리고 대량 학살이나 폭력, 성폭행도 사랑으로 해석할 수 있다면 도대체 사랑이 **아닌 것이 뭔가**. 그런 해석은 이 세상에 팽배한 도덕적 상대주의와 조금도 다르지 않다.

하나님이 추상적 관념이 아닌 실존이라면, 그분은 믿는 척하는 레이첼의 겉모습이 아닌 내 존재의 전부, 분열되지 않은 나를 원하실 것이다. 이것이 내가 성경의 전쟁 이야기를 더는 피해 가지 않고, 비록 믿음을 잃는 한이 있더라도 이성과 감성을 십분 활용하여 읽기로 결심한 이유다.

이후로 나는 설교를 듣고, 주석과 신학 서적을 찾아보았다. 그리고 오붓한 저녁 파티에 찬물을 끼얹는 사람이 되고 말았다.

"세계 여행을 간다면 어디를 가고 싶어요?"

"올해 아카데미상 후보에 오른 작품 중에 본 거 있어요?"

"혹시 에니어그램 몇 번인가요?"

"하나님이 대량 학살을 눈감아 준다고 생각하세요?"

마지막 질문에 이르면 사람들은 대부분 서둘러 답했다. 그 것도 나름 확신을 가지고. 하나님이 이스라엘에게 가나안 족속 을 쓸어버리라고 하신 건 가나안 사람들이 악해서 그런 거죠. 우상 을 숭배하고 난잡한 파티를 벌이고 어린아이를 희생 제물로 바치 고⋯⋯. 정말이지 역사상 그렇게 타락한 민족은 없었다고요.

그렇다면 하나님은 아이들을 희생 제물로 삼은 죄를⋯⋯ 아이들을 학살하는 것으로 벌하신 거네요?

그거야 뭐 그땐 다 죽고 죽이고 그랬잖아요. 부족끼리 치고받 고. 이스라엘도 살아남으려면 어쩔 수 없었겠죠.

하긴 그렇죠. 그런데 이스라엘은 침략자였잖아요. 여호수 아의 부대는 자기 땅을 지키려고 싸운 게 아니라 남의 땅을 뺏 으려고 싸운 거죠.

아니, 그게 뭐가 잘못입니까? 수백만을 지옥에 보내고도 여전 히 하나님은 선하신 하나님입니다. 바울이 말한 것처럼, 가나안은 그저 '멸하기로 준비된 진노의 그릇'이었을 뿐이라고요. 당신이 하 늘나라의 백성이 된 거나 감사하세요. 괜히 다른 사람 걱정하지 마 시고.

대개 이런 식으로 끝나는 대화에서 난 **아무런 도움도 얻지**

못했다.

나는 마치 외젠 이오네스코의 희곡『코뿔소』에 나오는 베랑제가 된 기분이었다. 어느 날 베랑제가 사는 마을에 느닷없이 코뿔소가 출현한다. 코뿔소에 서서히 적응해 가는 사람들은 점점 베랑제를 당혹스럽게 만든다. 희곡의 한 장면에서 천둥치듯 마을 광장에 돌진한 코뿔소가 지나가는 집고양이를 뭉개버린다. 사람들은 충격에 휩싸이지만, 그것도 잠시, 이내 코뿔소의 뿔이 한 개인지 두 개인지, 코뿔소가 아시아에서 왔는지 아프리카에서 왔는지 따위를 놓고 논쟁을 벌이느라 죽은 고양이는 안중에도 없다. 시간이 흐르고 사소한 일을 가지고 의미 없는 말다툼을 벌이며 살아가는 사람들이 하나둘 코뿔소로 변한다. 베랑제 혼자만이 사람으로 남을 때까지.

사실 이 희곡은 파시즘을 다루고 있지만, 나는 기독교 신자와 성경의 관계를 떠올리지 않을 수 없다. 페이지를 넘길 때마다 코뿔소가 활개 치며 인도를 더럽히고 고양이를 짓밟는데도 사람들은 코뿔소를 두둔하는 데 익숙해져서 코뿔소라는 문제의 핵심을 건드리지 못하고 뿔이 어떻고 꼬리가 어떻고 하면서 겉만 빙빙 돌기 일쑤다.

많은 사람들이 신앙적으로 회의에 빠질 때 하나님이 멀게 느껴지는 느낌이 가장 힘들 것이라고 예단한다. 하지만 그것은 사실이 아니다. 적어도 내 경험상 가장 힘든 것은 하나님이 아니라 내가 속했던 공동체와 격리되는 느낌이었다. 신앙이 흔들리고 의심이 쌓일 때, 교회 생활만큼 마지못해서 해야 하는 일도 흔치 않다. 주일 예배 출석, 성경 공부 인도, 찬양 예배, 그리고 포트럭 파티*에 레몬 쿠키를 만들어 가는 일까지. 인생의 계기판엔 질문과 다른 의견, 의심이 경고등처럼 깜빡이는데도 나는 마치 못 본 체, 아무 이상도 없는 것처럼 그렇게 살아가야 할 때가 있다. 참지 못하고 괜히 입 밖에 꺼냈다가는 친구를 잃고 이상한 소문만 난다. 그렇다고 의심을 말하지 않고 가슴속에 묻어 두면 평생 거짓된 자아로 살게 된다. 내가 아는 사람만 해도 그런 사람이 한둘이 아니다. 그중에는 목사들도 몇 명 있다.

이 딜레마의 중심에는 다음과 같은 난제가 하나 자리 잡고 있다. **내가 이 공동체에 속한 것이 이들과 같은 신앙을 공유하기 때문이라면, 신앙을 버릴 때 나는 어떻게 될까?** 자신이 속한 공동체에서 추방될지도 모른다는 두려움 때문에 대학살과 같은 성경의 논쟁거리에 눈을 감아 버릴 수도 있다는 사실을 무시해선 안 된다.

결국 나는 의문을 제기했고 그에 따른 결과를 감수해야 했다. 우리 가족은 교회를 떠나야 했다. 내 어린 시절이 고스란히 담긴 정든 교회를 말이다. 내 '반항기'에 관한 소문이 온 마을에 퍼지자 적지 않은 사람들이 선의를 가지고 **중재**에 나서기도 했다. (주의 사항. 아무리 집에서 구운 초코칩 쿠키가 당기더라도, "최근 당신의 신앙에 일어난 변화"에 대해 얘기 좀 하자고 초대하는 데는 절대

---

* 참석자들이 각자 음식을 가져오는 파티.

가지 마시라. 함정이니까.) 친구들에게서 연락이 끊겼다. 자신들이 가진 두려움 때문에도 그랬을 테고 또 내가 이해시켜 보려고 너무 밀어붙인 탓도 있었을 것이다. 하지만 여전히 난 그들이 왜 그렇게 무 자르듯 연락을 끊을 수밖에 없었는지 궁금하다.

나에게 성경의 전쟁 이야기를 아무런 반감 없이 받아들이라는 것은 곧 인간이기를 포기하라는 말이나 다름없었다. "덜 인간적이 된다고 해서 더 영적인 사람이 되는 것은 아니다"라고 유진 피터슨은 말했다.[6] 마음과 영혼과 이성을 떼어 놓고 성경을 읽어야 한다면, 어떻게 하나님을 마음과 영혼과 뜻과 힘을 다해 사랑할 수 있을까?

그래서 결심했다. 내가 가진 모든 것을 가지고, 거짓 자아와 어중간한 믿음을 과감히 버리고 광야로 가기로. 그렇게 하나님과의 씨름이 시작되었다.

෨

난 단 한 번도 전쟁 이야기를 좋아해 본 적이 없다. 학교에 다니면서 소설 『붉은 무공훈장』을 읽어 오라는 과제를 받은 적이 있었는데 너무 지루해서 울고 싶을 정도였다. 내가 아는 20세 이상의 사람 중에 영화 「라이언 일병 구하기」와 「지옥의 묵시록」을 보지 않은 사람은 내가 유일하다. 남부 지역에서 흔히 열리는 '남북전쟁 재연 행사'를 볼 때면 어김없이 소름이 돋았고, 드라마 「왕좌의 게임」은 대부분 손가락 사이로 힐끔힐끔 봐야 했다. 그것도 쉴 새 없이 "이제 끝났어?"라고 물으며. 총기 규제를 외치는 진보주의자들에 의해 악의 근원으로 지목된 비디오 게임을 난생처음 하던 날, 나는 수류탄을 손에 들고 5분 동안 빙글빙글 돌기만 하다가 자폭해 버렸다.

전쟁 이야기를 멀리한다고 해서 그 영향력에서까지 자유로울 수는 없다. 다른 어떤 것보다 군비에 많은 재정을 쏟아붓는 나라에 살면, 아무리 평화를 꿈꿔도 전쟁에 찌들어 살 수밖에 없다. 혁명을 기리는 시나 가족의 품에 다시 안기는 군인들을 보여 주는 천만 관객의 영화를 보라. 유명한 전투와 참전 영웅에 관한 이야기만큼 문화적 정체성에 지대한 영향을 미치는 것은 없다. 전쟁 이야기는 우리가 어디서 왔고, 무엇을 가치 있게 생각하고, 어떤 것을 두려워하며 증오하는지를 보여 준다. 전쟁 이야기는 우리의 문학과 예술에, 기념비가 즐비하게 세워진 풍경에 유령처럼 출몰한다. 전장의 장군들은 언제나 전쟁 영웅으로 영원히 기록될 것이라며 병사들의 사기를 북돋웠다. 셰익스피어의 희곡 『헨리 5세』에 나오는 유명한 성 크리스핀 축일 연설에는 다음과 같은 대목이 있다. "이 이야기를 훌륭한 남자들은 자기 아들에게 가르칠 터이니 / 크리스핀 크리스피안 축일은 오늘부터 세상 끝 날까지 / 우리를 기억하지 않고는 지나가지 않으리." 이 연설은 린 마누엘 미란다의 뮤지컬 「해밀턴」의 '오늘밤 이야기'라는 곡에서도 메아리 치고 있다.[7] 2차 세계대전을 앞두고 처칠도 하원 의사당에서 비슷한 어조로 연설했다. "그러므로 흔들림 없이 우리에게 주어진 사명을 수행합시다. 대영제국과 영연방이 천 년 동안 지속된다면, 사람들이 천 년 후에도 오늘을 '영광의 순간'으로 기억할 수 있도록 용감히 싸웁시다!"[8]

자신의 수명보다 더 오래 지속될 이야기 속에 이름을 남기기 위해 사람들은 어마어마한 위험도 마다하지 않는다.

우리의 이야기에서 전쟁은 미화의 대상이 되기도 하고 애도의 대상이 되기도 한다. 전통적으로 사람들은 이야기를 부풀린다. 적당히 과장과 상상을 섞기도 하고, 뻔뻔하게 정치적 선전구를 삽입하기도 한다. 중간중간 갖은 형태의 반복법을 사용하는 경우도 흔하다. 전투의 상세한 기록이 기자나 역사가에 의해 객관적으로 보전될 때도 있지만, 많은 경우 패배를 치욕스럽게 여기는 사람들이나 승리에 도취한 사람들에 의해 진실은 왜곡된다. 새로운 세대의 새로운 정치적 견해나 시대의 삐뚤어진 욕망이 왜곡을 조장하기도 한다. 공동체를 이루고 그 집단 특유의 문화를 형성하는 게 무엇인지 알고 싶다면, 사람들에게 물어보라. 목숨을 내놓을 만큼 가치 있다고 생각하는 게 무엇인지, 혹은 좀 더 과감하게, 누군가를 죽이면서까지 지켜야 할 가치가 무엇인지. 즉 그들의 전쟁 이야기를 물어보면 된다.

고대 이스라엘 사람들도 다르지 않았다. 전쟁 이야기를 기록으로 남기는 작업이 마무리될 무렵은 이미 전쟁으로부터 몇 세대가 지난 뒤였다. 바빌로니아와 이집트, 앗시리아의 그늘에서 떠돌던 허접한 유목민 일단이 이제는 어엿한 독립국이자 군주 국가로 성장했다. 성경은 이스라엘이 힘없던 시절을 기록하며 이스라엘의 성공을 하나님의 공으로 돌린다. 새로운 세대에게 "어떤 사람은 병거, 어떤 사람은 말을 의지하나 우리는 여호와 우리 하나님의 이름을 자랑하리로다"(시편 20:7, 개역개정)라는 민족의 정체성을 일깨우려는 의도다. 다윗과 골리앗 이야기에서 작은 양치기 소년은 가나안의 전설적인 거인을 물매와 돌멩이 두 개로 쓰러뜨렸다. 이는 보잘것없고 사랑받을 이유 없는 이스라엘이 오직 하나님의 은혜와 총애로 승리한다는 자기 인식을 전형적으로 보여 주는 이야기다. 이집트에서 이스라엘을 건지시고, 광야에서 그들과 동행하시고, 여리고성을 무너뜨리시고, 이 작은 양치기 소년을 왕으로 세우신 분은 바로 하나님이시다.

승리의 기적적인 측면을 강조하기 위해 여호수아서와 사사기의 저자는 수백 명의 이스라엘 군사가 수천수만 명을 죽였다고 기록하고 있다. 하지만 이 숫자들은 부풀려졌을 가능성이 높다. 저자는 당시의 문학적인 관습을 따라서, 사실을 객관적으로 기록하기보다는 극적인 면을 부각해 일종의 허세를 부리고 있는 것이다. 성서학자들과 고고학자들은 이스라엘 역사 초기에 있었던 소규모 전투가 대량 학살로 이어졌다는 기록에 의문을 품는다. 가나안 족속을 '몰살'했다는 표현이 신경 쓰이는 사람에게는 다음 사실이 위안이 될 것이다. 고대 메소포타미아에서 전쟁을 일삼던 부족들은 일방적인 승리를 강조하기 위해 '전멸'이니 '괴멸'이니 하는 용어를 사용하는 일이 흔했다. 심지어 다음날 다시 적군과 맞서야 하는 상황에서도 그들은 그런 식으로 기록했다. (예를 들어, 한 고대 문서에서 모압 족속은 이스라엘과의 전투에서 승리한 업적을 기록하며 이스라엘을 이 땅에서 영원히 지워 버렸다고 선포하고 있지만 이 기록이 사실이 아니라는 것은 삼척동자도 안다. 성경에도 가나안 부족들과 충돌한 이야기가 사사 시대와 왕정 시대까지 계속 이어지는 것을 보면 적어도 문자적인 의미에서 여호수아가 가나안을 전멸시킨 것은 아니었다는 사실을 쉽게 알 수 있다.)[9]

신학자인 폴 코판은 이를 두고 "전쟁 서사에서 관습적으로 쓰이는 언어"라고 말했다. 그에 따르면, "고대 근동 지방의 독자는 누구나 이런 언어를 과장이라고 이해할 수 있었다."[10]

『하나님의 벽장 속 유골들』을 쓴 조슈아 라이언 버틀러 목사는 이런 언어를 "기죽이기의 구식 버전"이라고 불렀다.[11]

21세기의 독자들이 생각하기에 하늘을 찌를 듯한 성벽에 둘러싸인 화려하고 번잡한 도시일 것 같은 여리고도 실제로는 7천 평 남짓한 군사 기지에 지나지 않는다. 그런 곳에 관행적으로 매춘부와 매춘부의 가족이 살 수는 있었겠지만, 다수의 민간인이 살기는 어려웠을 것이다. 여호수아서에 등장하는 다른 도시들도 사정은 비슷하다. 타문화에서 볼 수 있는 것처럼, 이스라엘 역시 말하고자 하는 주제를 가장 효과적으로 표현할 수 있는 언어와 문학적 전통을 이용하여 자신들의 전쟁을 미화했다.

피터 엔즈는 성경을 주제로 글을 쓰는 작가들에게 다음과 같이 충고한다. "과거에 관해 글을 쓰는 행위가 단순히 과거를 이해하는 차원에서 멈춘 적은 없었다. 그것은 언제나 뼈와 살을 붙이고 혼을 불어넣어 과거가 현재에 말을 하게 만드는 창조 행위였다."

그는 성경에 대해 이렇게 결론짓는다. "성경이 지금의 모습을 갖추게 된 것은 하나님께서 그분의 자녀들이 말하고 싶은 대로 놓아두셨기 때문이다."[12]

이스라엘의 기원과 구원, 영토와 전쟁과 왕정에 관한 이야기를 읽으며 우리는 성경 곳곳에 묻어 있는 이 '자녀들'의 지문과 흔적을 발견한다.

가령 성경의 주제가 이스라엘의 정복에서 정착으로 전환되는 시점에서 우리는 사울과 다윗, 솔로몬 그리고 그들의 통치에 중요한 역할을 담당했던 우군과 적군들에 관한 판이한 두 가지 이야기를 만난다. 사무엘 상하와 열왕기 상하를 보자. 이 문서들은 다윗이 밧세바를 취하기 위해 사람을 시켜 밧세바의 남편을 죽인 사건을 포함해 이스라엘 왕정하에 있었던 일들을 숨김없이 기록하고 있다. 반면 역대기 상하는 다윗과 밧세바의 이야기는 물론, 다윗과 솔로몬의 정권 이양기에 있었던 볼썽사나운 폭력과 사건들을 통째로 빠뜨리고 있다. 이것은 아마도 사무엘기와 열왕기가 바빌로니아 포로기 중에 쓰여졌기 때문일 것이다. 당시는 이스라엘 백성이 자신들이 무슨 잘못을 저질러서 적국의 지배하에 살게 되었는지 이해하기 위해 고민하던 시기였다. 역대기는 이보다 훨씬 후, 나라를 재건하기 위해 유대인들이 자신들의 땅으로 귀환한 시기에 저술됐다. 사무엘기와 열왕기의 저자가 현재 상황을 설명하려고 도덕적인 관점에서 왕정을 바라보고 있다면, 역대기의 저자는 역사의 치유와 민족의 단합을 위해 자신들이 하나님께서 기름 부으신 왕의 후손임을 강조하며 왕정 시대를 향수에 젖은 눈으로 바라보고 있는 것이다. 그 결과 우리는 같은 역사적 사건을 전혀 다르게 풀어내는 두 가지 이야기를 갖게 되었다.

이처럼 성경의 저자들은 다른 작품의 저자들(이 책의 필자인 나를 포함해서!)과 마찬가지로 어떤 의도를 가지고 글을 쓴다. 특정한 종교적, 사회적, 정치적 상황에 있는 독자들을 마음에 두고 글을 쓰기 때문에 고유한 색깔을 가질 수밖에 없다.

자연스럽게 우리의 머릿속엔 다음과 같은 중요한 질문들이 떠오를 수 있다. 성경 속 전쟁 이야기도 하나님의 영감으로 쓰인 것일까? 정치적인 선전에도 하나님의 숨결이 깃들 수 있나? 이런 이야기들이 보존되는 과정에서 어느 정도까지 성령의 개입이 있었을까? 이 모든 인간의 흔적 속에도 여전히 신성한 무엇이 존재하는가?

이런 질문에 전부 답할 수는 없어도 내가 아는 몇 가지 사실이 있다.

첫째, 이 난폭한 이야기 속 인물들이 다 천편일률적으로 호전적인 것만은 아니었다. 전쟁에서 승리하도록 도우신 하나님께 서원한 대로 입다가 자신의 딸을 번제물로 바치자, 이스라엘의 젊은 여인들은 불의에 침묵하지 않고 분연히 일어나 공개적으로 슬픔을 표현했다. 성경은 다음과 같이 증언한다. "이스라엘에서 한 관습이 생겼다. 이스라엘 여자들이 해마다 산으로 들어가서, 길르앗 사람 입다의 딸을 애도하여 나흘 동안 슬피 우는 것이다"(사사기 11:39-40). 남자들이 아무 일도 없었다는 듯 전쟁을 재개하고 있을 때, 여자들은 멈춰 서서 비극적인 이 사건에 애도를 표했다. 그들이 가진 미미한 사회적, 경제적 영향력을 동원해 시위했다. 그것도 매년 나흘씩. 그들은 하나님의 이름으로 행해진 이 참담한 사건을 이스라엘이 결코 잊어서는 안 된다고 항의했던 것이다. 또 다른 이야기에서 사울 왕의 후궁 중 하나였던 리스바는 군주제의 폭력성을 뼈저리게 경험한 여인이다. 전국에 흉년이 들자 다윗 왕은 사울이 기브온 사람을 학살하여 생긴 해묵은 갈등 때문이라 생각했고, 그 갈등을 해결하기 위해 리스바의 두 아들을 기브온 족속에 넘겨주기로 합의한다. 결국 두 아들은 기브온 사람들에게 처형당한다. 그리스 신화의 안티고네처럼, 리스바는 비가 내려 장사를 지낼 수 있을 때까지 여러 주 동안 새와 들짐승이 얼씬거리지 못하게 두 아들의 시신을 지켰다. 그녀의 비극적인 이야기가 온 나라에 퍼졌고 그 이야기를 전해 들은 다윗은 자신의 결정으로 인해 목숨을 잃은 이들에게 애도를 표했다(사무엘하 21장). 전설적인 용사이자 예언자였던 드보라도 자신의 승전가에서 패장의 어머니를 기억한다. 드보라는 아들의 귀환을 기다리며 창문 밖을 내다보는 어머니를 상상한다. "그의 병거가 왜 이렇게 더디 오는가? 그의 병거가 왜 이처럼 늦게 오는가?"(사사기 5:28) 적군에 대한 드보라의 묘사가 전혀 동정적이지 않고 오히려 조롱조로 들리는 것도 사실이지만, 적어도 여성의 시각이 더해짐으로써 전형적인 전쟁 서사의 폭이 넓어졌다는 점만은 분명하다.

요컨대, 여성에게 시선을 돌릴 때 우리는 이스라엘의 전쟁 서사를 좀 더 입체적으로 바라보게 된다. 여인들의 이야기는 폭력과 가부장제의 피해를 돌아보게 함으로써 좀 더 나은 세상을 위해 힘쓰는 사람들을 격려한다. 성경의 폭력적인 이야기에 대해 신학 교수이자 시인인 니콜라 슬리는 이렇게 말했다. "아무리 고통스러워도 우리는 귀 기울일 것이다. 폭력에 희생된 여인이 하나도 남지 않을 때까지."[13] 성경의 난해한 이야기들 속에서 교훈을 찾는 일이 언제나 쉬운 것만은 아니다. 하지만 읽기가 괴롭다고 피해 버리면 아무것도 배울 수 없다.

성인이 되어 경험했던 가장 감동적인 종교 의식은 폭력에 희생당한 성경 속 인물들을 추모하기 위해 예술가 친구와 내가 함께 고안해 드린 예배였다. 어느 쌀쌀한 12월 저녁, 우리는 거실에서 찻상을 마주하고 앉아 하갈과 입다의 딸과 사사기 19장에 나오는 첩, 그리고 이복오빠에게 성폭행 당한 다윗 왕의 딸 다말을 기억하며 촛불을 켰다. 그들의 이야기를 읽으면서, 성차별로 인한 폭력에서 살아남은 현대 여성들의 글과 시를 함께 읽었다. 내 친구는 소나무 상자를 이용해 얼굴 없는 다섯 사람이 원형 철조망 아래 서로 부둥켜안고 엎드려 있는 입체 모형을 만들었다. 다섯 사람의 실루엣이 책을 오려 붙여 만든 상자의 등판에 비쳤고, 상자 위에는 우리가 인쇄해 붙인 그리스도의 말씀이 있었다. "너희가 지극히 보잘것없는 사람 하나에게 한 것이 곧 내게 한 것이다."

나의 책 『성경적 여성으로 살아 본 1년』에서 이 경험을 나누고 난 뒤, 나는 자신들의 예배에서 유사한 의식을 시도했다는 목사와 예배 인도자들을 만났다. 그들은 주로 기독교인들이 하나님의 이름으로 행한 악을 기억하고 회개하는 사순절에 그러한 예배를 드렸다고 했다. 한번은 중서부의 한 교회로부터 초청을 받아 강의를 하러 간 적이 있다. 교회 제단 위에 누군가가 미리 켜 놓은 다섯 개의 촛불이 올려져 있었다. 네 개는 나와 나의 친구가 기념했던 성경의 여인들을 위해서 그리고 마지막 한 개는 그들의 고통에 슬픔으로 연대하는 과거와 현재의 모든 여인들을 기리기 위해서라는 말을 듣고 나는 눈물을 참지 못했다.

성경 속 폭력적인 이야기가 이 시대의 참상을 직면하게 하고 사라지지 않는 여성 억압과 착취를 해결하는 실마리를 제공한다면, 그 같은 이야기를 힘겹게 읽는 것이 결코 헛된 일만은 아닐 것이다. 전쟁 이야기도 선하게 사용될 수 있다.

둘째, 이렇게 생각하고 싶지 않겠지만 사실 우리는 고대 이스라엘과 크게 다르지 않다. 사람들은 "그때는 폭력적인 부족 시대였다"고 말하며 이스라엘이 가나안에서 행한 행위에 면죄부를 주고 싶어 한다. 하지만 조슈아 라이언 버틀러가 날카롭게 지적하듯, 민간인 사상자에 관해 "우리는 현대보다 고대 시대에 더 높은 기준을 요구하는 경향이 있다."[14] 내가 이 장을 쓰는 동안 이라크와 시리아에서는 천여 명의 민간인이 공습으로 사망했다. 그들 중 대다수가 여성과 어린아이이다. 2차 세계대전 당시 히로시마와 나가사키에 떨어진 원자폭탄은 수십만의 목숨을 앗아 갔고, 한국 전쟁과 베트남 전쟁에선 미국 군인보다 훨씬 더 많은 민간인이 목숨을 잃었다. 미국은 세계에서 손꼽히는 부자 나라이지만 받아들이는 난민의 수는 전 세계 난민의 0.5퍼센트도 안 되며, 미국이 자행하는 드론 공격으로 인해 중동에 살고 있는 수천 가구가 공포의 나날을 보내고 있다.[15] 나는 지금 고대 이스라엘의 폭력을 두둔하려는 게 아니다. 단지 우리 시대의 폭력도 똑같이 악하다고 말하려는 것이다. 정의로운 전쟁론이나 역사적으로 미국이 여러 분쟁에 개입했던 일에 관해 논의할 필요가 없다고 주장하려는 것 또한 아니다. 이 책에서 그러한 논의를 다루기에는 관련된 이슈가 너무 복잡하다. 하지만 적어도 이러한 사실들이 우리가 좀 더 겸손히 자신을 성찰하는 자세로 성경의 전쟁 이야기를 읽을 수 있도록 도전이 되기를 바란다. 그래서 과거에 있었던 잔혹한 행위를 보면서 오늘도 여전히 돌아가고 있는 군수 산업의 실체가 무엇인지 용기 있게 질문할 수 있도록 말이다.

마지막으로, 내가 아는 사실이 하나 더 있다. 성경의 하나님이 진실이라면, 인간이 되신 하나님이 예수 그리스도라면, 그리고 신학자 그레그 보이드가 말하듯이 예수 그리스도가 "다른 모든 계시를 대체하는 최후의 계시"라면,[16] 그렇다면 하나님은 폭력을 휘두르느니 차라리 폭력에 희생당하실 분이다. 십자가를 보라. 십자가 위에서 그리스도는 인간의 잔인함과 폭력성, 두려움을 참아내시고, 공생애 동안 가르치고 손수 본을 보이신 대로 끝까지 비폭력의 길을 걸으셨다. 보이드는 이를 두고 "십자가에 달린 전사 하나님"이라고 말했는데, 이는 그가 저술한 두 권짜리 책의 제목이기도 하다. 그 책에서 보이드는 "우리가 그간 너무 쉽게 충성을 맹세했던 난폭한 전쟁의 신은 십자가에서 영원히 사라졌다"고 주장했다.[17] 십자가에서 그리스도는 고통의 가해자가 되는 대신 고통받는 자의 편에 서기를 선택하신 것이다.

성육신 교리의 핵심은 예수님이 곧 하나님과 같다는 놀라운 주장이다. 요한은 그의 복음서에서 선포한다. "본래 하나님을 본 사람이 없으되 아버지 품속에 있는 독생하신 하나님이 **나타내셨느니라**"(요한복음 1:18, 개역개정, 강조 추가). 다른 성경에서는 "아버지의 품속에 계신 외아들이신 **하나님께서 하나님을 설명해 주셨다**"(NASB, 강조 추가)라고 표현한다. 하나님께서 성경의 전쟁 이야기에 대해 우리에게 설명하실 게 있다면, 우리는 예수님에게서 그 설명을 들어야 할 것이다. 왕이신 그리스도는 전쟁 없이 자신의 나라를 세우셨다.

전통적인 전쟁 찬가에 새로운 옷을 입혀 만든 가장 오래된 교회 찬송에서 그리스도인은 다음과 같이 예수 그리스도를 노래한다.

그는 하나님의 모습을 지니셨으나,

하나님과 동등함을 당연하게

생각하지 않으시고,

오히려 자기를 비워서

종의 모습을 취하시고,

사람과 같이 되셨습니다.

그는 사람의 모양으로 나타나셔서,

자기를 낮추시고,

죽기까지 순종하셨으니,

곧 십자가에 죽기까지 하셨습니다!

그러므로 하나님께서는 그를 지극히 높이시고,

모든 이름 위에 뛰어난 이름을 그에게 주셨습니다.

그리하여 하늘과 땅 위와 땅 아래 있는 모든 것들이

예수의 이름 앞에 무릎을 꿇고,

모두가 예수 그리스도는 주님이시라고 고백하여,

하나님 아버지께 영광을 돌리게 하셨습니다.

(빌립보서 2:6-11)

이 찬송을 인용하면서 사도 바울은 그리스도인들에게 다음과 같은 가르침을 남겼다. "여러분 안에 이 마음을 품으십시오. 그것은 곧 그리스도 예수의 마음이기도 합니다"(2:5).

예수님은 우리가 기존에 알던 전쟁 이야기를 완전히 뒤엎으셨다. 그분은 왕궁에서 태어나는 대신 말구유에 태어나 식민지의 억압받는 백성이 되셨다. 전차를 타고 예루살렘으로 돌진하는 대신 당나귀를 타고 주춤주춤 입성하셨고, 전투에 군사를 모집하는 대신 제자들의 발을 씻기셨다. 사도 바울에 따르면,

이 이야기야말로 예수를 따르는 자들이 전해야 할 이야기이다. 우리의 말과 예술로, 그리고 우리의 삶으로.

여전히 우리는 성경 속에서 왜 하나님이 때로는 폭력을 부추기고 때로는 폭력을 거부하는 것처럼 묘사되는지 고민할 수밖에 없다. 보이드는 하나님을 '천국의 선교사'로 비유하는데, 하나님은 그분의 백성을 서서히 정의의 길로 인도하시기 위해 다양한 문화의 잔혹성과 신념을 잠시 동안은 허용하지만 끝내 용납하지는 않으신다는 것이다. 십자가에 달린 예수님과 하나님이 조금이라도 달라 보인다면 이 점을 고려해야 한다고 그는 강조한다.[18] 참으로 흥미로운 이론이다. 1492쪽에 달하는 그의 책을 이제 반 정도밖에 못 읽었기에 솔직히 그의 이론을 다 이해했다고 말할 수는 없지만 말이다. (끝까지 읽는다고 내가 구하는 답을 찾으리라는 보장은 없겠지만, 그래도 포기하지 않을 것이다.)

사실, 아직까지 나는 성경의 전쟁 이야기에 관한 만족스러운 설명을 발견하지 못했다. 만약 오컴의 면도날˙을 가지고 이 문제를 풀기 위해 가장 단순한 해답을 찾는다면, 우리는 고대 이스라엘이 자신들의 정복 전쟁을 정당화하고 사회 질서를 유지하기 위해 신을 창조했다고 결론지을지도 모른다. 그렇게 되면 성경은 더 이상 인간의 지문이 묻은 거룩한 책이 아니라, 그저 인간이 만들어 낸, 인간에게 덕보다 해가 되는 문서일 뿐이다.

이렇게 생각할 때면 예배 시간의 찬송이나 신앙고백이 그

˙ 어떤 현상을 설명하는 가설의 체계는 단순해야 한다는 원리.

저 입안에서 맴돌기만 한다. 그 내용이 사실이라고 확신할 수 없기 때문이다. 하지만 또 어떤 날은 신성하다고 인정할 수밖에 없는 미지의 힘에 의해 성경에 사로잡히는 경험을 하기도 한다. 하갈과 드보라와 라합이 이야기 속에서 튀어나와 내 얼굴을 두 손으로 감싼 채 "잘 들어 둬, 이건 너를 위한 이야기야" 하고 말하는 것처럼 느껴지는 날도 있으니 말이다.

내 안에 아우성치는 질문들을 서둘러 진정시킬 마음은 없다. 하나님은 내가 폭력과 성폭행, 인종 청소의 이야기를 읽고 역겨워할 때 도움의 손길을 건네신다. 그렇다고 이런 이야기를 읽으며 찔러도 피 한 방울 안 나올 것 같은 냉혈한처럼 반응하고 싶지는 않다. 예수님이 자신의 말씀과 일치하는 분이라면, 그분도 역시 나와 같은 생각이실 것이다. 성경에는 당신에게 영감을 주는 부분도 있고, 당신을 당황스럽게 하는 부분도 있으며, 심지어 아물지 않은 상처처럼 마음을 쓰리게 하는 부분도 있다. 나는 아직도 씨름한다. 축복을 받을 때까지 포기하지 않았던 야곱처럼, 나도 단념하지 않을 것이다. 하나님께서 지금까지도 내 샅바를 붙들고 계시니.

전쟁은 끔찍하다. 하지만 결코 떼어 낼 수 없는 우리 삶의 일부다. 성경은 의기양양한 승자부터 애통해하는 희생자들까지 전쟁의 다양한 인간상을 조명한다. 폭력을 종교적으로 정당화하려는 이들에게는 무기가 보이겠으나, 더는 폭력을 보고 싶어 하지 않는 리스바 같은 어머니들에게는 연대감이 보인다. 전쟁의 참혹함으로부터 적당히 떨어져 안전하게 지내려는 사람, 무관심의 사치를 즐기며 적당히 사는 사람들에게 성경의 전쟁 이야기는 어두운 현실을 정면으로 마주하라고 소리친다.

전쟁 이야기가 나쁘지만은 않은 이유다.

논쟁＋지혜 이야기

"심은 대로 거둔다.
맞는 말이다.

아예 심지 않을 때는
제외하고는."

논쟁 (영화 대본)

———

실내. 학생 식당—낮

빨간 식판들이 배식대 위를 미끄러지듯 지나간다. 카메라가 위쪽에서 꽉 끼는 비닐장갑을 하고 배식하는 두 손을 잡는다. 장갑에 신비한 빛이 희미하게 감돈다. 위생을 위해 설치한 칸막이 아래로 따끈한 김이 오르는 오늘의 특별 메뉴가 나온다. 으깬 감자와 알 수 없는 고기. 포크와 나이프가 그릇에 부딪히는 소리와 웅성거리는 대화 소리가 정겹게 들린다.

장면 전환:

거의 아무것도 올려진 것이 없는 실용적인 긴 테이블. 한쪽에 아홉 명씩 앉을 수 있지만 한 자리만 빼고 모두 비어 있다.

30대 중반의 **욥**이 가운데 홀로 앉아 있다. 초점 없는 눈으로 음식을 바라보는 그의 어깨가 축 처졌다. 옥스퍼드 셔츠와 트위드 재킷은 전형적인 교수 스타일이다. 넥타이를 매지 않은 것으로 미루어 보아 인문대 교수로 짐작된다. 하지만 그의 헝클어진 머리와 사흘 동안 깎지 않은 수염을 보고 누군가는 밤새도록 술을 퍼마신 학생으로 오인할지도 모른다. 욥의 등 뒤에 있는 벽에는 여학생 무도회, 특강, 저렴한 자취방에 관한 광고 전단들이 아무렇게나 붙어 있다. 삼색 얼룩 고양이가 나뭇가지에 위태롭게 매달려 있는 모습이 담긴 포스터에는 "잘 좀 견뎌 봐!"라고 쓰여 있다.

여학생들이 재잘거리며 테이블 앞을 지난다. 시험지를 한 아름 들고 뾰족구두 소리를 내며 기분 좋게 걸어가던 **한 여인**이 욥을 보자마자 얼어붙는다. 이내 180도 뒤로 돌아 다시 또각또각 소리를 내며 멀어진다. 욥은 눈치채지 못한다.

여학생 몇 명이 더 지나간 후 마침내 **엘리**가 식판을 들고 다가온다. 조심스럽게 욥의 옆자리에 앉는다. 둘의 연배는 얼추 비슷하지만 엘리의 수염은 공들인 기색이 역력하다. 엘리는 자신이 소속된 생물학과에서 외국 영화 감상이나 수제 맥주 만들기 같은 취미 생활에 대해 떠벌리곤 하는데 수염 다듬기도 그중 하나다. 그가 잠시 욥을 바라본다. 몇 마디 말을 꺼내다가 무슨 생각이 들었는지 곧 멈추고 식판 위의 고기를 깨작거린다.

점심이 담긴 종이봉투를 들고 **빌**이 찾아와 욥의 다른쪽 옆자리에 앉을 때까지 엘리와 욥은 조용히 앉아만 있다. 60대 후반의 빌에게서는 들쭉날쭉한 대학 행정 속에서 살아남은 노교수의 경륜이 엿보인다. 엘리에게 고개를 짧게 끄덕여 인사를 건네자 엘리도 똑같이 답한다. 욥에게도 인사를 건네지만 아무 반응이 없다. 어색한 침묵에 아랑곳없이 그는 봉투에서 땅콩버터 샌드위치를 꺼내 한입 문다.

마지막으로 도착한 사람은 신학 대학에서 걸어온 **신부 Z**다. 50대의 신부 Z는 옷깃이 달린 셔츠 위에 블레이저 상의를 입고 야채 샐러드 한 접시와 플라스틱 포크를 손에 들고 있다. 그는 자리에 앉기 전에 마치 기도를 하듯, 잠시 욥의 어깨 위에 손을 올린다. 욥은 여전히 무반응이다. 신부 Z가 빌의 옆자리에 앉는다. 네 사람이 한 줄에 나란히 앉아 있는 슬픈 광경. 그들 맞은편엔 아무도 앉지 않는다.

침묵이 견디기 힘들어진 엘리가 재킷 주머니에서 카드를 꺼낸다. 겉장에는 "위로의 마음을 담아"라고 쓰여 있다. 봉투는 없다.

엘리

이거 우리가 자네에게 쓴 걸세. 길지 않지만 이런 상황에서 뭐라도 해야 할 것 같아서…….

마취에서 깨어난 듯 정신을 차린 욥이 엽서를 받아 바로 열어 본다.

욥

(무덤덤한 표정으로 카드를 읽는다.)

"하나님은 자네가 감당할 수 있는 일만 허락하신다는 것을 잊지 말게."

욥은 카드를 테이블 위에 올려놓는다. 그의 눈이 다시 초점을 잃는다. 엘리는 내심 만족스러웠지만 빌은 얼굴을 찡그린다.

엘리

(빌에게)

아니, 제 엽서가 마음에 안 드세요?

빌

너무 상투적이라고 생각하지 않나? "하나님은 당신이 감당할 수 있는 일만 허락하신다"고? 그게 무슨 뜻인지 알고나 하는 소리야?

엘리

빌 교수님, 이건 그냥 엽서일 뿐입니다. 신학적 진술이 아니에요.

빌

모든 게 다 신학적 진술이야. 교회에 다니는 양반들이 그 사실을 모를 리가 없잖나.

　　빌은 지원을 바라는 눈으로 신부 Z를 쳐다보지만, 신부 Z
는 샐러드만 쳐다본다.
　　엘리는 한동안 빌의 말을 곱씹는다. 엘리는 다른 동료들과
대화를 이어 가기 위해 욥의 어깨너머로 몸을 기울인다.

엘리

(목소리를 낮추며)

　　이런 일에는 다 이유가 있습니다. 하나님이 모든 것을 주관
하신다는 걸 잘 아시지 않습니까. 욥이 당한 일에도 분명 하나
님의 뜻이 있을 겁니다. 우리가 그걸 굳이 욥에게 말해 줄 필요
는 없죠. 벌써 알고 있을 테니까. 그래서 위로의 말을 몇 마디
적어 본 것뿐인데……. 고난의 시간을 통해서 뭔가 얻을 수 있
을 거라고 다독이려고 말입니다. 하나님께 징계를 받는 사람은
그래도 복된 사람입니다. 우리가 전능하신 분의 훈계를 거절해
서는 안 되죠. 하나님은 찌르기도 하시지만 싸매어 주기도 하
시고, 상하게도 하시지만 손수 낫게도 해 주십니다.

빌

차라리 그 말을 카드에 쓰는 게 나을 뻔했네.

　　친구들은 다시 한동안 말이 없고, 욥을 제외한 나머지는 식

사를 한다. 포크와 나이프가 접시에 부딪히는 **쨍그랑** 소리와 멀리서 대화하는 주변 소리만 들린다. 빌이 하고 싶은 말을 참지 못하고 샌드위치를 책상 위에 올려놓는다.

빌

사실 우리도 똑같은 죄인이야. 누구나 이런 벌을 받을 수 있다고. 우리가 욥을 도울 수 있는 길은 그가 회개하도록 설득하는 것뿐이야. 하나님께서 자비를 베푸시도록 말이지.

(욥에게)

자네가 진정으로 하나님을 찾고 그분께 매달린다면, 그리고 자네가 깨끗하고 흠이 없다면, 지금이라도 그분은 자네를 도우실 걸세.

욥은 아무 말이 없다. 빌은 마음의 짐을 털어놓은 듯 다시 샌드위치를 집어든다.

엘리

(빌에게)

욥이 어떤 걸 회개해야 한다고 말씀하시는 건가요? 구체적으로 무슨 죄라도……?

빌

이보게, 구체적이지 않은 죄도 있나?

엘리

아니 제 말씀은…… 욥이 무슨 결정적인 잘못을 저질러서 이런 일을 당했다고 생각하시는 건지 아니면 전반적으로 악하게 살아서 하나님이 진노하셨다고 생각하시는 건지 묻고 있는 겁니다. 교수님이 그러셨잖습니까, 누구나 이런 일을 당할 수 있다고…….

빌

맞아. 하지만 그런 일이 우리에게 일어난 것은 아니잖나. 욥에게만 일어났지.

엘리

그렇죠. 그런데 왜 그랬냐고요?

빌

교만. 탐욕. 게으름.

엘리

글쎄요. 전 이 친구가 조금이라도 그랬다고 생각해 본 적이 없는데요. 잘 아시지 않습니까, 욥 이 친구가 얼마나…….

빌

포르노.

엘리

포르노? 세상에, 빌 교수님. 교수님에겐 모든 문제가 포르노로 귀결되는군요. 정말 인터넷에서 야한 것 좀 봤다고 하나님께서 욥에게 그렇게 진노하셨다고 생각하시는 건가요? 폭우 속에 음주 운전자를 그 도로에 보내서……

일순 모두가 얼어붙은 듯 조용해진다.

엘리

(욥에게)

맙소사. 정말 미안하네. 이 망할 놈의 입이…… 정말 미안해, 친구.

빌

(사무적인 태도로)

하나님은 의인에게 상을 주시고 악인을 벌하신다네. 성경에도 분명히 쓰여 있지 않나. 하나님께서 불의를 행하실 리가 없지. 절대 그런 일은 없어. 징계가 필요 없는 가벼운 죄 같은 건 세상에 없어. 우리는 그저 하나님을 신뢰하기만 하면 돼.

엘리는 이쯤 해서 끝내야 한다는 것을 알지만 빌이 토론의 승자처럼 보이는 것을 참지 못해 논쟁을 계속한다.

엘리

저도 그 말씀엔 동의합니다. 하지만 욥이 당한 일을 꼭 어떤 행위의 직접적인 결과라고 볼 필요가 있을까요? 몇 주 전에 일어났던 지진이나 수단의 기근처럼, 세상의 일반적인 죄에 대한 하나님의 진노라고 볼 수도 있지 않을까요? 욥이 포르노에 중독돼서 그런 게 아니라…….

신부 Z

욥이 정말 포르노 중독이야?

엘리

빌 교수님 말에 따르면, 모두가 포르노 중독이죠.

빌

그건 내가 하는 말이 아니라 페미니스트들이 하는 말이야.

엘리

(빌에게)

아무튼 저는 이런 일이 벌어진 게 하나님께서 욥의 전반적으로 악한 상태를 벌하시는 것이지, 어떤 특정한 죄 때문은 아니라고 생각합니다. 우리가 모두 경각심을 가져야 하는 이유죠. 재난은 티끌에서 일어나는 것이 아닙니다. 고생은 흙에서 나는 것이 아니라고요. 불꽃이 위로 날아가는 것처럼, 사람이

고난을 당하는 것은 숙명입니다.

신부 Z

욥 형제는 잘못한 게 없다고 생각하는 것 같은데…….

신부 Z의 말이 끝나기가 무섭게 모두의 시선이 신부 Z와 욥을 향한다. 욥도 고개를 돌려 신부 Z를 쳐다본다. 마치 처음 본 사람을 보는 듯한, 혹은 외국말로 된 표지판을 읽으려는 듯한 표정이다.

욥

뭐라고요?

신부 Z

욥 형제, 자신이 결백하다고 생각하십니까?

욥

겨…… 결…… 결백하다니요? 제…… 제가?

신부 Z

이런 일을 회개의 기회라고 생각하시냐는 말씀입니다.

욥은 좀처럼 대답을 못하다가 주저하며 입을 뗀다.

욥

아니요. 그렇게 생각하지 않습니다.

신부 Z

그렇게 말씀하시니 유감입니다.

욥

신부님, 전 잘못한 게 없어요.

신부 Z

(설교조로)

하나님께서 입을 여셔서 형제에게 말씀하시길, 그분이 지혜의 비밀을 드러내 주시길! 형제님은 하나님이 형제에게 내리시는 벌이 형제가 지은 죄보다 가볍다는 것을 알아야 합니다. 어떻게 잘못이 없다고 말할 수 있습니까? 하나님이 형제를 감옥에 가두고 재판을 여시면, 누가 감히 막을 수 있겠습니까? 형제여, 회개하는 마음으로 하나님께 나아가시오. 형제가 악에서 손을 떼면 하나님께서 이 일을 통해 선을 이루실 것입니다.

설교의 효과를 끌어올리려 신부 Z는 잠시 말을 멈춘다.

신부 Z

……그렇습니다. **이런 일**까지도 선하게 사용하실 수 있습

니다.

모두 신부 Z의 말을 듣고 깊은 생각에 잠긴다. 욥이 두 손으로 머리를 감싼다. 손가락에 결혼반지를 끼고 있다.
지기 싫은 마음에 빌이 한마디 덧붙인다.

빌

어쩌면 이 일이 욥의 죄 때문만이 아니라 사고와 관련된 다른 사람들의 죄와도 관련된 게 아닐지 모르겠네.

이 말에 욥은 고개를 들어 빌을 바라본다. 욥의 얼굴에서 처음으로 희미한 감정의 흐름이 느껴진다. 극도의 슬픔.
갑자기 세상이 멈춘다. 적막함이 모든 것을 삼킨다. 마치 누군가 음 소거 버튼을 누른 것처럼 식당의 소음도 사라진다. 테이블 위 형광등이 점점 밝아지면서 거의 모든 것이 밝은 빛에 묻힌다. 깜짝 놀란 교수들은 얼굴을 찡그리며 손으로 눈을 가린다.
식당 여직원의 실루엣이 당당하게 화면 안으로 등장한다. 그녀는 머리에 망을 쓰고 앞치마를 하고 있다. 꽉 끼는 고무장갑을 한 두 손은 허리춤에 올려져 있다.

식당 여직원

이제 그만들 하셔! 더는 못 들어 주겠으니까!

그녀에게서 진한 라틴아메리카 억양이 묻어 나온다.

식당 여직원

거짓말 좀 그만해, 이 바보들아. 신학 좀 했다고 너희들이 내 생각을 알아맞힐 것 같애? 지구를 공전하게 하는 존재가 누군 줄 알아? 누가 우주의 크기를 알고 있는데? 암흑 물질로 은하를 만들고 바다에서 생명을 빚어낸 이가 누구냐고? 모든 식물과 동물, 사람의 DNA를 알고 있는 자가 누군지 알아? 누가 인간의 슬픔과 아이의 눈물과 노예의 신음을 다 알아? 바다의 깊이를 헤아리고 비를 내리고 그치는 존재가 누군데? 누가 사람의 마음속을 거울처럼 들여다볼 수 있는지 아냐고?

그녀가 잠시 말을 멈춘다.

식당 여직원

맞아. **너희는 아니야.** 그러니 나의 종 욥을 놓아줘. 아무것도 잘못한 게 없으니까. 욥은 흠 없고 의로운 사람이야. 친절하고 진실하고. 너희 셋보다 백번 나은 사람이지.

교수들은 놀라서 벌어진 입을 다물지 못한다. 빌이 무슨 말을 하려고 입을 움직여 보지만 아무 소리도 나오지 않는다. 엘리와 신부 Z도 마찬가지. 천천히 일어나는 욥의 얼굴에 눈물이 흐른다. 나머지 세 사람은 미친 듯이 소리 없는 '대화'를 이어

간다.

식당 여직원

이리 오게, 욥. 난 다 알아. 네 맘속에 맺힌 게 얼마나 많은
지.

그녀가 화면 밖으로 사라진다. 그녀를 정신없이 따라나서
려는 바람에 욥이 의자를 넘어뜨릴 뻔한다.

조명이 다시 정상으로 돌아온다. 학생 **식당의 소음**도 다시
들린다. 하지만 논쟁을 지속하는 교수들의 목소리는 들리지 않
는다. 과장된 몸짓을 써 가며 자기 말이 맞다고 주장하는 그들
의 모습이 우스꽝스럽다.

그 모든 것 중앙에 빈 의자가 놓여 있다.

암전

지혜 이야기

의로운 삶을 살면 번창할 것이다. 불의한 삶을 살면 괴로울 것이다.

성경 곳곳에서 우리는 이처럼 단순한 대구를 쉽게 발견한다.

"죄인에게는 재앙이 따르지만, 의인에게는 좋은 보상이 따른다"(잠언 13:21).

"의인은 배불리 먹지만, 악인은 배를 주린다"(잠언 13:25).

"조금만 더 참아라. 악인은 멸망하고야 만다. 아무리 그 있던 자취를 찾아보아도 그는 이미 없을 것이다. 겸손한 사람들이 오히려 땅을 차지할 것이며, 그들이 크게 기뻐하면서 평화를 누릴 것이다"(시편 37:10-11).

이와 같은 보상과 징벌의 원칙은 이스라엘 역사 초기부터 유대 사회에 자리 잡았다. 하나님은 이스라엘의 조상들에게 십계명을 주시며 말씀하셨다. "너희 하나님 여호와께서 너희에게 명령하신 모든 도를 행하라. 그리하면 너희가 살 것이요 복이 너희에게 있을 것이며 너희가 차지한 땅에서 너희의 날이 길리라"(신명기 5:33, 개역개정). 실제로 여호수아가 하나님의 명령을 따랐을 때 이스라엘은 전투에서 승리했다. 반대로 병사 하나라도 하나님의 지침을 어겼을 때엔 온 군대가 흔들렸다. 이스라엘 백성은 자신들의 지도자가 하나님께 불순종했을 때 어떤 고초를 겪는지 똑똑히 지켜봤다. 사울은 왕위를 잃었고, 다윗은 아들 넷을 잃었으며, 솔로몬은 나라를 잃었다. 예언자들은 이스라엘이 바빌로니아로 추방된 것이 하나님의 징벌이라고 생각했다. 하나님께서 국가적인 탐욕과 우상 숭배, 가난한 자를 등한시한 데 대한 책임을 물으신 것이라고 보았던 것이다. 고통을 죄의 결과로 보는 이러한 시각은 1세기 유대인 사회에도 만연했다. 제자들은 날 때부터 맹인으로 태어난 사람을 두고 예수님께 물었다. "이 사람이 눈먼 사람으로 태어난 것이, 누구의 죄 때문입니까? 이 사람의 죄입니까? 부모의 죄입니까?"(요한복음 9:2)

성경을 피상적으로 읽는 사람은 성경이 하나님과 인간 사이에 맺은, 일종의 상호조약을 가르친다고 이해할 수도 있다. 올바르게 살고 명령을 잘 지키면 복을 받고, 거짓말하고 사기치고 훔치는 사람은 응당한 처벌을 받는다고.

하지만 그건 어디까지나 반쪽짜리 진실이다.

욥을 살펴보자.

욥은 매사에 흠이 없었다. 성경의 열여덟 번째 책은 이 주인공을 "흠이 없고 정직하다"고 묘사하며 "하나님을 경외하며 악을 멀리하는" 사람이라고 소개한다(욥기 1:1). 욥은 아내에게 충실하고 가난한 사람에게 친절했으며 일꾼들을 아량 있게 대했다. 수천 마리의 양과 낙타, 소를 소유한 대지주 욥에게는 열 명의 사랑스러운 자녀가 있었는데, 욥은 정기적으로 그들을 위해 하나님께 번제를 올렸다. 하나님은 이토록 고결한 삶을 사는 욥을 눈여겨보시고 급기야 욥이 모든 것을 다 잃어도 끝까지 신실할 것인지를 두고 사탄과 내기를 하기에 이른다. 성경에서 가장 상상력을 자극하고 우리를 어리둥절하게 만드는 장면 중 하나다. 하나님과 사탄의 내기로 인해 욥은 가축과 종들을 적군의 손에 잃는다. 그의 들판은 불타고, 돌풍에 천막이 무너져 자녀들마저 잃는다. 단 하루 만에 모든 것을 말이다. 욥 자신도 악성 피부병에 걸려 기와 조각으로 몸을 긁어야 할 지경에 이르렀지만, 결코 하나님을 저주하지 않는다. 그 대신 욥은 겉옷을 찢고 머리털을 밀고 이렇게 노래한다.

모태에서 빈손으로 태어났으니,
죽을 때에도 빈손으로 돌아갈 것입니다.
주신 분도 주님이시요, 가져가신 분도 주님이시니,
주님의 이름을 찬양할 뿐입니다. (욥기 1:21)

성 밖 잿더미에 앉아 슬퍼하던 욥에게 세 친구가 찾아왔다. 엘리바스, 빌닷, 소발(원한다면 엘리, 빌, 신부 Z라고 불러도 좋다). 그들은 7일 밤낮을 침묵하며 욥의 곁을 지킨다. 유대인 독자라면 누구나 친구들의 이러한 행위가 7일간의 애도 기간 동안 상주와 슬픔을 함께 나누는 의식임을 곧바로 알아챌 것이다. 하지만 욥이 절망에 차 자신의 생일을 저주하자 엘리바스는 참지 못하고 장황한 연설을 늘어놓는다. 그에 따르면 이런 비극이 일어난 것은 분명 욥이 죄를 지었기 때문이다. "죄 없는 사람이 망한 일이 있더냐? 정직한 사람이 멸망한 일이 있더냐?"(4:7)

엘리바스는 지금까지 내려오는 오래된 속담을 인용한다. "내가 본 대로는, 악을 갈아 재난을 뿌리는 자는 그대로 거두더라"(4:8).

즉, 뿌린 대로 거둔다는 말이다.

엘리바스의 독백을 시작으로 욥이 고통받는 이유와 지혜의 본질에 관한 열띤 토론이 이어진다. 욥기 마흔두 개의 장 중 상당 부분을 차지하고 있는 이 토론에는 가장 아름답고 시적인 성경 구절들이 포함되어 있다. 사람들이 엘리바스와 빌닷, 소발의 대사를 시편이나 잠언의 구절로 혼동하는 경우도 흔하다.

그러므로 너는 하나님과 화해하고,

하나님을 원수로 여기지 말아라.

그러면 하나님이 너에게 은총을 베푸실 것이다. (22:21)

하나님께 징계를 받는 사람은, 그래도 복된 사람이다.

그러니 전능하신 분의 훈계를 거절하지 말아라.

하나님은 찌르기도 하시지만 싸매어 주기도 하시며,

상하게도 하시지만 손수 낫게도 해 주신다. (5:17-18)

네가 하나님의 깊은 뜻을 다 알아낼 수 있느냐?

전능하신 분의 무한하심을 다 측량할 수 있느냐?

하늘보다 높으니 네가 어찌 미칠 수 있으며,

스올보다 깊으니 네가 어찌 알 수 있겠느냐?

그 길이는 땅 끝까지의 길이보다 길고,

그 넓이는 바다보다 넓다. (11:7-9)

친구들의 말은 욥에게 전혀 위로가 되지 못했다.

"나를 위로한다고 하지만, 오히려 너희는 하나같이 나를 괴롭힐 뿐이다. 너희는 이런 헛된 소리를 끝도 없이 계속할 테냐?"(16:2-3)

친구들은 욥을 비난하고 거만하게 판단하지만, 욥은 결백을 주장한다. 그는 단지 자신의 아픔과 당혹스러움, 하나님에 대한 실망감을 솔직히 나누었을 뿐이다. 욥은 하나님께 설명해 달라고 애원한다.

마침내, 서른일곱 장에 걸친 인간들의 설교가 끝나고 하나님이 입을 여신다. 회오리바람에서 나오는 천둥 같은 목소리로 그분은 물으신다. "내가 땅의 기초를 놓을 때에, 네가 거기에

있기라도 하였느냐? 네가 그처럼 많이 알면, 내 물음에 대답해
보아라.⋯⋯ 네가 지금까지 살아오면서 네가 아침에게 명령하
여, 동이 트게 해 본 일이 있느냐? 새벽에게 명령하여, 새벽이
제자리를 지키게 한 일이 있느냐?"(38:4, 12)

　　이어서 고대 세계에서 가장 아름답다고 기억되는 시가 시
작된다. 여기서 저자는 전 우주에 걸친 하나님의 섭리를 열거
하는데, 그 범위와 상세함이 숨 막힐 지경이다. 하나님은 달과
별, 천둥과 눈, 이슬과 파도를 주관하신다. 그분은 수탉이 우는
것과 산염소가 새끼 낳는 것과 들나귀가 자유롭게 되는 것과
타조의 날갯짓을 기뻐하신다. 또 그분은 행성의 궤도와 번개의
가는 길을 모두 아시는 분이라고 본문은 선포한다. 하나님은
낚시로 바다 괴물을 낚으실 수 있고, "북두칠성에게 굴레라도
씌우고 오리온 성좌의 사슬을 풀어"(38:31) 주는 분이다. 세상
에서 가장 무섭고 길들여지지 않은 피조물인 레비아단마저 하
나님의 사랑을 받는다. 욥을 모태에서 창조하셨듯이 그분은 거
대한 파충류의 비늘 하나하나를 정교하게 심으셨다.

　　엄밀히 말해, 이는 신정론(왜 하나님이 세상에 고통과 악을 허
락하시는가)에 대한 답은 아니다. 하지만 질문에 관련된 답만 찾
는 우리의 좁은 시야를 넓혀 광대한 우주를 품게 하고 타조 깃
털의 미세한 흔들림까지 생각하게 만드는, 예상을 뛰어넘는 명
답인 것만은 분명하다.

　　한 편의 파노라마와 같은 시로 답하신 하나님은 이제 욥의
친구들에게 욥처럼 진실을 말하지 않았다고 꾸짖으시며 속죄

의 제사를 올리라고 명하신다. 그리고 마지막으로 그들에게 날리는 통쾌한 한 방! 세 철학자가 그토록 죄인이라고 정죄했던 욥이 그들을 위해 기도해야만 "기도를 기쁘게 받고 너희가 우매한 만큼 너희에게 갚지 아니하겠다"(42:8)고 말씀하신다.

욥은 건강이 회복되고 그의 재산은 갑절이 되었다. 그 후 열 명의 자식을 더 보았고 "나이가 차서" 140세에 세상을 떠났다(17절). 하나님은 사탄과 했던 내기에 대해서 욥에게 일언반구도 꺼내지 않으신다.

욥기의 문학적 가치에 의문을 제기할 사람은 없을 것이다. 욥기의 시적 이미지와 주제는 헨델의 「메시아」에서부터 조셉 스타인의 「지붕 위의 바이올린」, 도스토옙스키의 『카라마조프가의 형제들』에 이르기까지 서구 문화에 지대한 영향을 끼쳤다. 욥기의 문학적 장르를 정의하기란 쉽지 않다. 어떤 이는 설화라고 하고 어떤 이들은 신학적 사색이라고도 한다. 영국의 시인 테니슨은 욥기를 두고 "고대와 현대를 통틀어 가장 위대한 시"라고 치켜세웠다.[1] 하지만 대다수 사람들은 욥기가 전형적인 지혜 문학이라는 데 의견을 같이한다.

고대 근동 세계에서 지혜는 단순한 미덕이 아니었다. 지혜는 모두가 탐내는 유용한 자산인 동시에 충만하고 명예로운 삶을 약속하는 보증 수표였다. 잠언은 지혜를 금과 은, 진주에 비교하면서 "네가 갖고 싶어 하는 그 어떤 것도 이것과 비교할 수 없다"(잠언 3:15)고 찬사를 아끼지 않는다. 따라서 궁전의 현인과 현자들은 유명 연예인과 같은 대접을 받으면서 간결하고 외우기 쉬운 형태의 격언과 수수께끼로 문하생들을 가르쳤다. 그들은 주로 진리와 고통, 하나님과 우주의 본질에 관해 토론했다. 현존하는 지혜 문학 중에는 직설적이고 실제적인 처세술을 다루는 것도 있고, 사색적이고 자기 성찰적이며 심지어 비관적인 글도 있다. 개신교 성경은 욥기, 시편, 잠언, 전도서, 아가서를 한데 묶어 지혜 문학으로 분류한다. 유대인은 이를 케투빔 곧 '성문서'의 일부로 간주하는데, 율법이나 예언서의 범주에 들지 않는 문서들을 일컫는다.

지혜 문학은 잠언처럼 짧고 교훈적인 형태를 띠기도 하고, 시편이나 아가서처럼 시의 형태를 띠기도 하며, 욥기나 전도서처럼 이야기 또는 독백의 형식을 취하는 경우도 있다. 성경의 지혜 문학이 다루는 내용은 술 취함을 경계하는 것에서부터 시작해서 E. L. 제임스*가 얼굴을 붉힐 정도로 관능적인 시, 실존적 위기를 겪는 부유한 현인의 깊은 묵상, 훌륭한 아내의 덕목을 찬미하는 이합체** 시에 이르기까지 매우 방대하다. 성경의 지혜 문학에서 내가 가장 좋아하는 것을 꼽으라면 잠언 27장 14절일 것이다. "이른 아침에 큰 소리로 자기 이웃을 축복하면 도리어 저주같이 여기게 되리라."

성공회 예배에서 자주 말하듯, **이것은 주님의 말씀이다.**

지혜 문학은 현실 속에 숨겨진 진리를 드러내어 독자 혹은

---

* 에로틱 로맨스 소설 『그레이의 50가지 그림자』를 쓴 영국 소설가.
** 각 행의 첫 글자를 연결하면 특정 어구가 되는 형식.

청중을 일깨우는 데 그 목적이 있다. 성경이 말하는 지혜는 단일한 결정이나 믿음 또는 규칙이라기보다 인생의 변곡점이나 갈림길에서 끊임없이 찾아야 할 '길' 혹은 '방향'에 가깝다.

대학 때 심리학 개론 교수님이 잠언을 읽으면서 '길'이란 단어에 모조리 동그라미를 쳐 보라는 과제를 내 주신 적이 있었다. 지혜가 일련의 규칙을 철저히 지키는 것이나 상상력을 동원해 '하나님의 뜻'을 알아맞히는 것이 아님을 보여 주기 위해 교수님이 생각해 낸 과제였다. 지혜는 겸손하고 신실하게 한 걸음씩 내딛는 삶의 방식이다. 전공을 선택할 때나 동창회 날을 정할 때, 학생회장 출마를 고민할 때 언제나 그것이 하나님의 뜻인지 노심초사했던 나는 이 수업을 통해 엄청난 마음의 평화를 얻었다.

그렇다면 욥기는 지혜에 대해 뭐라고 말할까?

우선, 실제로 고통을 겪어 본 사람의 지혜는 그렇지 않고 사색만 한 사람의 지혜보다 가치가 있다.

구약학자 엘런 데이비스는 그녀의 놀라운 저서 『하나님의 진심』이라는 책에서 이렇게 썼다. "욥기를 통해 우리는 고통 가운데 있는 사람에게 독특한 신학적 권위가 있다는 사실을 발견하게 된다. 하나님에게 불평하고 애원하고 격분하는 자는 한순간도 하나님을 놓아주지 않는다. 그리고 마침내 신비의 세계로 들어간다. 오직 고통받는 자에게만 열리는 문을 지나 하나님과 대화할 자격을 얻는다. 세상에서 '잘나가는 사람'은 결코 경험할 수 없는 아주 특별한 대화로 초대받는 것이다."[2]

우리가 더 주목해야 할 점은 욥기가 다른 성경에서 말하는 지혜, 곧 선한 사람에게 좋은 일이 생기고 악한 사람에게 나쁜 일이 생긴다는 관념에 이의를 제기한다는 것이다. 교수이자 작가인 티모시 빌은 욥기를 다음과 같이 소개한다. "욥기는 성경을 가로지르는 단층선과 같다. 신명기 같은 율법책에서 인정하는바 의인은 복을 받고 불순종하는 자는 저주를 받을 것이라는 도덕적 세계관의 기반을 흔들어 금이 가게 하는 곳이 바로 욥기다."[3]

사실 성경의 지혜 문학에서 징계와 보상이라는 일반적인 관점이 아닌 **다른 식의 해석**을 시도하는 것이 욥기만은 아니다. "조금만 더 참아라. 악인은 멸망하고야 만다"(시편 37:10)라고 선포했던 시편 기자가 다른 곳에서는 "너희가 언제까지 부정한 재판을 하며 언제까지 악인들을 두둔할 작정이냐?"(시편 82:2)라며 따진다. 고뇌에 찬 시편 기자는 악인의 성공과 그들이 누리는 사치와 향락을 한탄한다. "사람들이 당하는 고난이 그들에게는 없고 사람들이 당하는 재앙도 그들에게는 없나니…… 내가 내 마음을 깨끗하게 하며 내 손을 씻어 무죄하다 한 것이 실로 헛되도다"(시73:5, 13 개역개정). 전도서 저자는 이보다 좀 더 쿨하다. "좋은 때에는 기뻐하고, 어려운 때에는 생각하여라. 하나님은 좋은 때도 있게 하시고, 나쁜 때도 있게 하신다"(전도서 7:14).

결론적으로 성경은 고통과 축복에 관해 단일한 결론을 도출하지 않는다. 정확히 말하자면, 성경적인 신정론은 **하나가** 아닌 다수가 존재하는 셈인데, 성경을 저술하고 편찬한 이들은 이러한 긴장을 자연스럽게 받아들였던 듯하다.

욥의 친구들은 어떠한 상황에서 진실인 것이 모든 상황에서도 진실일 것이라고 가정하는 오류를 범했다. 이러한 오류는 보편적인 답을 찾기 위해 눈에 불을 켜고 성경을 읽는 현대의 독자들에게도 흔하다. 엘리바스, 빌닷, 소발이 욥에게 건넸던 말 중에는 나름 '성경적인' 것도 있었지만, 앞뒤 맥락을 잘 살펴보면 금세 진실이 아니라는 것을 알 수 있다. 따라서 우리는 "성경 말씀에 따르면"으로 시작하는 거창한 말들을 경계해야 한다. 성경 말씀을 갖다 대기 전에 **"어디에서?" "누구에게?" "어떤 맥락에서?" "왜?"**를 물어야 한다. 사도 바울이 그의 편지에서 갈라디아 성도들의 선행을 독려하기 위해 "심은 대로 거둘 것입니다"(갈라디아서 6:7)라고 했던 말을 욥과 같이 역경에 처한 사람에게 사용하는 것은 대단히 부적절하다. 고발자로 변해 버린 친구들에게 욥이 퍼부었던 비난이 충분히 타당했던 이유다. "너희가 참으로 잠잠하면 **그것이 너희의 지혜일 것이니라**"(욥기 13:5, 개역개정).

지혜의 쓸모는 상황에 따라 달라진다. 무엇을 말하느냐가 중요한 게 아니라 언제 말하느냐가 중요하며, **무엇이 사실이냐**가 중요한 게 아니라 **언제** 그것이 사실이 되는지 아는 게 중요하다.

심은 대로 거둔다. 맞는 말이다. 아예 심지 않을 때는 제외하고는.

따라서 성경의 지혜를 이해하는 첫걸음은 다변적인 지혜의 속성을 부인하지 말고 받아들이는 것이다. 전도서의 현인이 말했듯이, "모든 일에는 다 때가 있다.…… 통곡할 때가 있고, 기뻐 춤출 때가 있다.…… 찢을 때가 있고, 꿰맬 때가 있다. 말하지 않을 때가 있고, 말할 때가 있다. 사랑할 때가 있고, 미워할 때가 있다"(전도서 3:1, 4, 7-8).

이론의 여지가 있을 수 있겠지만, 나는 전도서의 이 구절에 욥의 친구들이 들었으면 좋았을 법한 지혜가 담겨 있다고 생각한다. 당신의 친구가 가족을 잃고 슬픔에 젖어 잿더미 위에 앉아 있을 때, 게다가 악성 피부병까지 찾아와 기와 조각으로 긁어야 할 만큼 괴로워할 때, 그때 당신은 입을 다물어야 한다. 말하는 대신 듣고, 함께 슬퍼해야 한다.

독일계 유대인 철학자인 테오도르 아도르노가 이렇게 말한 적이 있다. "진리를 알기 원한다면 고통에 입을 달아 주어야 한다."[4] 성경의 전쟁 이야기는 하나님께서 그분의 자녀들이 말하고 싶은 대로 내버려 두는 것이 위험한 일일 수 있음을 우리에게 보여 주었다. 그러나 성경의 지혜 이야기는 그것이 불가피한 일이며 동시에 아름다운 일임을 피력한다. 역설적인 욥기, 불편할 정도로 솔직한 시편, 고뇌에 찬 전도서는 우리에게 하나님께 울부짖고, 따져 묻고, 요구하고, 그분과 논쟁하면서 쉬운 답에 안주하지 말고 인생의 중요한 질문에 대한 답을 찾아 가라고 도전한다. 성경에는 살면서 마주치는 기쁨의 순간들과 슬픔의 순간들 그리고 복잡하고 다양한 인생사가 담겨 있다. 욥기에서 명예의 전당에 오르는 사람은 가방끈 긴 신학자가 아니라 '하나님께 감히 말다툼을 건' 솔직하고 용기 있는 자다.

∽

젊은 시절 내가 알고 있던 성경은 여러 면에서 의심을 불러올 수밖에 없었다. 미국식 복음주의가 내게 성경에 대한 건전한 애정과 존중심을 심어 준 것은 사실이다. (그렇지 않았다면 내가 이런 책을 쓸 일도 없었을 것이다.) 그러나 동시에 그것은 성경에서 기대해서는 안 될 것을 기대하라는 그릇된 가르침도 주었다. 그 가르침에 따르면, 성경에는 모순이 전혀 없고 언제나 참된 세계관이 존재한다. 그리고 이 세계관을 통해 우리는 기후변화가 사실인지, 왜 하나님이 세상에 고통을 허락하시는지, 어떻게 결혼 생활을 원만하게 유지하며 아이들을 순종적으로 키울 수 있는지와 같은, 일상에서 맞닥뜨리는 모든 문제에 대해 명확하고 보편적인 답을 찾을 수 있다. 결론적으로, 내가 배운 성경은 일종의 인생 지침서이자 천국에 가는 법을 알려 주는 필수 교과서였다. 그 당시 나의 성경은 어떠한 오류와 모순도 있을 수 없는 논리적 완전체였으며 온갖 정치적, 사회적 이슈에 관해 믿을 만한 답을 주는 만물박사였다.

그 결과, 나는 보수적인 기독교 대학을 졸업하면서 미국의 역사와 경제학, 각종 성 이슈, 과학, 정치, 대중문화에 대해 나름 **성경적인** 관점을 갖췄다고 생각했다. 하지만 문제는 대부분

의 경우 이런 성경적인 관점을 뒷받침한다고 외웠던 성경 구절
들이 사실은 특정한 사상—대개 정치적으로 보수적인 사상—
에 유리하도록 선별된 것이라는 점이다. 이러한 사실은 졸업
후, 나와 다른 투표 성향과 신앙관과 예배관을 견지하면서도
필요할 때면 언제나 성경 구절을 인용하여 자신의 견해를 변호
하는 독실한 기독교인들을 만나면서 더 분명해졌다. 과학과 여
행, 문학, 그리고 다른 신앙과 배경을 가진 사람들과의 접촉면
을 늘려 갈수록 이전에 '성경적'이라고 간주했던 입장들이 이
제는 더 이상 감정적으로나 지성적으로 옹호할 수 없는 주장으
로 변해 갔다. 실례로, 내가 배웠던 '성경적' 경제학의 토대는
바울이 데살로니가 교회에 내렸던 지침 곧 "일하기 싫어하는
사람은 먹지도 말라"(데살로니가후서 3:10)는 구절이었는데, 가
난한 사람을 위한 경제적 정의를 요구하고 일할 수 없는 소외
계층을 돌보라고 말하는 다른 성경 구절들을 무시하지 않는 한
그런 경제학에 '성경적'이라는 말을 붙일 수는 없을 것이다. 지
역 무료 건강 진료소에서 자원봉사를 하면서 나는 약값을 감당
못해 끔찍한 질병을 안고 살아야 하는 환자들과 함께 여러 번
울어야 했다. 이 경험은 의료 제도에 관한 한 시장에 맡기는 것
이 유일한 **성경적** 해법이라고 믿었던 내 생각을 완전히 뒤엎어
놓았다. 결혼 생활을 시작하자, 남편에게는 가장이라는 왕관을
씌워 주는 대신 아내에게는 가사와 양육에만 집중할 것을 요구
하는 '성경적 결혼의 원리'가 현실과는 너무나 동떨어져 있다
는 것을 깨닫게 되었다. 실제로 우리 부부는 상하 관계가 아닌

동반자 관계에 더 가까웠는데, 건강한 결혼 생활을 위해서는 그런 관계가 더 적합했다.

각자 다른 상황에 처해 있는 사람들에게 항상 동일한 처방만을 내리는 인생 지침서 같은 성경은 복잡다단한 현실에 전혀 맞지 않는다. 실제로 내 주변에는 우울증이나 불안감, 중독으로 인해 전문적인 상담이나 약물 치료가 필요한 상황임에도 성경이 치유해 줄 것이라는 말만 듣고서 오랫동안 괴롭게 살아가는 사람들이 부지기수다.

나는 언제나 성경을 더 많이 읽을수록 더 명쾌한 견해를 갖게 될 것이라 기대했다. 하지만 침실 탁자 위에 『속죄에 관한 네 가지 견해』, 『지옥에 관한 세 가지 견해』, 『진화에 관한 다섯 가지 견해』, 『동성애에 관한 네 가지 견해』 같은 책들이 어지럽게 쌓여 갈 때, 나는 분명히 깨달았다. 성경의 권위에 기대어 말하는 사람들 사이에서도 성경의 메시지는 언제나 명백한 것이 아니라는 것을. 사실 수천은 아닐지라도 수백 개에 달하는 기독교 교단이 존재하는 것을 볼 때, 이는 그리 놀랄 일도 아니다.

가톨릭 사회학자 크리스천 스미스는 이런 현상을 "해석 다원주의의 유행"이라고 불렀다. 그는 성경을 진리라고 믿는 사람들 사이에서조차 성경의 가르침에 관한 다양한 해석과 적용이 존재하는 현실을 지적한 것이다. 이러한 현실에서 성경이 누구나 쉽게 이해할 수 있는 인생의 청사진이며, 신자들이 언제나 신봉할 수 있는 완벽한 가르침이라는 주장에 선뜻 고개를 끄덕이기는 어렵다.

스미스는 자신의 책 『마스터하기 불가능한 성경』에서 다음과 같이 적고 있다. "아무리 선한 의도를 갖고 최선을 다해 성경을 이해하려고 해도, 사람들은 가장 핵심적인 주제에서조차 서로 다른 가르침을 얻는다."[5]

죄 고백이나 회개, 가난하고 억압받는 자들을 위한 정의, 이웃 사랑, 이방인을 향한 환대 같은 주제들이 성경에서 반복되고 있는 것은 사실이지만, 이것을 어떻게 요즘 시대의 결혼 생활이나 공공 정책, 일상적인 의사 결정에 적용할지는 항상 분명한 것은 아니다. 시, 이야기, 편지, 예언 등 다양한 문서로 이루어진 책의 내용을 몇 가지 항목으로 보기 쉽게 정리하기란 쉬운 일이 아니다. 따라서 몇 개의 선별된 구절을 나침반 삼아 인생의 항로를 정하려 한다면, 길을 찾기보다는 잃을 가능성이 더 농후하다.

현대인들은 일단 내비게이션에 목적지를 입력하고 나면 기본적인 상식과 직감을 아예 무시하는 경향이 있다. 내비게이션의 상냥한 목소리가 기존에 알지 못하던 출구로 안내하거나 현수교 한가운데서 유턴을 하라고 시키는 일이 발생하는데도 말이다. 인기리에 방영된 「오피스」라는 코믹 시트콤에서 정말로 이런 상황이 벌어진다. SUV를 타고 출장길을 나선 마이클과 드와이트는 내비게이션만 믿고 가다가 길에서 벗어나 호수에 빠져 버린다. 마이클은 그 와중에도 "내비게이션이 맞다고!"라고 소리친다.

나는 멀쩡한 사람이 마이클처럼 자신과 가족, 교회, 공동체, 심지어 나라까지 호수에 빠뜨리는 경우를 많이 봐 왔다. 그들은 끝까지 큰 소리로 외쳤다. "성경이 맞다고!"

성경은 해답을 모아 놓은 책이 아니다. 엄밀히 말해 성경은 한 권의 책이라고 할 수도 없다. 오히려 그것은 다양한 고대 문서들의 모음집이라 할 수 있다. 문서의 시기는 여러 세기에 걸쳐 있고, 장르와 문화적 배경 또한 다양하다. 저자들의 저술 관점 역시 제각기 다르다. 다른 고대 문서들처럼, 성경의 문서들도 오랜 기간 편집과 수정, 필사, 번역 작업을 거쳤으며, 누구도 원본을 가지고 있지 않다. 이런 고문서들은 정경화되기 이전 다양한 조합의 두루마리나 조악한 묶음 형태로 회독되었다. 물론 그보다 더 이전에는 구전되었다. 예수님이 알고 가르치셨던 성경은 기독교 서점에서 파는 성경과는 판이했다. 교회에서 애지중지하는 가죽 장정의 큼지막한 성경은 더더욱 아니었다. 예수님 사후 1세기가 지나도록 유대인들은 여전히 어떤 문서를 성경에 포함해야 할지를 두고 논쟁을 벌였다. 기독교인들 역시 같은 문제를 놓고 종교개혁 시기까지 갑론을박했다. (루터가 야고보서를 '지푸라기 서신'이라 부르며 성경에서 제외하고 싶어 했던 것이 그 좋은 예다.)[6]

가톨릭 수사와 동방정교회의 사제, 개신교 목사, 개혁파 랍비에게 성경이 몇 권의 책으로 이루어졌는지 물어보라. 분명 각기 다른 네 개의 답변을 듣게 될 것이다. 이들은 성경의 장르를 구분하는 방식에서도 차이를 보인다. 성경 속에 섞여 있는 이야기와 시, 격언, 편지, 율법, 족보, 비유, 그리고 여러 가지 다른 유형의 문서들은 우리와 다른 문화적 배경에서 저술됐기 때문에 분류가 매우 까다롭다.

그러한 이유로 성경은 절대 좋은 인생 지침서라 할 수 없다. 성경은 좀처럼 쉽게 답을 내놓지 않는다. 사람들이 어떤 직업을 구해야 할지, 어떤 사람과 헤어져야 할지 고민할 때 심심풀이로 물어보는 마법 구슬과 성경은 차원이 다르다. 성경을 각종 사회적, 신학적, 정치적 이슈에 관해 하나님의 의견을 밝혀 놓은 성명서로 생각하는 것도 금물이다. 우리는 언제나 명쾌한 답을 원하지만, 하나님께서 우리에게 주신 성경은 그와는 거리가 멀다. 복잡하고 상충하는, 폭넓고 깊은 인생의 경험들이 반영된 성경은 다양한 목소리와 견해들이 이루는 불협화음 때문에 잠시도 조용할 날이 없다.

성경의 다양성이 가장 화려하게 꽃피운 곳은 아마도 지혜 문학일 것이다. 잠언이 "지혜가 으뜸이니, 지혜를 얻어라. 네가 가진 모든 것을 다 바쳐서라도 명철을 얻어라"(4:7) 하고 외치면, 전도서의 저자는 "지혜가 많으면 번뇌도 많고, 아는 것이 많으면 걱정도 많더라"(1:18) 하고 받아친다. 잠언 17장 22절은 "즐거운 마음은 병을 낫게 하지만, 근심하는 마음은 뼈를 마르게 한다"고 얘기하는 반면, 전도서 7장 3절은 "슬픔이 웃음보다 나은 것은, 얼굴을 어둡게 하는 근심이 마음에 유익하기 때문이다"라고 말한다. 생기 넘치는 잠언 누님과 음울한 전도서 남동생 사이에만 긴장이 있는 것은 아니다. 잠언 26장에 나란히 자리 잡은 이 두 구절을 보라.

> 미련한 사람이 어리석은 말을 할 때에는 대답하지 말아라. 너
> 도 그와 같은 사람이 될까 두렵다. (4절)
> 미련한 사람이 어리석은 말을 할 때에는 같은 말로 대응하여
> 주어라. 그가 지혜로운 체할까 두렵다. (5절)

이와 같은 예는 시편과 잠언, 전도서에서만 십여 개가 넘는
다. 요점은 성경의 구절들이 언제나 일관성을 띠는 것은 아니
라는 것이다. 티모시 빌은 이를 두고 "성경은 모순을 정경화했
다"고 표현했다.[7]

문자를 곧이곧대로 해석하는 현대인들은 성경 속에 존재
하는 이런 모순을 보고 당황할 수도 있겠지만, 성경의 저자와
편집자들은 굳이 그것을 없애려 하지 않았다. 오히려 유대인
독자들은 이를 즐겨 토론과 논쟁의 대상으로 삼았다. 어떤 상
황에서 지혜로운 일이 될 수 있는 것이 다른 상황에서는 어리
석은 일이 될 수 있다는 사실, 즉 지혜가 유동적이라는 사실을
모를 정도로 고대인들의 삶이 현실과 동떨어지진 않았다.

하나님이 우리에게 주신 성경은 반듯하게 정리된 정답지
가 아니다. 하나님은 우리에게 오랜 세월 다양한 상황을 거치
며 검증된, 영감이 깃든 다양한 문서의 모음집을 주셨다. 그것
은 이 문서들을 종합적으로 읽음으로써 복잡한 문제를 너무 단
순한 해법으로 해결하려는 오류를 피해 가게 하려는 하나님의

배려다. 우리가 지혜롭게 성경을 읽고 분별 있게 해석하고 다른 의견에 대해 열린 자세를 견지할 것이라 믿고 우리에게 성경을 맡기신 하나님의 신뢰가 느껴지지 않는가.

티모시 빌은 자신의 책에서 이렇게 말했다. "성경이 명쾌한 답을 제시하는 책이라는 그럴듯한 주장은 독자를 영적으로 미성숙한 상태에 머물게 한다.…… 그런 주장은 성경의 역사적, 문학적 깊이 때문에 답을 쉽게 찾지 못하는 독자들에게 고민하지 않아도 된다고 유혹함으로써 그들을 영원히 '사춘기 신앙'에 멈춰 있게 한다. 어느 시점에서는 답이 아니라 답을 찾으려는 과정이 더 중요하다는 것을 신뢰하면서 애니 딜라드가 말한 '인생의 괴물들'과 정면 승부를 펼쳐야 하는데도 계속 회피하게 만드는 것이다."[8]

우리는 기독교 서적이나 영화, 음악, 예술에서 이러한 사춘기 신앙을 종종 발견한다. 아무리 좋은 의도를 가지고 창작에 임하더라도 이처럼 우리 신앙의 입맛에 맞는 단순화된 이야기를 만들려는 유혹에 빠지곤 한다. 물론 나도 예외일 순 없다. "세상이 궁금해하는 질문에 답을 줄 수 있는 사람은 바로 우리다." 이런 주제넘은 생각은 자칫 지나치게 엄격하고 교훈적인 작품을 만들어 내기 쉽다. 그러한 작품은 특정 사상을 뒷받침하기 위한 도구가 될 수는 있어도, 실생활에서 우리가 겪는 경험의 섬세함이나 아름다움을 담아낼 수는 없다. 정형화된 틀이나 깔끔한 구성으로는 날것 그대로의 경험을 제대로 표현할 수 없기 때문이다. 최근 지독한 무신론자 교수에 영웅적으로 맞선 어느 기독교인 학생의 이야기를 다룬 영화가 6천2백만 달러 이상의 수입을 거둬들이며 흥행에 성공했다. 하지만 영화 막바지에서 무신론자 교수가 교통사고로 죽어 가며 도로 위에서 하나님을 만나게 된다(스포 주의!)는 무리한 설정은 여전히 많은 아쉬움을 남긴다.

이 영화와 아주 대조되는 영화가 2013년 조용히 아카데미상을 거머쥔 「필로미나의 기적」이다. 신앙을 다룬 영화 중에서 내가 가장 사랑하는 영화이기도 하다. 이 영화는 오래전에 잃어버린 아들을 찾아 나선 독실한 아일랜드 여인(주디 덴치 분)의 가슴 아픈 여정을 따라간다. 1950년대에 다른 많은 미혼모와 함께 수녀원에 갇혀 살던 필로미나는 수녀들에 의해 강제로 아들을 입양 보내게 된다. 아들을 찾아가는 그녀의 여정에 동행한 이는 이런 여행과는 좀처럼 어울리지 않는, 한물간 기자 마틴 식스미스(스티브 쿠건 분)이다. 그는 자신의 손상된 명예가 회복되기를 기다리며 이 "흥미로운 인간 드라마"를 기록하기 위해 마지못해 길을 나선다. 이 영화의 대사는 재치 있고 유머가 넘치면서도 흐트러짐이 없다. 주디 덴치는 세상 물정 모르는 시골 할머니 필로미나 역을 훌륭히 소화한다. 저급한 로맨스에 푹 빠진 필로미나의 진부한 감각 때문에 뻐딱한 마틴은 늘 짜증을 내지만, 둘 사이에 주고받는 대화는 언제나 유쾌하면서도 심오하다. 한 장면에서 필로미나는 마틴에게 하나님을 믿느냐고 물어본다. 마틴은 조금 불편해하며 그런 질문에 대답하는 일이 왜 불가능한지, 알 수 없는 것을 아는 체하는 게 얼마나 교만한 일인지에 대해 긴 독백을 늘어놓는다. 반면 마틴이 같은 질문으로 되묻자 필로미나는 아주 간결하게 답한다. "물론이죠."

그렇다고 이 영화가 두 등장인물을 단면적으로 묘사하는 것은 아니다. 이들은 흠결이 있지만 인정 많고, 복잡하면서도 의외의 구석이 있다. 흔히 무신론자는 신앙인을 맹목적으로 적대시하는 사람으로 묘사되곤 하지만, 영화 속 마틴은 종교를 탐탁지 않게 생각하는, 충분히 이해할 수 있고 공감할 만한 이유를 가지고 있다. 그가 처한 상황을 고려해 봤을 때는 더더욱 그렇다. 다섯 번 넘게 영화를 보고도 나는, 그가 교회가 저지른 악을 폭로하라고 필로미나를 설득하는 장면에서 여전히 고개가 끄덕여진다.

"난 그 악이라는 단어가 맘에 안 들어요." 필로미나가 말한다. 기자 마틴은 다독이듯이 대답한다. "악이 꼭 나쁘기만 한 건 아니에요. 특히 글을 쓸 때는……."

절제됐지만 대범하고, 조용하지만 심오한 필로미나의 믿음은 영화 내내 마틴과 관람객을 어리둥절하게 만든다. 그러나 결말 부분에서 우리는 두 사람의 감동적인 화해를 목격한다. 순진한 필로미나를 배신한 수녀원이 어떻게 그녀를 학대했는지 알게 되면서 마틴은 기가 막히고 분노가 치밀어 오르지만, 그럼에도 수녀원에서 운영하는 기념품 상점에서 필로미나에게 줄 선물을 산다. 그리고 그녀가 가장 상처받을 것 같은 순간에 사랑을 담아 선물을 전달한다.

이 영화는 실제 우리가 경험하는 삶의 모습을 조심스럽고 절제된 시각으로 잘 그려 냈다. 선과 악, 영웅과 악당, 옳고 그름을 선명하게 대비시키는 것이 기사 제목을 붙일 때는 도움이 될지 몰라도 평범한 신앙인들의 삶을 반영하기에는 적절하지 않다. 「필로미나의 기적」은 내가 본 영화 중에서 신앙을 가진 인물과 회의적인 인물 양쪽 모두에게 깊이 공감할 수 있는 흔치 않은 영화였다. 전적으로 이야기가 사실적으로 느껴졌기 때문이다.

이처럼 삶의 복잡성을 과감히 끌어안는 이야기를 만들 때 우리는 성경 속 지혜 문학의 후예가 되어 모든 예술가에게 부여된 임무, 곧 지시하고 가르치고 포장하는 것이 아닌 진실을 전하는 임무를 수행한다. 때로는 아름답고, 때로는 추하고, 또 때로는 놀라운 진실을 말이다. 6천2백만 달러를 벌어들이지는 못하겠지만 적어도 우리는 "명철의 길을 따라" 걸어가는 행렬에 동참하게 된다(잠언 9:6).

진실을 가감 없이 전달하는 작품을 쓸 수 있다면 나는 어떠한 도전도 즐거이 받아들일 것이다. 바라건대, 나의 삶도 그처럼 진실하기를.

⁓

하나님이여, 주의 생각이 내게 어찌 그리 보배로운지요.

그 수가 어찌 그리 많은지요.

내가 세려고 할지라도

그 수가 모래보다 더 많도소이다.……

하나님이여, 나를 살피사 내 마음을 아시며
나를 시험하사 내 뜻을 아옵소서.
내게 무슨 악한 행위가 있나 보시고
나를 영원한 길로 인도하소서.

(시편 139:17-18, 23-24)

시편 139편은 내가 가장 좋아하는 성경 말씀 중 하나다. 그런데 나 혼자만 그런 것 같지는 않다. 이 말씀이 인쇄된 탁상용 달력이나 머그잔을 어디서나 쉽게 보게 되니 말이다. 교단을 가리지 않고 이 시편은 기도문과 찬양 가사로 인기가 높다.

하지만 사람들은 거의 예외 없이 선택적으로 시편 139편을 인용한다. 다음과 같이 파격적인 문장을 생략 부호로 손쉽게 숨겨 가면서.

하나님이여, 주께서 반드시 악인을 죽이시리이다.
피 흘리기를 즐기는 자들아, 나를 떠날지어다.
그들이 주를 대하여 악하게 말하며
주의 원수들이 주의 이름으로 헛되이 맹세하나이다.
여호와여, 내가 주를 미워하는 자들을 미워하지 아니하오며
주를 치러 일어나는 자들을 미워하지 아니하나이까.
내가 그들을 심히 미워하니

그들은 나의 원수들이니이다.

(시편 139:19-22)

확실히 안부를 묻는 카드에 인용할 수 있는 말씀은 아니다.

시편에 관한 가장 흔한 오해는, 시편에는 위로의 말씀과 찬양만 있다고 생각하는 것이다. 바빌로니아 포로기 이후 유대인들은 150개의 노래와 시로 이루어진 시편을 찬송가처럼 사용했고, 지금도 많은 유대교와 기독교 전통에서 시편을 기도문으로 사용한다. 시편 하면 환희와 기쁨의 노래("온 땅아, 주님께 환호성을 올려라")가 쉽게 떠오르겠지만, 거기에는 애통함("나는 탄식만 하다가 지치고 말았습니다. 밤마다 짓는 눈물로 침상을 띄우며, 내 잠자리를 적십니다")과 고백("나의 반역을 내가 잘 알고 있으며, 내가 지은 죄가 언제나 나를 고발합니다"), 분노("나의 하나님, 온종일 불러도 대답하지 않으시고"), 하나님께 던지는 대범한 질문("주님, 언제까지입니까? 영영 숨어 계시렵니까?")이 포함되어 있다.[9] 시편에는 바빌로니아 포로기에 이스라엘이 경험했던 혼란과 침통함이 반영된 시가 많기 때문에 가슴이 미어지는 애가도 수두룩하다. 하나님께 슬픔을 토로하는 시편 44편이 그 좋은 예다.

주님께서 우리를 적에게서 밀려나게 하시니,
우리를 미워하는 자들이 마음껏 우리를 약탈하였습니다.
주님께서 우리를 잡아먹힐 양처럼 그들에게 넘겨주시고,
여러 나라에 흩으셨습니다.

주님께서 주님의 백성을 헐값으로 파시니,

그들을 팔아 이익을 얻은 것이 아무것도 없습니다.

(시편 44:10-12)

심지어 성경에는 '저주 시'로 불리는 시편도 있다. 적을 향해서 살벌한 말을 거침없이 퍼붓는 다음과 같은 시이다.

그 자식들은 아버지 없는 자식이 되게 하고,

그 아내는 과부가 되게 하십시오.

그 자식들은 떠돌아다니면서 구걸하는 신세가 되고,

폐허가 된 집에서마저 쫓겨나서 밥을 빌어먹게 하십시오.

빚쟁이가 그 재산을 모두 가져가고,

낯선 사람들이 들이닥쳐서, 재산을 모두 약탈하게 하십시오.

그에게 사랑을 베풀 사람이 없게 하시고,

그 고아들에게 은혜를 베풀어 줄 자도 없게 하십시오.

(시편 109:9-12)

성경이 인간이 남긴 지문으로 얼룩졌다면 얼룩이 가장 심한 곳은 아마도 시편일 것이다. 영국 베네딕도회 수사인 세바스찬 무어는 이를 "현실의 속살을 보여 주는 거친 단면"이라고 표현하기도 했다.[10]

작가 겸 시인이자 베네딕도회 평신도 수사로 시편을 연구한 캐슬린 노리스는 이렇게 말했다. "시편은 분노를 신학적으로 다루거나 건조하게 설명하기를 거부한다. 시편은 그야말로 시이기 때문이다. 시의 역할은 무엇을 설명하는 것이 아니라 시상이나 서사로 우리의 삶을 표현하는 것이다.…… 복잡하고 모순된 인간의 경험들을 표현하는 시편은 마치 노련한 심리학자와 같다. 자기 안의 인간적인 면을 인정하지 않은 채 그저 거룩하게 보이려는 우리의 위선을 깨뜨리기 때문이다."[11]

베네딕도회 수도원에서는 아침과 점심, 저녁 기도 때에 시편을 노래한다. 이런 식으로 한 달에 한 번씩 시편 전체를 통독하면서 수사들은 이 오래된 시어들과 특별한 친밀감을 쌓아 간다. 시편이 자아내는 시상과 감정은 개인과 공동체의 삶이 변할 때에도 현실성을 잃지 않고 늘 새롭게 다가온다. 시편에서는 거의 모든 상황에 적용될 수 있는 표현을 찾을 수 있다. 부정 선거의 결과에 분노할 때, 친구를 잃어 슬픔에 잠겼을 때, 밤하늘의 쏟아질 듯한 별을 보고 경탄할 때, 아름다운 찬양 소리가 울려 퍼지는 예배당에 기쁨으로 들어갈 때 우리는 늘 시편의 어떤 구절을 떠올릴 수 있다.

캐슬린 노리스는 말한다. 시편은 "우리에게 가르친다. 찬양은 아무런 근거 없이 현실을 낙관적으로 보는 망상에서 나오는 것이 아니라 기뻐할 수 있는 인간의 능력에서 나오는 것임을."[12]

그러나 교회가 정제되지 못한 감정으로 가득한 시편에 대해서 언제나 수용적이었던 것은 아니다. 주류 기독교 교단에서 사용되는 기도문과 찬송가를 분석한 어느 연구 결과에 따르면,

애통함을 노래하는 시편은 대부분 목록에서 빠져 있다. 슬픔을 다루는 시는 시편 전체에서 무려 40퍼센트를 차지하고 있지만, 그리스도의 교회 찬송가에는 13퍼센트, 장로교 찬송가에는 19 퍼센트, 침례교 찬송가에는 13퍼센트밖에 없다는 연구 결과도 있다.[13] 국제 기독교 저작권 협회에 매년 올라오는 상위 100곡의 예배 찬양을 살펴보면, 슬픔과 좌절에 관해 노래하는 곡은 네다섯 개에 불과하다.

라승찬 교수는 그의 탁월한 책 『예언자의 슬픔』에서 애가는 현상을 유지하려는 세력에 맞서 정의를 부르짖는다고 주장한다. 애가는 성공을 자랑하는 데만 열을 올리는 교만한 미국 문화를 거스른다. 라 교수는 계속해서 설명한다. "예배에서 애통함이라는 주제가 사라진 결과, 미국 교회는 기억 상실증에 걸렸다. 고통과 아픔을 슬퍼해야 할 필요를 잊었고 더 나아가 고통과 아픔의 존재 자체를 잊어버렸다."[14]

우리가 잊어버린 것이 한 가지 더 있다. 바로 고통을 일으키는 원인이 대부분 구조적이라는 사실, 우리의 수많은 형제자매들이 불평등과 차별의 억압 아래서 신음하고 있다는 사실이다. 라 교수는 말한다. 애통함이 없다면, "가지지 못한 자들의 고통에서 나온 신학적 결과물은 가진 자들의 승리주의에 밀려 설 자리를 잃게 된다."[15]

이따금 나는 독자들로부터 그들이 교회를 떠난 이유를 듣게 된다. 그들은 유산, 총기 사고, 지진, 이혼, 의사의 진단, 폭행, 경제적 파산을 당했을 때 교회에서 부를 수 있는 노래가 없었다고 한다. 성공과 돈, 특권을 우상시하는 승리 지상주의와 미국식 낙관주의는 슬퍼하는 사람에게 '자리를 내어 주는' 능력을 상실한 신앙 공동체를 감염시켜 결국 공동체를 고사시킨다. 심리 치료사와 간병인들은 '자리를 내어 준다'는 것이 누군가 아픔을 겪고 있을 때 곁에 있어 주는 것, 어떠한 상황에서도 판단하거나 해결책을 제시하지 않으면서 그저 귀 기울여 주는 것이라고 설명한다.[16] 어떤 의미에서 시편은 하나님께서 우리를 위해 마련해 주신 공간이다. 그 안에서 우리는 기뻐하고, 고민하고, 울부짖고, 불평하고, 감사한다. 그리고 창조주 앞에서 자의식이나 두려움 없이 욕을 내뱉기도 한다. 삶에는 인간의 언어로 깔끔하게 정리될 수 없는 기쁨과 슬픔이 가득하다. 하나님도 성경도 이 사실을 안다. 그런데 왜 우리만 모를까?

가장 연약한 순간에 예수님이 시편을 떠올리셨다는 사실은 참으로 의미심장하다. 두 도적 사이에서 로마 군정의 십자가에 달린 예수님은 그의 어머니와 사랑하는 사람들이 충격에 휩싸여 바라보는 가운데 울부짖었다. **"엘리 엘리 라마 사박다니?"**

"나의 하나님, 나의 하나님, 어찌하여 나를 버리셨습니까?"(마태복음 27:46)

이 부르짖음은 시편 22편에서 가져온 것으로, 애초에 하나님을 향한 말이었다. 그 부르짖음을 들으신 하나님이 이제 인간이 되셔서 다시 부르짖는다. 사흘 후 예수님은 죽은 자 가운데서 살아나실 테지만, 그러나 이 순간, 모든 희망이 사라지고

온 세상이 어둠에 잠긴 순간, 진정 부활한 것은 오직 한 편의
시였다.

짐승+저항 이야기

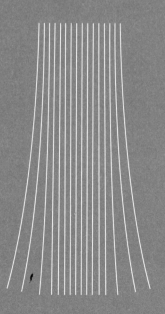

"내가 성경을 사랑하는 이유는 그 이야기가
완료된 것이 아니라 현재 진행형이기 때문이다.

지금도 우리 가운데 예언자들이 살고 있으며
여전히 용과 짐승이 어슬렁거린다.

비록 그렇게 보이지 않더라도
승리는 결국 저항하는 자들에게 돌아갈 것이다.
어둠은 밝아 오는 빛을 막을 수 없다."

—

짐승

—

그들은 말했다, 짐승이 하늘에서 쫓겨났다고.
표범처럼 먹이를 찾아 세상을 어슬렁거리는
네 개의 머리를 한 짐승. 누군가는 일곱 개라 했다.
머리 위 열 개의 왕관에 하나님을 모독하는 말이 새겨진
이 짐승을 어디에 비할까?
사자의 이빨과
거대한 곰의 허벅지로
늑대처럼 튀어오르고, 수리 날개에 올라탄 듯 솟아오른다.
어떤 군대도 감히 건드리지 못해
차라리 환심을 얻으려 열국은 전쟁도 불사한다.
세상의 모든 황제들이 짐승을 손에 넣을 날을 꿈꾸고
제국들이 그것을 구세주로 모실 때,

오직 아브라함의 아들과 딸들만은

이빨을 드러내며 으르렁대는 짐승 앞에 어린양으로 맞선

다.

저항 이야기

후텁지근한 어느 유월의 아침, 브리 뉴섬이라는 젊은 흑인 여성이 9미터 높이의 깃대를 타고 올라가 사우스캐롤라이나 주의회 의사당 앞에 휘날리는 남부 연합기를 제거한 사건이 벌어졌다. 지상에서 경찰과 행인들이 내려오라고 소리칠 때, 머리에 헬멧을 쓰고 허리에 작업 벨트를 맨 서른 살의 여인 뉴섬은 그들에게 큰 소리로 대답했다. "예수님의 이름으로 이 깃발을 내려야만 합니다. 여러분은 증오와 억압, 폭력으로 나에게 맞서지만, 나는 하나님의 이름으로 여러분과 맞서겠습니다. 이 깃발은 오늘로 끝입니다."[1]

그보다 열흘 전, 백인 우월주의자 딜런 루프는 찰스턴에 있는 임마누엘 아프리카 감리교회의 기도 모임에 참석했다. 회중 속에 한 시간 정도 앉아 있던 그는 가방에서 권총을 꺼내 87세의 노인 수지 잭슨을 시작으로 교회 목사를 포함하여 아홉 명을 사살했다. 딜런 루프의 웹사이트에는 백인 우월주의를 상징하는 남부 연합기와 신나치주의를 표상하는 물건을 들고 찍은 사진들이 올라와 있었다. 이를 계기로 주의회 의원들 간에 의사당에서 남부 연합기를 퇴출해야 한다는 해묵은 논쟁이 다시 시작되었다.

논쟁이 이어지는 가운데 남부 연합기의 퇴출에 반대하는 일부 백인 시민들이 거세게 들고일어났다. 뉴섬은 이러한 상황을 불안한 시선으로 바라봤다. 남부 연합기는 그녀의 현조할아버지와 현조할머니가 노예로 살던 시절에 나부끼던 깃발이었다. 그러던 것이 1962년에 흑인 민권 운동에 항의하는 표시로 주의회 의사당에 다시 게양되었다. 그 후로 수십 년 동안 KKK단 집회와 여러 테러에 등장한 '푸른 빗장 위 하얀 별들의 깃발'은 딜런 루프가 타고 다닌 현대 엘란트라의 후면 번호판에도 새겨져 있었다.

남부 연합기는 단순히 깃발이 아니었다.

나중에 뉴섬은 총격 사건이 일어난 날을 다음과 같이 회상했다. "잠이 오지 않아 뜬눈으로 밤을 새웠어요. 과거의 유령들이 무덤에서 다시 기어 올라오는 듯한 느낌이었죠."[2]

뉴섬은 행정 관료들이 사건을 처리하기만을 앉아서 마냥 기다릴 수 없었다. 그녀는 다른 활동가들과 힘을 합쳐 시각적 효과를 극대화한 시위를 계획했다. 그녀가 백인 친구 타이슨의 도움을 받아 깃대에 오르던 토요일 아침, 시위대가 삼삼오오 모여들기 시작했다. 아침 햇살이 의사당을 감쌀 무렵 그녀는 깃대 꼭대기에 다다랐다. 깃대에 매달려 남부 연합기를 움켜쥐고 오른팔을 치켜든 그녀의 사진이 삽시간에 온라인상에 퍼졌다. 깃대에서 내려오자마자 뉴섬은 친구들과 함께 체포되었다. 손에 수갑이 채워질 때 그녀는 시편을 인용했다. "주님은 나의 빛이요 나의 구원이시니 내가 누구를 두려워하리요?"(27:1)

뉴섬과 타이슨은 공공시설 훼손 혐의로 기소되었다. 두 사람이 보석금을 내고 풀려날 무렵 그들의 행위에 고무된 사람들이 시민 불복종 운동을 일으켰다. 이들은 주 공무원을 상대로 남부 연합기의 영구적인 퇴출을 위해 압력을 행사했고, 마침내 2015년 7월 10일, 남북전쟁에서 남부 연합이 패한 지 150년이 지나서야 문제의 기는 영원히 퇴출되었다.

후덥지근한 유월의 어느 아침, 사우스캐롤라이나 주의회 의사당 앞 9미터 높이의 깃대를 타고 올라간 젊은 흑인 여성 브리 뉴섬은 짐승의 눈을 똑바로 쏘아보며 이렇게 말했다. "오늘로 넌 끝났어."

성경에는 괴물이 득실댄다. 무시무시한 비늘과 발톱으로 무장한 바다 용 레비아단부터 놋처럼 강한 뼈대와 백향목처럼 굵은 꼬리를 자랑하는 베헤못과, 요나를 통째로 삼켰다는 지중해의 이름 모를 거대한 물고기까지, 성경 속 괴물들은 책장을 뚫고 나올 듯 으르렁대고 괴성을 지른다. 다니엘은 환상 속에서 네 마리의 거대한 짐승을 목격했다. 첫째 짐승은 독수리의 날개를 단 사자처럼 보였고, 둘째 짐승은 갈빗대 세 개를 물고 있는 곰과 같았으며, 셋째 짐승은 네 개의 날개와 머리를 가진 표범처럼 보였고, 넷째 짐승은 쇠로 된 이빨과 청동 발톱 및 열 개의 뿔을 가졌다(다니엘 7장). 요한계시록에는 이러한 이미지들이 합해진 한 괴물이 바다에서 떠오른다. 표범과 사자와 곰을 닮은 이 괴물은 "일곱 개의 머리와 열 개의 뿔이 달려 있었는데, 그 뿔 하나하나에 왕관을 쓰고"(요한계시록 13:1) 있다. 이 짐승과 공포의 조합을 이루는 붉은 용 한 마리는 그 꼬리로 하늘의 별 삼분의 일을 휩쓸어 땅으로 내던질 정도로 살벌하다.

성경에 등장하는 짐승은 다양한 의미를 내포한다. 경이로운 자연의 신비, 앞을 내다볼 수 없는 혼돈과 공포, 우주의 가장 강력한 세력마저 굴복시키는 하나님의 주권 등. 그러나 다니엘서와 요한계시록에 나오는 돌연변이 생물이 상징하는 것은 다름 아닌 포악한 제국이 저지르는 악행이다.

오늘날 독자들이 성경을 읽을 때 쉽게 간과하는 한 가지 사실이 있다. 성경의 시대적 배경에는 언제나 엄청난 부와 군사력을 자랑하는 제국이 있었다는 점이다. 성경은 제국의 압제 아래 살던, 신앙적인 한 소수 민족에 의해 쓰여졌다. 구약 성경의 배경은 이집트, 앗시리아, 바빌로니아, 그리스, 페르시아 제국이고, 신약 성경은 우리에게 잘 알려진 화려한 로마 제국이 그 배경이다. 하나님의 백성은 수 세기에 걸쳐 자신들과 점령당한 다른 민족들에게 고통을 안겨 준 이 제국들을 **바빌론**으로 통칭해 불렀다.

우리에게 성경을 선사해 준 이스라엘 민족이 직면했던 중대한 질문은 이런 것이었다. **밖으로는 무력을 앞세워 하나님의 나라가 실현되지 못하게 가로막고, 안으로는 우리를 회유하여 제국을 모방하고 제국에 동화되라고 하는 바빌론에 우리는 어떻게 저항할 것인가?** 이 질문에 답하기 위해 그들은 이야기와 시, 예언과 경고가 담긴 책들을 저술했다. 자연히 그 책들 속에는 나라 잃은 민족으로서의 정체성에 관한 고민, 자신들을 강제로 흩어 버리고 억압하는 세력에 대한 분노, 역사 속에서 민족의 추방과 구원을 주관하시는 하나님에 대한 이해가 고스란히 담겨 있었다. 그리고 언젠가 "나라들 가운데서 가장 찬란한 바빌론, 바빌로니아 사람의 영예요 자랑거리인 바빌론은, 하나님께서 멸망시키실"(이사야 13:19) 것이라는 궁극적인 희망도 들어 있었다.

이런 식으로 본다면, 우리는 성경의 상당 부분을 저항 문학으로 간주할 수 있다. 저항 문학은 역사가 부와 권력을 가진 잔인한 세력에 의해 쓰여진다는 관념을 뒤엎음으로써 제국에 정면으로 맞선다. 저항 문학에 의하면, 최후의 승자는 억압받는 자들의 하나님이다.

랍 벨 목사는 이렇게 말한다. "우리에게 끊임없이 메시지를 던지는 성경은 두려움을 모르고, 신랄하며, 용맹하고, 혁명적이고, 시적이며, 때로는 냉소적이고, 때로는 분노에 차 있다. 성경은 감동을 주기도 하지만, 다른 이들을 희생양 삼아 끝없이 부를 축적하는 민족과 국가, 제도와 제국을 날카롭게 비판하기도 한다."[3]

성경의 저항 문학에는 가슴 에이는 아픔을 노래하는 슬픔의 시도 있고 희망을 노래하는 저항의 시도 있다. 통렬한 풍자와 뼈를 깎는 신랄한 자기비판도 있다. 우리의 영웅들이 사자 굴에서 혹은 적국 앗시리아의 미인 대회에서 끈질긴 생명력과 총기를 자랑한 이야기도 있다. 골짜기의 뼈들이 모여 군대로 되살아나는 환상을 통해 미래를 예견하는 매우 상징적인 이야기가 있는가 하면, 일곱 개의 머리를 가진 짐승이 불바다에 던져지는 이야기도 있다. 저항 문학은 창세기부터 요한계시록에 이르기까지 성경 곳곳에 다양한 형태로 등장하는데, 때로는 누구나 알아볼 수 있는 명확한 형태로, 때로는 특별히 훈련받지 않은 사람은 알아볼 수 없을 정도로 미묘한 형태로 나타난다. (창세기 1장에 나오는 창조 설화가 신들의 전쟁을 말하는 바빌로니아의 창조 설화와 어떻게 대조를 이루는지 기억하는가?) 저항이라는 주제가 예언자의 삶과 글에 가장 응축되어 있기는 하지만, 실은 성경 어느 곳에서도 그 주제를 찾아볼 수 있다. 월터 브루그만의 표현처럼, "하나님의 자유를 선포하는 종교가 등장할 때 제국의 신화는 종결된다."[4] 성경 전체에 걸쳐 제국에 맞서는 저항의 주제가 배어 있는 것이다.

의심의 여지 없이 저항 이야기에서 가장 핵심적인 인물은 예언자다. 성경에서 말하는 예언자는 미래를 예측하는 점술가나 점쟁이가 아니다. 과거와 현재, 미래를 있는 그대로 보며 진실을 말하는 사람, 자신이 속한 공동체를 향해 현실을 직시하고 더 나은 미래를 꿈꾸라고 독려하는 사람, 그가 곧 성경의 예언자다.

브루그만은 그의 기념비적인 책『예언자적 상상력』에서 이렇게 썼다. "예언자의 소명은 상상력의 불씨를 지키는 것이다. 왕이 독점적으로 제시하는 미래상이 아닌 대안적인 미래상을 그려 내고 제안하는 것이 예언자의 역할이다."[5]

성경에는 이러한 소명을 받은 인상적인 인물들이 여럿 있다. 예를 들어, 예레미야는 바빌로니아 제국의 압제 아래 들어갈 이스라엘의 임박한 운명을 상징적으로 나타내기 위해 목에 소 멍에를 걸었다. 에스겔은 예루살렘의 멸망을 사람들의 뇌리에 각인시키기 위해 예루살렘 성을 모형으로 만들고 그 옆에 1년 넘게, 390일 동안은 왼쪽으로 또 40일 동안은 오른쪽으로 누워 있었고 소똥으로 구운 빵만 먹었다. 일단의 십 대 청소년들이 엘리사 예언자를 대머리라고 놀리자 하나님은 암곰 두 마리를 보내 그들을 찢어 죽이게 하셨다. (어렸을 적 교회 학교 목사님은 나와 친구들이 그분의 벗겨진 머리를 놀릴 때마다 이 이야기로 응수하곤 했다.) 요나가 위험천만한 앗시리아의 도시 니느웨에 가서 말씀을 선포하라는 명령을 거부하고 도망가자, 하나님은 거대한 물고기로 그를 삼키게 하셨다. 물고기가 근처 해안에 그를 뱉어 낼 때까지 요나는 꼬박 사흘 동안 물고기 배 속에 있었다. 호세아는 하나님의 메시지를 전하기 위해 창녀와 결혼했다. 광야에서 메뚜기와 들꿀을 먹고 살았던 세례 요한은 "회개하여라. 하늘나라가 가까이 왔다"(마태복음 3:2)고 외치며 사람들을 강하게 도전했다.

달리 말하자면, 예언자들은 괴짜였다. 사회 변두리에서 짖어대는 별종 인간이 중심에 있는 정치·종교 지도자들보다 훨씬 분명하게 현실을 인식할 수 있음을 예언자들만큼 분명히 보여 주는 인물은 성경에 다시없다. 그러나 우리는 번번이 그들을 무시한다. 그리고 위험에 빠진다.

예언자에 대한 브루그만의 설명을 들어 보자. "예언자들은 영감을 받아 자신만의 통찰력으로 세상을 표현하는 시인과 같다. 그들은 살아생전, 심지어 사후에도 그들을 이해하지 못하는 권력자들에 의해 갖은 방식으로 침묵을 강요당한다. 그러나 권력자들은 시인들을 잠재우려는 자신들의 노력이 결국 허사임을 깨닫는다."[6]

바빌론 포로기 이전, 사무엘과 나단, 엘리야, 엘리사, 훌다 같은 예언자들은 이스라엘이 제사장 제도와 왕정을 악용하고 있다고 공개적으로 비난했다. 그들은 이스라엘이 음란과 우상 숭배와 불의를 멈추지 않으면 하나님께서 적군의 손에 그들을 넘기실 것이라고 경고했다. 지도자들이 예언자의 말에 귀를 기울인 때도 있었다. 다윗 왕이 밧세바의 남편을 살해한 일로 예언자 나단의 꾸짖음을 듣고 회개한 것은 잘 알려진 일화다. 요시아 왕은 여자 예언자 훌다가 이전까지 경시된 말씀을 해석하고 그 권위를 입증하자 즉시로 그 말씀을 실천에 옮겼다. 하지만 대부분의 예언자는 권력자에게 진실을 말한 대가로 범법자로 몰렸다. 아합 왕은 사회적 불의를 공개적으로 비판한 엘리야를 '이스라엘의 골칫거리'라 부르며 사막으로 추방했고, 엘리야는 그곳에서 빵을 물어다 주는 까마귀에 의존해서 연명했다(열왕기상 18:17). 이세벨 여왕의 만족할 줄 모르는 탐욕을 나무랐던 수백 명의 예언자들은 그녀의 학살을 피해 동굴에 숨어 지내야 했다. (사필귀정인 것이, 결국 이세벨은 창문 밖으로 던져져 개들의 먹이가 되었다.) 세례 요한은 헤롯 안티파스에게 참수당했는데 그 이유는 예수님을 따랐기 때문이 아니라 왕가의 무절제하고 음란한 생활을 비판했기 때문이다.

예언자의 비판의 칼은 언제나 자신이 속한 공동체의 지도자를 겨눈다. 제국의 폭정은 어쩔 수 없는 외부적 요인이라 치더라도, 이스라엘이 사회적으로 탐욕과 성적 착취에 빠져 있거나 노동자들을 학대하고 가난한 자들을 경시할 때 예언자들은 분노를 금치 못했다. 에스겔은 이스라엘의 죄를 사악한 도시 소돔과 고모라의 죄악에 빗대어 말했다. "네 동생 소돔의 죄악은 이러하다. 소돔과 그의 딸들은 교만하였다. 또 양식이 많아서 배부르고 한가하여 평안하게 살면서도, 가난하고 못사는 사람들의 손을 붙잡아 주지 않았다"(에스겔 16:49).

종교 지도자라고 예언자의 비판에서 자유로울 수는 없었다. 한편에서는 가난한 자들과 억압받는 자들을 착취하면서 또 한편에서는 형식적인 제사를 지속하는 이스라엘의 위선에 격분한 아모스 예언자는 다음과 같이 하나님의 진노를 선포했다.

나는, 너희가 벌이는 절기 행사들이 싫다.

역겹다. 너희가 성회로 모여도 도무지 기쁘지 않다.

너희가 나에게 번제물이나 곡식 제물을 바친다 해도,

내가 그 제물을 받지 않겠다.……

시끄러운 너의 노랫소리를 나의 앞에서 집어치워라!

너의 거문고 소리도 나는 듣지 않겠다.

너희는, 다만 공의가 물처럼 흐르게 하고,

정의가 마르지 않는 강처럼 흐르게 하여라.

(아모스 5:21-24)

왕권이 무너지고 예루살렘이 함락되자 예언자들은 민족의 슬픔을 대변하는 역할을 떠맡아 성경의 수많은 페이지를 애가로 채웠다.

예레미야서에는 그중에서 가장 생생한 이미지를 전달하는 애가 몇 편이 등장한다. "살해된 나의 백성, 나의 딸을 생각하면서, 내가 낮이나 밤이나 울 수 있도록, 누가 나의 머리를 물로 채워 주고, 나의 두 눈을 눈물샘이 되게 하여 주면 좋으련만!"(예레미야 9:1) 예레미야는 유난히 애통하는 글을 많이 남겨 종종 '비운의 예언자'로 불리기도 한다. 그러나 고통스러운 현실을 이처럼 적나라하게 표현하는 것은 진실을 전달하는 핵심 기술이며 지극히 건강한 반응이다.

예언자는 괴로움과 분노, 비난과 비판을 외치는 동시에 저항 운동의 가장 강력한 무기인 **희망**을 제공한다. 희망이 전혀 보이지 않는 상황에서도 예언자는 언어와 이미지에 신학적 의미를 담아 희망을 말했다. 이스라엘의 하나님, 곧 노예와 망명자와 멸시받는 소수 종교 집단의 편에 서신 하나님께서 여전히 강한 손으로 모든 제국과 피조물을 다스리고 계신다고 그들은 힘주어 말했다.

이사야서에서 무명의 예언자 혹은 제2이사야라고 불리는 예언자는 유일하게 참된 신이신 하나님의 대관식을 한 폭의 아름다운 그림처럼 묘사한다.

> 만군의 주 하나님께서 오신다.
> 그가 권세를 잡고 친히 다스리실 것이다.……
> 그는 목자와 같이 그의 양 떼를 먹이시며,
> 어린 양들을 팔로 모으시고. 품에 안으시며.
>
> (이사야 40:10-11)

예언자는 온몸으로 외친다. "내 백성이여, 내가 가져온 좋은 소식, 기쁨의 소식을 듣고 위로를 받으라! 우리 하나님께서 이제부터 영원히 다스리신다."

제2이사야는 한 걸음 더 나아가 바빌론의 신들을 조롱하는데, 가축의 등에 싣고 다니는 우상들은 인간에게나 짐승에게나 짐만 될 뿐이라고 일침을 가한다. 예언자는 시인의 필체로 이런 우상들을 야웨 하나님과 견준다. 이사야 46장에 그려진 하나님은 엄마가 배 속의 아이에게 자장가를 불러 주듯 다정하게 야곱의 자손에게 말씀하신다. "내가 너희를 지었으니, 내가 너희를 품고 다니겠고, 안고 다니겠고, 또 구원하여 주겠다"(4절).

이사야서에는 성경에서 가장 아름다운 울림의 시들이 담겨 있다. 아무리 냉소적인 독자라도, 목자처럼 어린 양들을 팔로 모으시고 엄마처럼 아이를 배 속에 품고 다니시는 하나님 이미지에 마음을 누그러지지 않을 사람은 드물 것이다. 그분은 "죽음을 영원히 멸하"시고 "모든 사람의 얼굴에서 눈물을 말끔히 닦아" 주실 것이다(이사야 25:8). 세례 요한과 마틴 루터 킹 주니어의 설교에 이사야서 말씀이 자주 등장하는 데는 다 이유가 있다. 이사야의 언어는 그만큼 강렬하고 지속적인 인상을 남긴다.

저항 문학에는 예언자들 외에도 다니엘과 같은 반체제 인사들의 이야기도 있다. 유대 귀족 출신인 다니엘은 수완을 발휘해 느브갓네살 왕의 궁전에서 변함없이 하나님의 계명을 지키며 살아간다. 그는 겁 없이 이방인 지도자들을 꾸짖었다가 그를 질시하는 정적들에 의해 사자 굴에 던져지지만 살아남는다. 다니엘의 세 친구 사드락, 메삭, 아벳느고는 국가 행사 때 느부갓네살의 금신상 앞에 절하기를 거부했다는 이유로 불타는 화덕 속에 던져진다. 하지만 그들은 털끝 하나 타지 않고 걸어 나왔다. 에스라서와 느헤미야서, 에스더서는 유대인과 페르시아 제국의 미묘한 관계를 드러낸다. 유대인은 황제의 후원을 받아 예루살렘 성벽을 재건하기도 하지만, 황제에게 인종 청소를 당할 뻔하기도 한다. (이 부분은 나중에 에스더 여왕 이야기에서 더 자세히 다룰 것이다.)

성경의 저항 이야기 속에서 우리는 묵시 문학을 만난다. **묵시**라는 단어는 '드러내다' 또는 '나타내다'라는 의미다. 따라서 묵시 문학에 나오는 사건이나 환상은 현실을 실제 그대로 드러내는 데 그 목적이 있다. 화려함과 가식, 두려움과 불확실함을 걷어내고 세상을 이끌어 가는 힘의 실체가 무엇인지 밝히는 것이다. 성경의 저자들은 고도의 상징법과 신학적인 언어를 사용하는 묵시 문학의 형식을 빌려 더욱 극적으로 저항 운동을 표현한다. 동시에, 난공불락처럼 보이는 막강한 제국의 압제 아래 신음하는 이들에게 희망을 던져 준다.

예언자 다니엘과 요한이 제국을 사나운 짐승으로 묘사하며 전하고자 하는 메시지는 분명하다. **"화려한 제국의 부와 권력과 사치의 이면에, 눈에 띄는 것을 모조리 밟아 뭉개는 괴물들이 도사리고 있다"**는 것이다. 예언자들의 묘사에 따르면, 하나님께서는 인내하며 부분적으로 괴물들의 악행을 허용하시지만 마침내 그것들을 모조리 없애신다. 예언자들은 **"이것이 끝이 아니다. 아무리 막강한 제국도 선함과 의로움, 정의로 세워진 나라를 이기지 못한다"**고 위로하는 것이다.

당장은 그렇게 보이지 않겠지만, 결국 승리는 저항하는 자들에게 돌아갈 것이다.

동화는 허구보다 실제에 훨씬 가깝다. 무서운 용이 존재한다고 가르쳐서가 아니라, 우리가 용을 이길 수 있다는 사실을 말해 주기 때문이다.

다니엘서와 요한계시록에 나오는 짐승들을 문자 그대로 해석할 필요는 없다. 그러나 그 메시지를 처음으로 읽었던 독자들에게 짐승의 존재는 거리를 행군하는 제국의 병사들이나, 가정과 생계를 위협하는 황제의 칙령만큼이나 실제적이었다. 잠을 잘 때도, 시장에 갈 때도, 숭배가 아니면 죽음을 요구하는 황제의 명령 앞에 어떻게 해야 할지 이웃과 숨죽여 대화할 때도 그들의 일상은 언제나 두려움에 그늘졌다.

성서학자 에이미 질 레빈은 『성경의 의미』라는 책에서 다음과 같이 묵시 문학을 설명한다. "묵시의 목적은 미래를 예측하는 것이 아니라 현재에 위로를 전달하는 것이다. 성경은 3천 년쯤 지나서야 개봉될 하나님의 비밀을 살짝 보여 주는 예고편이 아니다." 그녀는 계속해서 주장한다. "묵시적인 글은 하나님의 손이 지금도 역사를 주관하고 계시며 틀림없이 정의를 이루실 것이라고 선포한다."[7]

하지만 많은 기독교인들, 특히 미국의 기독교인들은 이보다는 터무니없는 상상력에 기댄 초현실적인 이야기를 선호하는 것 같다. 어느 날 갑자기 옷만 남긴 채 아이들이 사라지고, 멀쩡하게 하늘을 날던 비행기가 추락하고, 역병이 지구를 덮치고, 민주당이 대통령 선거에서 승리하는 등 B급 기독교 영화나 소설에 나올 법한 스토리에 그들은 더 흥분한다. 이와 같은 현상은 미국인, 조금 더 특정하자면, 기득권을 누리기 때문에 개혁 의지가 박약한 미국 백인들이 묵시 문학의 비전을 제대로 이해하지 못하는 데서 기인한다. 당신이 세계에서 가장 강력한 군대를 자랑하는 나라의 특권층에 속해 있다면, 성경 대부분을 저술한 탄압받는 소수 민족을 이해하는 데 어려움을 겪는 것은 어찌 보면 당연한 일이다. (이스라엘 민족이 겪은 일을 생각한다면, 쇼핑몰 광고판에 "메리 크리스마스" 대신 "해피 홀리데이"를 붙이는 게 종교 탄압이라고 운운하는 건 정말 우스운 일이다.) 세계를 두려움에 떨게 만드는 공포의 근원지는 다름 아닌 미국이다. 백인 우월 주의, 식민주의, 교도소 산업 복합체, 군수 산업, 시민 종교, 물질주의 그리고 탐욕은 예언자들이 언급했던 짐승의 또 다른 이름이다.

나를 좋은 시민 되기를 포기해 버린 미국 혐오자라고 오해 하지는 마시라. 나는 한동안 백악관 자문 위원으로 활동했던 시기를 자랑스럽게 생각하고 있으며, 결혼식 때는 성혼 행진곡으로 「성조기여, 영원하라」를 추천하기도 했으니 말이다. (안타깝게도 이 제안은 나보다 애국심이 덜한 친구들에 의해 무산되었다.) 지금까지도 나는 6학년 때 안무를 섞어 불렀던 리 그린우드의 「자랑스러운 미국인」을 토씨 하나 빼먹지 않고 기억한다. 해외에 자주 오가면서 미국 시민권이 얼마나 많은 편의를 제공하는 지도 잘 알게 되었다. 다양성과 독창성, 높은 열망을 추구하는 이 나라를 나는 사랑한다.

물론 미국은 고대 바빌론이나 로마가 아니다. 나도 안다. 그렇다고 미국이 하나님 나라인 것도 아니다.

내 말이 미덥지 않다면, 오래된 노예선의 설계도를 한 번 연구해 보라. 쇠고랑에 묶인 채 차곡차곡 화물칸에 채워진 사람들의 수를 세어 보라. 그 숫자에 수백, 수천을 곱하면 노예 무역을 통해 50만에 가까운 아프리카인이 미국으로 끌려온 진실을 보게 될 것이다. 기억하라. 스스로 기독교인을 자처하는 사람들에 의해 잔인하게 포획되어 대서양 중간 항로를 건너온 그들도 하나님의 형상으로 지어진 인간이었음을, 기억과 생각과 자신만의 특성과 두려움을 가진 당신과 같은 인간이었음을.

'눈물의 길'을 떠올리며 체로키족 엄마들이 겪었을 일들을 상상해 볼 수도 있겠다. 미국 정부에 의해 강제로 고향에서 추방된 그들은 소유마저 모두 빼앗기고 어린아이들과 함께 수천 킬로미터를 이동해야 했다. 제대로 된 음식도, 의료 지원도 받지 못한 채 조지아에서 오클라호마까지 가야 했던 이유는 단하나, 백인들이 금을 원했기 때문이다. 소름 끼치는 이 행진에서 엄마와 아이들을 포함해 4천 명이 넘는 체로키족 사람들이 추위와 질병, 배고픔으로 목숨을 잃었다. 아장아장 걷던 당신의 아이가 눈 속에서 굶어 죽어 간다고 상상해 보라.

그게 아니면, 미국의 아동 노동 착취의 역사를 검색해 보라. 이른바 '정신 병원'이라는 곳에 수용된 정신질환자들, 깜둥이라 불렸던 흑인들, 그리고 2차 세계대전 때 일본인 포로들이 어떤 대우를 받았는지 살펴보라. '세인트루이스호'에 승선했던 900명의 유대인이 입국이 거절되어 대학살이 기다리고 있는 유럽으로 되돌아가야 했던 일도 찾아보길 권한다. 미시건주 플린트시에 사는 어린이들이 깨끗한 물을 공급받고 있는지 알아보는 일도 흥미로울 것이다.

사람들은 미국이 '기독교 국가'였던 때를 그리워하며 향수에 젖지만, 실상 미국의 역사는 아무런 이유 없이 멸시받고, 노예가 되고, 재산을 몰수당하고, 학살된 남자와 여자와 아이들의 피로 얼룩져 있다. 오로지 특권 계층이 더, 더, 더, 더 많이 축재할 수 있도록, 그들은 희생되었다.

　　더 많은 땅.
　　더 많은 돈.
　　더 많은 권력.
　　더 높은 지위.
　　더 많은 모피, 더 많은 총, 더 많은 이윤, 더 많은 편의 시설, 더 넓은 집, 더 안전한 삶, 더 많은 명예를 얻도록.

　　문제는 이러한 일들이 단지 과거의 망령이 아니라는 점이다. 경제적 박탈과 사회적 차별을 겪은 아프리카계 미국인과 원주민의 후손들은 여전히 높은 빈곤율과 범죄율로 고통받고 있다. 이들에게 양질의 교육과 음식, 주택, 저렴한 의료보험은 그림의 떡이다. 미국은 세계에서 가장 높은 수감률을 기록한다. 대략 같은 수의 백인과 흑인이 마약을 하지만 흑인이 수감될 확률은 백인보다 여섯 배나 높다. 초부유층은 계속해서 부유해지는 반면 중하위층 노동자의 임금은 계속 정체되어 '노동 빈곤층'이 늘고 있다. 아직도 많은 주에서 단지 동성애자라는 이유로 해고될 수 있지만, 유부녀의 성기를 움켜쥐었다고 자랑하는 천하의 바람둥이가 대통령에 당선될 수 있는 나라가 미국이다.

예언자들이 고발했던 이스라엘의 죄, 곧 경제적 불평등을 조장하고 이방인과 난민을 학대하고 생명을 경시하고 가난한 자와 약자를 억압하고 돈과 섹스와 폭력을 숭배하는 죄가 우리 문화에도 걷잡을 수 없이 퍼져 있다. 그러한 죄는 교육과 사법 기관, 연예계와 종교계에 이르기까지 우리 사회의 거의 모든 시스템에 만연해 있다. 우리 모두가 비난받아 마땅하며, 우리 모두가 변화를 위해 노력해야 한다.

하지만 여전히 많은 기독교인들이 죄를 고백하거나, 죄를 부추기는 구조를 없애려 노력하기보다는 어쩔 수 없는 과거일 뿐이라 말하며 무시하기 일쑤다. 평화와 화해 같은 종교적 수사를 늘어놓지만 참회와 회복을 위한 수고는 마다한다. 임시방편이 만연한 사회에서 우리는 억압당하는 사람들에게 "그냥 참고 넘어가라"고 말하며 불의에 대해서는 눈감으려 한다. 많은 흑인 목사들이 미국의 인종 차별에 대한 교회의 반응을 다음과 같은 예레미야의 말에 비유하곤 한다. "백성이 상처를 입어 앓고 있을 때, '괜찮다! 괜찮다!' 하고 말하지만, 괜찮기는 어디가 괜찮으냐?"(예레미야 6:14)

미국을 평화의 나라라고 부른다고 해서 진짜 평화의 나라가 되는 것은 아니다. 트레이번 마틴*, 타미르 라이스**, 샌디훅 초등학교 총기 난사 사건으로 목숨을 잃은 20명의 유치원생들, 체로키족 엄마들, 그리고 미국의 드론 공격의 대상인 이라크 주민들에게 미국은 결코 평화의 나라일 수 없다. 말뿐인 평화와 값싼 은혜를 내세워서 사회적 불의가 가져오는 긴장을 덮으려 해서는 안 된다. 정의가 강물같이, 공의가 마르지 않는 하수같이 흐를 때까지 우리는 있는 힘을 다해 싸워야 한다.

할아버지와 아버지의 대를 이어 오순절파 교회 목사가 된 내 친구 조너선 마틴은 도널드 트럼프 대통령의 당선을 종말론적 사건이라고 얘기한다. 세상의 끝이 왔다는 의미가 아니라, 우리가 직시하고 싶지 않았던 미국 사회의 분열과 갈등을 드러냈다는 의미에서 그렇다는 것이다. 인종과 종교, 국수주의, 성별 사이에 깊이 팬 감정의 골과 두려움을 우리는 그동안 외면해 왔다. 트럼프 대통령의 당선은 나에게 있어서도 종말론적 사건이었다. 사회 불의에 맞서 투쟁하기보다는 나의 정치적인 성향에 맞는 저항 운동이 일어나기를 기다리며 소극적으로 대처했던 내 모습을 일깨워 주었기 때문이다.

너무나 오랜 시간 동안 미국 백인 교회는 예언자의 목소리에 귀를 기울이는 대신 권력을 약속하는 말씀을 붙잡았다. 망명자들의 편에 서서 희망의 노래를 부르며 함께 투쟁하기보다는 제국과 손을 잡고 더 많은 망명자를 만들어 냈다. 항상 그랬던 것은 아니지만 너무나 많은 경우 의식적으로 그리고 무의식적으로 우리는 짐승의 명령을 수행했다.

• 비무장 상태로 백인 보안관의 총격에 피살된 흑인 소년.
•• 장난감 총을 갖고 놀다 백인 경찰에 피살된 소년.

우리에게는 깃대를 타고 올라가 남부 연합기를 제거했던 브리 뉴섬 같은 이 시대의 예언자를 따르는 일이 그 어느 때보다 시급하다. 수백 년 동안 지속된 백인 우월주의보다 하나님 나라의 통치가 더 위대함을 공표함으로써 그녀는 예언서의 오랜 저항 정신을 되살려 냈다. 그녀의 용감한 행위를 통해 우리 세대는 더 나은 미래를 꿈꾸게 되었다. 그녀는 어두운 현실을 밝히 드러냄과 동시에 그 현실이 어떻게 바뀔 수 있는지를 보여 주었다.

노스캐롤라이나의 윌리엄 바버 목사 역시 우리가 주목해야 할 이 시대의 예언자다. 척추 관절염과 왼쪽 무릎의 점액낭염으로 고생하면서도 수십 년째 흑인들의 인권을 위해 행진하고 설교하고 있는 그는, 사회 지도층과 시민들에게 높은 도덕성을 요구하며 "사랑의 힘으로 이 나라를 일깨워야 한다"고 목소리를 높인다.[8]

여성 성직자로 살아가는 내 친구도 떠올리지 않을 수 없다. 여성이라는 이유로 늘 갖은 방해와 이중 잣대를 경험하면서도 그녀는 매일같이 말씀을 전하고, 무료 급식소를 운영하고, 병자들에게 성유를 발라 주고, 죽어 가는 자의 임종을 지키고, 난민들을 후원하고, 시위 중에 체포되고, 권력자들에게 바른말 하기를 주저하지 않는다. 누구도 알아주지 않고 감사해하지 않지만, 그녀는 묵묵히 자신의 길을 걸어간다. 이라크 사람들에게 의료 지원을 제공하는 '선제적 사랑 연합'의 제레미 코트니도 눈여겨봐야 할 예언자다. 끊임없이 난민을 변호하는 그는 난민들을 돌려보내야 한다고 주장하는 미국 교회를 준엄히 꾸짖는다.

미국 바깥에도 많은 예언자들이 존재한다. 2017년 종려 주일, 이집트의 콥트 교회 두 곳에서 폭탄 테러가 있었다. 일주일 후 전례 없이 많은 수의 콥트 교인들이 예수님의 부활을 축하하기 위해 교회에 모였다. 그 수가 얼마나 많았던지 교회에 들어가지 못한 사람들이 거리를 메웠다고 한다. 때로는 조용히 성찬대 앞에 모여 예배드리는 것이 짐승과 맞서는 최선의 방도일 수 있다. 그날 모인 콥트 교인들은 짐승의 눈을 쏘아보며 이렇게 말했던 것이다. "오늘로 넌 끝이다."

오늘날에도 저항 이야기는 계속 쓰여지고 있다. 깊은 우물에서 물을 길어 올리듯 현대의 예언자들은 성경 속 예언자들에게서 영감과 힘을 얻는다. 이들은 정치적이지만 당파적이지 않고, 현실적이지만 고집스러울 정도로 낙관적이다. 예언자들의 메시지는 흔히 너무 비판적이라고(예언자가 여성인 경우엔 독살스럽다고) 쉬 묵과된다. 하지만 예언자들의 비판은 언제나 공동체를 향한 깊은 사랑에서 시작된다.

내가 성경을 사랑하는 이유는 그 이야기가 완료된 것이 아니라 현재 진행형이기 때문이다. 지금도 우리 가운데 예언자들이 살고 있으며 여전히 용과 짐승이 어슬렁거린다. 비록 그렇게 보이지 않더라도 승리는 결국 저항하는 자들에게 돌아갈 것이다. 어둠은 밝아 오는 빛을 막을 수 없다.

이제 모두 괴짜들에 주목하자. 광야에서 외치는 소리에 귀를 기울이자. 그들은 우리에게 새로운 왕, 더 나은 나라를 바라보라고 외치고 있다.

예수님이 말씀하신 대로, "들을 귀가 있는 사람은 들어라."

까만 망토를 두르고 중절모를 쓴 십 대 소년이 무대 한가운데를 지나간다. 소년 뒤에는 공주와 해적, 슈퍼히어로로 분장을 한 중학생들이 일렬로 서서 절한다.

"하만 경께서 납시오!" 이상한 나라의 앨리스에 나오는 모자 장수 차림을 한 열한두 살쯤 되어 보이는 소년이 외친다.

하만이라는 이름에 관객은 큰 소리로 욕설과 야유를 퍼부으며 발을 구르기 시작한다. 뒤에서 술 취한 여인이 고함을 지른다. "꺼져 버려!" 곧 관객석 여기저기서 키득거리는 웃음소리가 들린다.

무대 위에는 모르드개만 꼿꼿이 서 있다. 나름 도전적으로 말한 대사가 분장한 수염 사이로 불분명하게 들린다. "나는 오직 하나님께만 절한다!"

관중이 환호한다.

"이놈은 어디서 굴러먹던 뼈다귀냐?" 하만이 옆에 있는 엘사 공주에게 묻는다.

"유대인입니다." 그녀가 대답한다.

관객들은 이후에 이어지는 이야기를 모두 알고 있다.

인종 청소를 가까스로 모면한 역사를 기념하는 방식이 좀 특이하긴 해도 전 세계 유대인들은 이런 식으로 부림절을 지킨다. 부림절은 하만과 모르드개, 아하수에로 왕, 에스더 여왕의 이야기를 재연하는 축제다. 이 이야기는 단연코 성경 최고의 저항 이야기다.

로렌 위너는 부림절에 대해 다음과 같이 썼다.

부림절은 할로윈과 마디그라 축제 그리고 다른 여러 축제를 섞어 놓은 것과 비슷하다. 흥청대며 술을 마시고 평소에 하지 않던 기행을 부릴 수 있는 날이다. 참석자들은 가면을 쓰기도 한다. 에스더서 낭독을 듣기 위해 회당에 가면 랍비들은 하만이라는 이름이 들릴 때마다 고함을 지르거나 야유를 보내라고 일러 준다. 그 이름이 아우성에 묻혀 버리도록 말이다. 랍비들은 또 부림절에는 하만의 이름과 왕의 이름이 분간이 안 될 정도로 술을 마시라고 가르치기도 한다.[9]

페르시아 황제에게 집단 학살을 당할 위기에 처한 자기 민족을 모르드개와 에스더가 어떻게 구했는지 말해 주는 이야기를 읽다 보면, 자연스럽게 유대인들이 왜 부림절을 그같이 보내는지 이해하게 된다. 많은 등장인물, 특별히 페르시아 궁정에 사는 인물들을 보면 웃음을 참지 못할 정도로 대책 없고 엉뚱하다. 이야기는 주로 만찬회장에서 펼쳐진다. 이야기 곳곳에 예기치 않은 전환과 반전이 숨어 있다. 그야말로 무대에 올리기에 안성맞춤이다.

그러나 이 이야기에는 우리의 마음을 불편하게 하는 내용도 있다. 어렸을 적에 나는 에스더 여왕을 미인 대회 참가자 정도로 생각했다. 교회에서 어린이 수준에 맞게 각색된 이야기를 들은 나는, 아하수에로 왕을 만나기 전에 12개월 동안 자신을 아름답게 가꾼 에스더가 어떤 특별한 재능을 보였거나 여왕 선발 퀴즈 대회에서 우승해 왕의 마음을 사로잡았다고 생각했다. 교회 학교에서는 하닷사라는 유대 이름을 가진 에스더가 수산에 살던 수천 명의 처녀와 함께 강제로 왕궁에 끌려가 후궁이 되었다는 사실을 말해 주지 않았다. 술 취한 친구들 앞에서 몸매를 과시해 보라는 왕의 명령을 거부했다가 왕후의 자리에서 쫓겨난 와스디 이야기도 가르쳐 주지 않았다. 궁전 내시들은 누가 잠자리에서 왕을 가장 기쁘게 하는지 알아보기 위해 에스더와 다른 후궁들을 차례로 왕의 침전에 들여보냈다. 왕과 하룻밤을 지낸 여인들은 왕이 특별히 거명하지 않는 한 왕의 침전에 다시 돌아올 수 없다는 지시를 들으며 후궁을 관리하는 내시에게로 이송됐다. 물론 지시를 어기면 사형이었다.

교회 학교는 이와 같이 불편한 진실들을 생략했다.

역사적 전환기를 배경으로 하는 에스더서는 유대인 성경에서 케투빔 곧 '성문서'로 분류된다. 기원전 539년, 페르시아 황제로 등극한 고레스는 바빌로니아 제국을 무너뜨렸다. 그는 일부 유대인들이 예루살렘으로 돌아가 성전을 재건하도록 허용했다. 하지만 여전히 많은 유대인이 난민으로 살아가고 있었다. 에스더의 이야기가 펼쳐지는 곳은 페르시아 제국의 으리으리한 수도다. 당시 제국을 다스리던 황제는 아하수에로였는데, 그는 광대한 제국에 흡수된 많은 사람의 목숨을 쥐락펴락하는 동방의 교만한 폭군으로 알려져 있다.

아하수에로 왕이 등극한 지 25년이 되는 해, 『페르시아 전쟁사』를 저술한 그리스 역사가 헤로도토스는 아하수에로의 권세와 잔인성을 상징적으로 보여 주는 몇 가지 흥미로운 사실을 알려 준다. 그에 따르면 매년 전국에서 소집된 500명의 소년이 거세되어 궁전 내시가 되었다.[10] 우리가 잊지 말아야 할 사실이 있다. 이 소년들과 에스더처럼 강제로 후궁이 된 여인들의 몸은 제국의 소유였다. 식민지의 가부장적 문화의 희생양이 되어 강제로 첩이 된 여성들은 결혼뿐 아니라 자기 몸에 대해 어떤 것도 주장할 수 없었다.

이야기는 궁중 잔치에서 시작된다. 부와 명성의 전성기를 구가하던 아하수에로 왕은 자기를 섬기는 신하들을 위해 며칠 씩 이어지는 호화로운 파티를 연다. 밤낮을 가리지 않고 잔치가 벌어지는 정원에는 아름다운 휘장이 대리석 기둥에 매달렸고 금으로 만든 긴 의자에는 술에 취해 흥청대는 사람들이 누워 있다. 왕은 술 심부름꾼에게 사람들이 마시고 싶은 만큼 주라고 명령한다. 시간이 지날수록 파티는 흥분의 도가니로 변한다.

잔치가 시작된 지 이레가 지나 "술을 마시고 기분이 좋아진" 아하수에로 왕은 와스디 왕후를 정원으로 불러오라고 내시에게 명령했다. 술에 취한 손님들에게 "아름다운" 아내의 관능미를 뽐내고 싶었기 때문이다(에스더 1:10-11).

그런데 이게 웬일인가. 내시가 전한 왕의 명령을 들은 와스디 왕후는 일언지하에 거절하고 코빼기도 내밀지 않았다.

왕후의 거절에 화가 머리끝까지 치민 왕은 가까이서 그를 모시는 신하에게 자신을 거역한 왕후를 어떻게 처리해야 할지 조언을 구한다. 왕의 최측근인 므무간이라는 자가 이 기회를 살려 소소한 집안싸움을 국가적 위기로 키워 버린다.

그는 왕에게 경고한다. "왕후가 한 이 일은 이제 곧 모든 여인에게 알려질 것입니다. 그렇게 되면, 여인들은 아하수에로 왕이 와스디 왕후에게 어전에 나오라고 하였는데도, 왕후가 나가지 않았다고 하면서, 남편들을 업신여기게 될 것입니다. 페르시아와 메대의 귀부인들이 왕후가 한 일을 알게 되면, 오늘 당장 임금님의 모든 대신에게도 같은 식으로 대할 것입니다. 그러면 멸시와 분노가 걷잡을 수 없이 되풀이될 것입니다"(에스더 1:17-18).

므무간의 말을 들은 아하수에로 왕은 다시는 와스디가 자신의 면전에 나타나지 않게 하고 왕후의 자리는 "그녀보다 더 훌륭한 사람"에게 넘겨주라는 칙령을 내린다. 그리고 그 칙령을 페르시아와 메대의 법으로 만들었다(19절). 왕은 자신이 다스리는 제국의 모든 지방에, 그 지방에서 쓰는 모든 언어로 조서를 내린다. "귀천을 막론하고 모든 여인은 자기 남편을 존중"해야 하고 "남편은 가장으로서 자기 집안을 다스려야 한다"(20, 22절).

코미디도 이런 코미디가 없다.

부림절의 청중은 한심하고 정서가 불안한 이 사내들을 보면서 배꼽을 잡고 웃는다. 여자가 자기 권리를 좀 주장했다고 위축되어서는, 남자가 집안을 다스려야 한다는 칙령을 전국에 내리다니.

하지만 그저 웃을 일만은 아니다. 아하수에로와 그의 신하들이 중대한 국사를 개인적인 반감이나 기분에 따라 처리하는 버릇이 있다는 점을 우리는 경계해야 한다. 제국은 언제나 화려하고 부강해 보이지만 속은 위험할 정도로 부패해 있다. 그리고 그 부패에 맞서 싸우는 것이 언제나 우리의 영웅들과 유대인의 운명이다.

와스디를 궁에서 내쫓고 나서 왕은 적적해졌다. 왕의 "분노가 가라앉자"(2:1) 시종들은 전국을 뒤져 아리땁고 젊은 처녀들을 모은 후 좀 더 순종적인 새 왕후를 뽑으라고 왕에게 조언한다. 어렸을 때 고아가 되어 사촌오빠 모르드개의 손에 자란 아름다운 유대인 여성 에스더도 이렇게 강제로 후궁이 된 여인 중 하나다. 왕을 모실 날을 준비하는 기간 동안 에스더는 주변 사람들의 도움을 받는다. 그중에는 에스더처럼 강제로 끌려와 마지못해 왕을 섬기는 궁중 내시들도 있었다. 내시는 보통 사람이 상상할 수 있는 이상으로 국사에 엄청난 영향력을 행사했다. 이야기가 전개될수록 내시들이 에스더에게 있어서 얼마나 중요한 조력자인지 자명해진다.

내시의 도움을 받아 에스더는 드디어 왕후의 자리에 오른다. 그러나 여전히 왕의 호출이 없으면 왕을 알현할 수 없다. 궁전에서 에스더가 유대인이라는 사실을 아는 사람은 아무도 없다. 그 사이 모르드개는 두 조신이 왕의 암살을 모의한다는 사실을 밝혀내 왕의 신망을 얻는다. 점령국에서 특권을 누리며 비교적 평탄할 것 같던 에스더와 모르드개의 삶은 하만(관객들의 "우~!" 하는 소리가 들리는가?)이라는 자가 총리로 임명되면서 위기를 맞는다.

자신이 지나갈 때 절하지 않는 모르드개를 보고 하만은 분노가 치밀었다. 그 분노는 이내 유대인들을 향한 경멸로 바뀐다. 하만은 무관심하고 귀가 얇은 아하수에로 왕을 부추겨 제국에 있는 유대인들을 모조리 없앨 결정을 내리게 만든다. 그러자 왕은 전국에 사람을 보내 "하루 동안에, 유다 사람들을 남녀노소 할 것 없이 모두 죽이고 도륙하고 진멸"(3:13)하라는 조서를 공표한다. 하만은 제비를 뽑아 날을 정했다. 한 민족의 운명을 제비뽑기로 좌지우지하다니. ('부르'라는 단어는 페르시아어로 '제비뽑기'를 뜻하며 여기서 부림절이라는 이름이 나왔다.) 유대인들이 두려움에 떨며 기도하고 금식하고 있을 때, 아하수에로 왕과 하만은 희희낙락 술잔을 기울였다. 성경은 "수산성이 술렁거렸다"고 적고 있다(15절).

민족이 위태로운 상황에 처하자 모르드개는 에스더에게 중재에 나서 달라고 간청하며 "왕후께서 이처럼 왕후의 자리에 오르신 것이 바로 이런 일 때문인지를 누가 압니까?"라고 말한다(4:14). 사흘 동안 금식한 에스더는 왕의 부름 없이 왕 앞에 나아가는 것이 금지된 것을 알면서도 용기를 내어 왕에게 나아간다. 다행히도 에스더를 본 왕은 그녀에게 홀을 내민다. 에스더는 자신이 유대인임을 밝힐 여건을 조성하기 위해 왕과 하만을 연달아 만찬에 초대한다.

한편 하만은 모르드개를 교수형에 처할 음모를 꾸민다. 그런데 여기서 반전이 일어난다. 잠이 오지 않아 신하들에게 오래된 궁중 실록을 읽게 한 왕은 자신의 목숨을 구했던 모르드개에게 아무런 상도 내리지 않았음을 깨닫는다. (아하수에로에게 건망증이 있다는 사실은 후에 더 분명해진다.) 왕은 자신에게 충직한 사람을 어떻게 대우해야 할지를 놓고 다른 사람이 아닌 바로 하만에게 묻는다. 이처럼 흥미로운 아이러니가 또 있을까. 아하수에로 왕이 자신을 가르켜 말하는 것이라고 착각한 하만은 그에게 왕의 예복을 입히고 왕의 말에 태워서 성 안 거리로 장대한 퍼레이드를 벌이라고 조언한다. 그리고 성 안에 사는 사람들에게 "왕께서는 자신이 높이고 싶어 하는 사람을 이렇게 대우하신다!"라고 선포하라고 조언한다. 상상해 보라. 아하수에로 왕이 이 모든 상을 모르드개에게 베풀라고 명령했을 때 하만이 느꼈을 당혹감을!

모르드개는 성 안으로 행진해 가고, 하만은 집에 돌아가 아내의 치마폭을 잡고 운다. 그리고 에스더는 특종을 준비한다.

두 번째 만찬에서 에스더는 왕에게 자기 민족이 전멸당할 위험에 처해 있으니 자비를 베풀어 달라고 간청한다. 이 말을 듣고 눈이 휘둥그레진 왕은 "**감히 그런 일을 하려고 마음을 먹고**

있는 자가 누구인지 밝히라"고 명한다. 전에 유대 민족을 싹 쓸어버릴 계획을 모의했던 하만과의 대화는 까맣게 잊은 채 말이다.

에스더는 악당을 가리키며 "그 대적, 그 원수는 바로 이 흉악한 하만입니다!" 하고 대답한다.

자신의 잘못이 발각되자 하만은 에스더가 앉아 있던 긴 의자에 엎드려 제발 목숨만이라도 건지게 해 달라고 애걸한다. 설상가상으로 이 꼴을 본 아하수에로 왕은 하만이 왕후에게 수작을 건다고 생각한다. 이제 하만의 운명은 결정됐다. 악당은 모르드개를 처형하려고 설치한 교수대에 자신이 매달린다. 에스더는 여기서 그치지 않고 왕에게 적들이 유대인을 몰살하기로 정한 날에 유대인들이 원수를 갚을 수 있게 해 달라고 요청한다. 왕은 이를 윤허하고 이야기는 쿠엔틴 타란티노의 영화처럼 피칠갑으로 끝난다.

많은 사람이 에스더서가 성경에서 유일하게 하나님을 언급하지 않는 책이라는 사실에 주목한다. 실제로 에스더서의 종교적인 주제를 특정하기는 어렵다. 그런데도 우리는 유대 민족이 대량 학살을 모면하는 과정에서 보이지 않는 하나님의 손길을 발견한다. 게다가 우왕좌왕하는 아하수에로 왕과 그의 신하들의 무능하고 불안한 통치는 하나님의 통치를 더욱 두드러지게 한다. "자기 왕국이 지닌 영화로운 부요와 찬란한 위엄을"(1:4) 과시하려는 아하수에로는 신하와 내시, 악당 그리고 결국에는 고아 출신의 유대 여인과 그녀의 사촌의 말에 휘둘리는 한심한 꼭두각시 인형에 불과하다는 사실이 드러난다. 유대인을 향한 하만의 분노는 옹졸하고 유치하기 짝이 없다. 국가의 중대사를 논의하는 현장에 기도와 금식은 없고 술판과 제비뽑기만 난무한다. 에스더서는 베일에 싸인 제국의 실체를 드러낸다. 금으로 만든 의자와 무수한 후궁, 가부장적인 칙령 뒤에는 자랑만 일삼다가 되레 스타일만 구기는, 나약하고 정서가 불안한 사내들이 있을 뿐이다. 황제는 참으로 '벌거벗은 임금님'이다.

조용히, 때로는 보이지 않게 선을 이루시는 하나님의 손길이 없다면 이러한 현실이 무서울 정도로 섬뜩할 것이다. 이러한 연유로 유대인들은 민족이 전멸당할 뻔한 일을 희화화해서 변장하고 축제처럼 즐기는 게 아닐까. 중학생들이 뚝딱뚝딱 준비한 부림절 연극처럼, 제국의 권세는 실상 자기 과시적인 보여주기에 지나지 않는다는 점을 그들은 마음껏 비웃는다. 결국 마지막 승자는 약한 자를 들어 강한 자를 부끄럽게 하시는 이스라엘의 하나님, 아브라함과 모세와 에스더의 하나님이시다.

타국에서 유배 생활을 하던 이들의 극적인 이야기, 부림절 연극으로 매년 재연되는 이 이야기는, 풍자가 거룩한 저항의 무기고에서 언제든 꺼내 쓸 수 있는 무기임을 보여 준다. 이것이 내가 에스더 이야기를 저항 문학에 포함하는 이유다. 때로는 똑바로 쳐다보며 마음껏 비웃어 주는 것이 짐승을 쓰러뜨리는 최강의 무기일 수 있다. 겉으로는 날카로운 이빨을 드러내고 피 묻은 발톱으로 위협하지만, 한 꺼풀 들추고 보면 자기 털

핥기에 바쁜 겁먹은 새끼 고양이일 뿐이다. 역사의 보따리 속에 이 같은 이야기가 가득한 민족은 웃음마저 혁명적일 수 있다. 페르시아가 제비뽑기를 하고 있는 동안 하나님은 역사를 주관하셔서 제멋대로인 제국보다 한발 앞서 연약한 자를 지키시고 구원하신다는 메시지는 우리에게 위안이 된다.

물론 이 이야기를 포함한 데에는 개인적인 선호도 작용했다. 어릴 적 나의 상상력을 자극했던 이야기가 이제는 나의 믿음을 일으킨다. 여성 혐오에 빠진 왕이 겉만 번지르르한 제국을 위태롭게 운영하는 것이 특별히 새로운 일이 아닐뿐더러 하나님께서 다루시지 못할 일도 아니라는 사실을 일깨워 주기 때문이다.

어쩌면 요즘과 같은 세상에서 우리에게 필요한 이야기는 바로 에스더서와 같이, 성경적 영감이 깃든 블랙 코미디가 아닐까.

⌒

"하늘에서 별의 삼분의 일이 떨어질 것이다."
"바다가 그 속에 있는 죽은 사람들을 내놓을 것이다."
"바빌론의 음녀가 거대한 짐승을 탈 것이다."
"오직 생명책에 기록된 사람들만 살 것이다."
내가 요한계시록을 언급할 때마다 나의 남편 댄은 놀리려는 심산으로 갑자기 최면에 걸린 척하면서 어렸을 때 외운 구절들을 중얼댄다. 실제로 요한계시록은 그 난해하고 기이한 형상들 때문에 성경에서 가장 잘 알려진 동시에 가장 오해를 많이 받는 묵시적 저항 문학이다. 심지어 고대에 살았던 사람들도 피의 강이나 불바다, 일곱 개의 머리에 열 개의 뿔이 난 괴물, 일곱 봉인을 떼는 일곱 눈의 어린 양이 등장하는 이야기를 어떻게 해석해야 할지 몰라 난감해했다.

요한계시록을 먼 미래의 비밀을 말해 주는 암호화된 문서라거나 타임캡슐처럼 수백 년 후 텔레비전 부흥사에 의해 해석되도록 공중에 선포된 메시지로 보아서는 안 된다. 요한계시록은 역사의 어느 시점에 살았던 특정한 사람들을 대상으로, 그들이 처한 상황 속에서 고민할 수밖에 없었던 실존적인 질문에 답하기 위해 쓰여진 것이다. 저자 요한은 밧모섬에 유배되어 로마 제국, 아마도 도미티아누스 황제 치하에서 심한 박해를 받던 그리스도인들을 격려하고 도전하기 위해 계시록을 기록했다.

그 시대의 그리스도인들은 귀에 못이 박히도록 제국의 선전을 들으며 살았다. 카이사르(황제)가 신이며 그의 통치가 영원할 것이라고 주장하는 선전문은 주화에도, 시장에도, 점령군이 들고 다니는 깃발에도, 일상을 좌지우지하는 칙령과 법조문에도 새겨져 있었다. 도미티아누스 황제는 한술 더 떠서 그가 다니는 곳마다 합창단을 대동해 다음과 같이 자신을 찬양하도록 명했다. "귀하신 우리의 주인, 우리의 신이시여, 존귀와 영광과 권세를 받으소서." 로마의 메시지는 분명했다. 황제를 숭배하면 살겠지만, 거절하면 징계를 받거나 옥에 갇히거나 목숨을 잃게 될 것이다.

한동안 상황이 점점 어려워지리라 내다본 요한은 박해받는 성도들을 위로하는 동시에 그들에게 경각심을 불러일으키고자 편지를 썼다. 요한은 편지의 수신자들이 공유하는 신학적, 문학적 유산을 적극 활용했는데, 적어도 250번을 구약 성경을 인용하거나 언급했다. 그의 편지는 수수께끼 같은 예언이 나오다가 갑자기 목회적 조언이나 즉흥적 찬양시가 연달아 등장하는 등 빠른 전환이 특징이다.

요한과 1세기 유대인들의 마음을 사로잡은 것은 다니엘서 7장에 나오는 환상이었다. 환상은 불꽃이 이는 보좌에 앉으신 "옛부터 계신 분"이 메소포타미아의 포악한 제국을 상징하는 네 마리의 사나운 짐승을 심판하시는 것으로 대단원의 막을 내린다. 그리고 그들의 권력을 "인자 같은 이"에게 주시는데 그의 "권세는 영원한 권세여서, 옮겨 가지 않을 것이며, 그 나라가 멸망하지 않을 것이다"(다니엘 7:13-14). 멸망할 운명을 갖고 태어난 변종 괴물들은 이제 사라졌다. 모든 민족이 인자 혹은 "사람처럼 생긴 분"(현대인의 성경)—우리와 같이 울고, 피 흘리고, 노래하고, 웃으시는 분—을 경배한다.

요한이 살던 시대에는 과연 이 '인자'가 누구인지에 관한 추측이 난무했다. 고대 서기관들과 랍비들이 저마다 메시아 또는 '기름 부음 받은 자'로 지목한 불가사의한 인물이 수많은 묵시 문학에 등장했다. 사람들은 유대 민족에서 나온 메시아가 그들의 압제자로부터 그들을 해방하고, 이 땅의 제국과는 차원이 다른 정의롭고 공평한 왕국을 세워 영원히 통치할 것이라고 기대했다.

구약과 신약을 자유롭게 넘나들며 기이하고 종말론적인 이미지를 사용하는 요한이 분명하게 말하고 있는 한 가지는 나사렛 예수가 바로 그들이 기다리던 분이라는 것이다. 나사렛 예수는 메시아요 인자이며 짐승을 무찌를 어린양이시다. 요한은 모든 천사와 예언자와 황제와 사람들이 예수님께 새 노래를 부른다고 적고 있다.

> 죽임을 당하신 어린양은
> 권세와 부와 지혜와 힘과
> 존귀와 영광과 찬양을 받으시기에 합당하십니다!
> (요한계시록 5:12)

이는 황제를 향한 선전 포고였다. 요한의 시대에 이 메시지를 다른 식으로 해석할 사람은 아무도 없었다.

예수님이 카이사르보다 위에 있고 카이사르에 맞서는 왕이시라는 선포는 이제 식상한 종교적 수사가 되어 버려 우리는 더 이상 그 말에 담긴 저항 정신을 느끼지 못한다. "예수님의 이름으로" 말하고 행동하는 것은 곧 "카이사르의 이름으로", "왕의 이름으로", "대통령의 직권으로" 선포된 법령에 당당히 맞서는 것이다. "예수님이 주님이시다"라고 선포하는 것은 기본적으로 이 시대의 지도자들의 권력이 겉으로 보이는 것만큼 절대적이지 않다고 말하는 행위다. 로마 시대에 예수님을 하나님의 아들이라 부르는 것은 신의 이름으로 자신을 부르라고 명했던 황제의 권위를 정면으로 부인하는 행위였다.

다음 장에서 살펴보겠지만, 요한과 다른 복음서 저자들은 대담하게 진리를 선포했다. 톰 라이트는 그들이 선포했던 진리를 다음과 같이 요약한다. "하나님께서 예수님을 통해서, 예수님 안에서 왕이 되셨다! 초유의 정치적 상황이 벌어졌다. 새 시대의 문이 열렸고, 어느 누구도 그 문을 닫을 수 없다. 이제 예수님은 누구도 정통성을 의심할 수 없는, 온 세계의 진정한 주님이시다. 세상의 다른 모든 주들은 이제 그의 발 앞에 무릎 꿇어야 한다."[11]

복음서 이야기로 넘어가기 전에 우리가 기억해야 할 중요한 사실이 있다. 복음서 이야기는 "옛날 옛적에"로 시작하지 않고, "그때에 아우구스투스 황제가 칙령을 내려 온 세계가 호적 등록을 하게 되었는데……"(누가복음 2:1-3)로 시작한다. 이 이야기는 제국의 억압에 맞서 저항하는 역사적 맥락에서 나왔다. 왕실의 새로운 후손이 태어나거나 원정을 떠난 군대가 승리를 거두었을 때, 황제의 사자는 **복음** 곧 '기쁜 소식'을 공표한다. 따라서 예수님이 이사야서를 인용하며 아래와 같이 선포했을 때, 사람들은 그 의미를 정확히 파악했다.

주님의 영이 내게 내리셨다.

주님께서 내게 기름을 부으셔서,

가난한 사람에게 기쁜 소식을 전하게 하셨다.

주님께서 나를 보내셔서, 포로 된 사람들에게 해방을 선포하고,

눈먼 사람들에게 눈뜸을 선포하고,

억눌린 사람들을 풀어 주고,

주님의 은혜의 해를 선포하게 하셨다.

(누가복음 4:18-19)

예수님은 새로운 왕국의 도래를 선포하시며 예언과 희망의 노래, 슬픔의 노래, 풍자와 조롱, 종말론적인 환상을 넘어선 새로운 저항 문학의 장을 여셨다. 그의 출생과 가르침, 죽음과 부활로 혁명은 시작되었다.

단지 사람들이 흔히 기대하는 그런 방식이 아니었을 뿐.

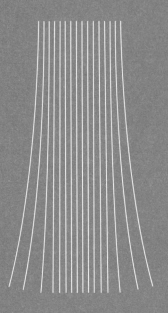

샘물＋복음 이야기

"그리스도인이라면 누구나
자신만의 복음을 갖거나

또는 '누군가에게서 들은'
복음을 갖게 된다."

샘물

나는 한낮에 우물가로 향했다.

햇볕이 목덜미에 따갑게 꽂히고 흐르는 땀에 눈이 따끔거렸다. 무거운 물항아리를 들고 돌아갈 생각을 하니 한숨이 절로 나왔다. 들쥐마저 바위 밑에 숨어 버리고 양들도 외롭게 서 있는 뽕나무 그늘로 피했다.

다른 아낙네들은 대부분 동이 틀 무렵 물을 긷는다. 풀에는 아직 이슬이 맺혀 있고 하늘에 연한 분홍빛 여명이 피어날 때 여인네들은 우물가에 모여 수다를 떨고, 따라 나온 어린것들을 꾸짖고, 동네 소식을 나눈다. 우스갯소리를 주고받으며 깔깔대는 그들의 웃음소리가 새들의 노랫소리처럼 마을에 퍼진다. 사막에서 우물은 생명을 키우는 자궁과 같다. 우리의 선조들은 우물가에서 혼담을 성사시키고, 사랑에 빠지고, 아기가 태어날 것이라는 약속을 받았다. 우물에서 하나님은 새로운 일을 벌이신다.

하지만 나는 이런 우물에 어울리지 않는 여자다.

사람들은 야곱을 기념하여 이 우물에 이름을 붙였다. 그러나 갈증을 참으며 터덜터덜 우물가로 다가가는 순간 내 머릿속에 떠오른 사람은 다말이다. 나는 종종 그녀를 생각한다. 저주받은 여인의 대명사. 자식 없이 남편이 죽자 그의 동생에게 넘겨지고, 동생 역시 죽자 또다시 그의 어린 동생에게 넘겨진 여인. 죽음만 불러온다고 손가락질받던 여인. 마침내 충격적인 방법으로 쌍둥이를 출산한 우리 민족의 어머니. 그녀의 이야기에 자꾸 내 인생이 겹쳐진다. 나 역시 시아버지 집에 거하며 어린 소년이 남자가 될 날을 기다리는 신세다. 소년의 어머니가 나를 두려워하고 증오하는 건 어찌 보면 당연한 일이다. 네 번의 결혼과 네 번의 비극. 어떻게 내가 시어머니를 탓할 수 있을까. 다말의 남편들은 못되게 굴었지만, 그래도 나의 남편들은 다정했다. 미신에 사로잡힌 이웃들이 관혼법 같은 건 무시하고 광야로 내쫓으라고 들쑤실 때도, 남편들은 나를 저버리지 않았다. 시어머니도 이웃들과 같은 마음이었을 것이다. 가끔씩 나도 그런 마음이 들 때가 있으니까.

머리 위에 작렬하는 눈부신 햇살 속으로 어렴풋이 우물가에 앉아 있는 한 사람이 보였다. 남자였다. 가까이 다가서자 그의 외투 자락 끝에 매듭지어진 술들이 눈에 들어왔다. 유대인임이 틀림없다. 순간 말을 섞을 필요가 없어 다행이라는 생각이

머리를 스쳤다. 이 지방에서는 웬만해선 사내가 여인에게 말을 건네지 않는다. 더더구나 유대인 남자라면 절대로.

우물에 도착하자마자 나는 사내가 앉아 있는 반대편에 털썩 주저앉아 숨을 돌렸다. 어디선가 매의 날카로운 울음소리가 들려왔다. 들쥐를 노리고 있음이 분명했다.

"물 한 모금 얻어 마실 수 있겠소?"

사내의 목소리를 듣고 나는 마른하늘에 날벼락을 맞은 사람처럼 깜짝 놀랐다. 한동안 내 귀를 의심했다. 도대체 어떤 유대인이 사마리아 여인에게 물을 구한단 말인가? 유대인은 우리가 쓰는 물항아리마저 불결하게 여기는 족속 아닌가?

"당신은 유대인 남자인데 어떻게 사마리아 여자인 내게 물을 구합니까?" 나는 억지웃음을 지으며 간신히 그의 시선을 피했다.

"내가 누구인 줄 알았다면 도리어 당신이 **내게** 물을 구했을 거요. 그러면 내가 이 우물물보다 훨씬 시원하고 깨끗한 샘물을 주었을 텐데. 당신이 정말 갈구하는 그런 물 말이오."

귀가 번쩍 뜨였다. 지친 줄도 모르고 나는 벌떡 일어나 그가 앉아 있는 곳을 쳐다봤다. 사내는 비교적 젊어 보였다. 서른 정도. 그에겐 물항아리도 밧줄도 두레박도 없었다. 유대에서 갈릴리로 가는 나그네임이 분명하다. 그런데 왜 동행자 없이 혼자일까.

"이 우물에서 샘물을 주신다고요?" 나의 목소리가 커졌다. "선생님에겐 물을 떠다 줄 두레박도 없지 않습니까. 게다가 이 우물은 깊기까지 한데……. 지금 우리 조상 야곱보다 선생님이 더 위대하다고 말하는 겁니까? 이 우물은 야곱이 팠습니다. 그와 그 자녀들과 그의 가축까지, 모두 이 우물물을 마셨습니다. 그런데 그 야곱이 주지 못한 것을 선생님이 주신다고 얘기하는 겁니까?"

난 참지 못하고 입을 놀려 버렸다. 유대인처럼 종교 문제에 대해 아는 체하는 사람들도 드물다. 사마리아 여인에게서 이런 말을 듣게 될 줄 사내는 꿈도 꾸지 못했을 것이다.

그가 말했다. "이 물을 마시는 사람은 다시 목마를 것이나 내가 주는 물을 마시는 사람은 영원히 목마르지 않을 것이오. 내가 주는 물은 그 사람 속에서 솟아나는 샘물이 될 것입니다. 절대 마르지 않는 샘물 말이오."

"그런 물이 있으면 나도 한번 마셔 봅시다!" 얄궂은 웃음을 지으며 내가 말했다. "다시는 여기까지 힘들게 물 길으러 나올 일이 없게 말입니다."

내 말 때문에 기분이 상했는지 사내는 입을 다물었다. 두레박을 밧줄에 묶어 우물에 내렸다. 물론 제일 먼저 손님에게 물을 건넬 것이다. 사마리아인이 얼마나 타인을 환대하는지는 누구나 다 아는 사실 아닌가.

잠깐의 침묵을 깨고 그가 말했다. "가서, 남편을 불러오시오."

순간 나는 이를 악물었다.

"나에게는 남편이 없습니다."

"남편이 없다고 한 당신 말이 맞소. 여태까지 남편이 다섯이나 있지 않았소? 그리고 지금 같이 사는 남자는 당신 남편이 아니니."

다섯 명의 남편.

이 사내는 동네 사람들도 모르는 내 비밀을 어떻게 알고 있을까. 그는 **내 속을** 훤히 들여다보고 있었다.

손이 떨려오는 바람에 밧줄을 놓쳤다. 두레박이 우물 아래로 떨어졌다. 난 주춤주춤 뒤로 물러섰다.

"내가 보니, 선생님은 예언자이십니다." 나는 바닥에 주저앉았다.

사내는 아무 대답도 하지 않았다. 뜨거운 태양 아래 땀범벅이 된 우리는 갈증을 참으며 그렇게 조용히 앉아만 있었다. 그런데 이 이상한 교감은 무엇일까. 그는 우물에 다가가 두레박을 끌어올렸다.

"그럼 이건 어떻게 생각하시나요?" 내가 다시 용기를 내어 입을 열었다. "우리 조상은 이 산에서 예배를 드렸는데, 선생님네 사람들은 예배드려야 할 곳이 예루살렘에 있다고 합니다. 도대체 누구 말이 맞는 겁니까?"

방금 예언자에게 비밀이 들통난 사람이 생전 안 해 본 이런 질문을 한다는 게 좀 이상해 보일 수도 있을 것이다. 하지만 하나님께서 정말로 이 유대인의 입을 빌려 말씀하시는 것이라면, 꼭 물어보고 싶은 질문이었다. 유대인과 사마리아인 사이의 적대감은 수백 년을 거슬러 올라간다. 둘은 원래 같은 뿌리에서 시작했다. 믿음의 조상과 예언자와 왕의 역사를 공유하지만, 시간과 공간의 차이로 서로 다른 문화와 관습, 다른 성지를 갖게 되었다. 내가 태어나기 백 년 전, 유대인들은 그리심산에 있는 우리의 성전을 파괴했다. 그러고는 시신으로 그들의 성전을 모독했다는 이유로 사마리아인을 예루살렘 성전에서 영원히 추방했다. 이 사내가 정말 예언자라면, 유대인이 옳다는 의미다. 유대인이 옳다면, 나 같은 여인이 하나님을 만날 곳은 세상에 없다는 뜻이 아닌가.

"괜한 걱정하지 마시오." 그가 웃으며 대답했다. "물론 구원은 유대인을 통해 올 것이오. 하지만 그 구원은 모든 민족을 위한 것이지. 우리 사이의 장벽이 무너질 날이 옵니다. 결국 하나님은 영이시고 진리이시지 않습니까. 어찌 성전에 영을 가두고 제단에 진리를 잠가 둘 수 있겠소. 하나님이 원하시는 예배는 특정한 장소에 매이지 않는 예배요."

그가 잠시 말을 멈췄다.

"하지만 당신은 이 모든 사실을 벌써 알고 있지 않았소? 마음속에 늘 간직하던 그 답이 아니냐는 말이오."

그는 허리를 굽혀 내 눈을 똑바로 바라보았다. 어떤 남자도 나를 이런 식으로 쳐다본 적이 없었다.

"메시아가 와서 이 모든 것을 다 알려 주신다고 사람들이 말했어요." 나는 자리를 박차고 일어났다.

"당신에게 말하고 있는 내가 바로 그 사람이오."

말이 떨어지기가 무섭게 그가 물이 담긴 두레박을 나에게 건넸다. 나는 두레박에 입술을 대고 고개를 젖혔다. 평생 맛보지 못한 깊고 시원한 맛이었다. 나는 멈추지 않고 계속 마셨다. 숨이 찰 때까지.

물을 다 마시고 소매로 입을 닦으며 두레박을 그에게 되돌려 주었다. 그런데 이게 무슨 일인가. 두레박을 받은 그가 벌컥벌컥 나머지 물을 마시는 게 아닌가. 마지막 남은 물로 얼굴의 먼지를 닦기까지 했다. 난 내 눈을 의심했다. 유대인이라는 자, 아니, **메시아**가 내가 더럽힌 두레박에 담긴 물을 그토록 달콤하게 마시다니.

놀란 내 표정을 보고 그가 웃기 시작했다. 인간의 종교적 부조리가 어찌나 우스꽝스럽게 보였는지 그는 배꼽이 빠지도록 웃었다. 나도 그를 따라 웃었다. 지치고 목마른 내 몸의 세포들이 다시 생생하게 깨어나는 기분이었다. 출산과 출생을 동시에 경험하듯 내 마음이 벅차올랐다.

한 무리의 사람들이 다가오는 줄도 모르고 우리는 한참 동안 눈물이 나도록 웃고 또 웃었다. 적어도 열 명의 남자가 굳은 얼굴로 우리를 쳐다보고 있었다. 모두 유대인이었다.

그들은 나와 함께 있던 남자를 랍비로 불렀다. 랍비는 그의 친구들에게 어떤 율법도 어기지 않았다고 안심시키며 며칠 더 묵을 채비를 하라고 얘기했다.

"오늘 밤 사마리아인들과 잔치를 벌일 걸세." 그가 선언했다.

나도 모르게 환한 미소가 얼굴에 번졌다.

누군가에게 이 사실을 말해야 한다. 그런데 누구에게 말하지? 가족은 나를 싫어하고……. 내 친구들은 아무도 귀 기울여주지 않는 무식쟁이들뿐인데. 누가 내 말을 믿을까? 내 말을 이해할 수나 있을까?

남의 집 종살이를 하는 미리암과 창녀 마라가 떠올랐다. 빵 굽는 이와 양치기 소년들은 언제든 이야기를 잘 들어 주지.

더 많은 이름과 얼굴이 떠오를수록 내 발걸음이 빨라졌다. 비탈길을 넘어 뽕나무를 지났다.

옆집 과부는 흔쾌히 잔칫상을 차려 줄 거야. 골목의 눈먼 거지도 오겠지. 에발에 사는 문둥이도 올지 몰라. 세리도 하나둘 모습을 드러낼 테고.

저만치 마을이 눈에 들어오자 나는 힘차게 뛰기 시작했다.

무화과를 따고, 빵을 굽고, 포도주를 마셔야지. 집이 미어터지도록 배고프고 목마른 사람들, 마음껏 웃고 먹고 새롭게 시작할 준비가 된 사람들을 초대해야지. 식탁에 꽃병을 올려놓는 것도 잊지 말고. 오래된 노래들을 함께 부를 수도 있겠지.

어느새 나는 수가에 도착했다.

물항아리를 우물가에 남겨 둔 채로.

복음 이야기

내가 예수님을 만난 곳은 우리 집 식탁이었다. 떡갈나무로 만들어진 셰이커 양식의 널찍한 식탁은 변변치 않은 우리 집안 살림에서 그나마 돋보이는 수제 가구였는데, 중간에 세 개의 판을 끼워 넣어 더 길게 늘일 수 있는 점이 특이했다. 이 식탁은 엄마가 노스캐롤라이나 스프루스 파인에 있는 유명한 가구점 '우디네 의자 가게'에서 할인가로 산 여덟 개의 의자와 구색을 맞추기 위해 특별 주문한 것이다. 아직까지 1800년대에 제작된 선반과 장붓구멍 기계를 사용하여 만드는 '우디' 의자는 못이나 접착제 없이 아귀를 끼워 맞추는 식으로 제작된다. 존 F. 케네디도 가지고 있었고, 스미소니언 협회와 메트로폴리탄 미술관에도 전시되어 있을 정도로 '우디'는 고급 의자로 정평이 나 있다. 엄마의 말에 따르면, 의자 하나가 1984년 당시 돈으로 80달러나 될 정도로, 맞벌이 교육자 부부에겐 분에 넘치는 식탁 세트였다. 그래서인지 부모님은 기회가 될 때마다 사람들을 식사에 초대했다. 비록 중고 식탁 매트와 짝이 안 맞는 그릇들로 차려진 식탁이었지만 배고픈 대학생들과 교회 손님들의 허기를 채우기에는 부족함이 없었다.

김이 모락모락 나는 스파게티나 폭찹 혹은 다른 평일 저녁 메뉴가 올라온 식탁에서 나는 기도하는 법을 배웠다. **"예수님, 엄마와 아빠, 레이첼과 아만다를 세상에 태어나게 해 주셔서 감사합니다. 그리고 이 음식을 주셔서 감사합니다. 아멘."** 예수님에 대해서 내가 알게 된 첫 번째 사실은 그분이 나의 부모님과 동생 아만다, 나 그리고 내가 먹는 음식이 존재할 수 있게 하신 분이라는 것이다. 내가 듣기에는 그런대로 희소식이었다.

좀 우습게 들릴 수도 있지만, 자신을 '거듭난 그리스도인' 이라고 말하는 사람들 중 상당수가 거듭난 순간을 잘 기억하지 못한다. 16살 때, 고등부 전도사님이 수요 저녁 모임에서 간증을 하라고 시켰을 때, 나는 '예수님을 만났던' 기억을 떠올리지 못해 애를 먹었다. 침대맡에서 생애 처음 드렸던 기도에서 시작해 내 유년기의 세계관을 형성한 그림책과 노래들에 이르기까지, 예수님은 언제나 내게 찾아오셨다. 그분의 존재는 식탁에 오르는 저녁 메뉴나 정오 TV 프로그램에 나오는 로저스 아저씨*만큼이나 분명했다.

부모님의 침대에서 지옥 이야기를 듣고 무서워 떨던 밤과 예수님을 내 마음에 초대할 수 있도록 도와 달라고 아버지께 부탁했던 날을 거듭난 순간이라고 말할 수도 있겠다. 페이스 채플에 있는 침례탕의 미지근한 물 속에 어색하게 잠겼던 순간도 떠오른다. 하지만 이런 기억들은 모두 부분적인 이야기일 뿐이다. 개인적인 경험의 차원을 넘어 얘기하자면, 애팔래치아 산맥 어딘가에서 벌어진 부흥회에서 술을 풀밭에 부어 버린 이모할머니들과 그 남편들의 이야기를 할 수도 있겠다. 자신이 왜 가톨릭에서 개신교로 개종을 했는지 거침없이 써 내린 편지를 교황에게 보낸, 리투아니아에 사는 우리 할머니 이야기도 있다. 신학대학과 선교사, 종교개혁과 교회의 폐단에 관해 얘기할 수도 있을 것이다. 기독교 구원관의 기초를 놓은 아프리카의 성인 아우구스티누스에 대해서 얘기할 수도 있고, 유대인과 이방인 백부장이 최초로 동석한 1세기의 역사적인 만찬에 대해서도, 또 빈 무덤을 보고 숨 가쁘게 마을로 뛰어간 여인에 대해서도 말할 수 있다. 비록 당시에는 내 이야기가 거대한 이야기의 작은 조각임을 온전히 이해하지 못했을지라도, 나는 그날 저녁 고등부 모임에서 "저는 기독교 집안에서 자랐습니다"라고 간증을 시작했어야 했다.

복음서 또는 '기쁜 소식'이라 불리는 예수님 이야기가 그토록 인상적인 이유는 무엇일까. 복음서의 이야기는 규모가 큰 동시에 세세하고 구체적이고 포괄적이면서도 친밀하다. 파리

• 　전 연령대의 시청자로부터 폭넓은 사랑을 받으며 33년간 방송된 「로저스 아저씨의 이웃들」의 진행자.

만 날리던 팔레스타인 지방의 조그만 어촌에서 시작된 이야기는 수천 년을 지나 1984년 지구 반대편의 앨라배마주 버밍엄에 사는 댕기 머리 유치원생의 귀에까지 닿을 정도로 어마어마한 파장을 일으켰다. 이 소문은 아프리카와 인도, 안데스 산맥과 몰디브 해안까지 닿았으며, 고대 로마 병사와 아일랜드의 농부, 아이티의 어부와 중국의 초등학생에 이르기까지 정말로 다양한 사람들의 삶을 변화시켰다.

그렇다면 이 '기쁜 소식'의 내용은 뭘까?

아마도 누구에게 묻느냐에 따라 답이 달라질 것이다.

사도 요한에게 복음이란 예수님을 통해 하나님께서 "육신이 되어 우리 가운데 사셨다"(요한복음 1:14)는 소식이다. 조금 더 문자적으로 말하면, 하나님께서 "육신이 되어 우리 가운데 장막을 치고 사셨다"는 의미다. 성전 없이 살아온 세월이 늘어가고, 사람들이 어디서 어떻게 예배를 드려야 할지를 놓고 언쟁을 벌일 때, 하나님은 우리와 같은 인간이 되셔서 우리 가운데 거주하셨다. 예수님은 제사장인 동시에 희생 제물이 되셨고 거룩한 절기와 하나님의 임재가 되셨다. 요한은 "그 이름을 믿는 사람들에게는, 하나님의 자녀가 되는 특권을 주셨다. 이들은 혈통에서나, 육정에서나, 사람의 뜻에서 나지 아니하고, 하나님에게서 났다"(1:12-13)고 기록한다.

우물가의 여인에게 복음은, 이제는 어디서 예배하는 것이 옳은지 고민할 필요가 없다는 소식이다. 하나님께서 유대인들이 괄시하는 사마리아 사람들과 우물가에 어울리지 않는 여인으로 출발하는 믿음의 새 계보를 시작하셨으니 말이다.

마태와 마가에게 복음이란 예수님이 모두가 기다리던 메시아라는 소식이다. 그분은 이 땅에 하나님 나라를 세우기 위해 오셨다. 그 나라는 정복과 권력과 복수가 아닌 믿음과 희생과 조건 없는 사랑으로 세워진다. 하나님 나라는 먼 미래의 아득한 꿈이 아니다. 그것은 예수님의 삶과 죽음과 부활을 통해 우리 가운데 실제로 이루어졌다. 예수님을 보면서 우리는, 하나님이 통치하시고 하나님의 뜻이 "하늘에서와같이 땅에서도" 이루어질 때 어떤 일이 벌어지는지 알게 되었다.

예수님께 축복 기도를 요청한다고 제자들이 귀찮아하며 내쫓던 갈릴리의 아이들에게 복음은, 예수님이 그들의 장난을 받아 주며 머리를 쓰다듬어 주시는 상냥한 왕이시라는 소식이다.

의사였던 누가에게 복음은 특히 가난하고 억눌린 사람들, 탕자와 병자들에게 기쁜 소식이다. 예수님은 거의 모든 문화에서 통용되던 복의 개념과는 완전히 다른 복을 선포하셨다. "너희 가난한 사람들은 복이 있다. 하나님의 나라가 너희의 것이다. 너희 지금 굶주리는 사람들은 복이 있다. 너희가 배부르게 될 것이다. 너희 지금 슬피 우는 사람들은 복이 있다. 너희가 웃게 될 것이다"(누가복음 6:20-21). 복음서 저자 중에 누가만큼 이 해방의 약속을 문자 그대로 받아들인 사람은 없다. 그에게 하나님은 우리를 곤경에서 구하시고 치유하시며 불의를 바로잡으시는 분이다.

혈루증을 앓아 전 재산을 의사들에게 갖다 바친 여인에게 복음은, 율법이 부정하다고 간주하는 상처를 예수님이 친히 어루만져 낫게 하신다는 소식이다.

사도 바울은 복음서가 '기쁜 소식'인 것은 예수님 안에서 이스라엘의 역사가 정점에 이르렀고 예수님을 통해서 하나님의 선민 이스라엘이 세상에 구원을 베푸는 민족의 사명을 마침내 완수할 것이기 때문이라고 말한다. 이제 이방인들은 이스라엘의 이야기에 '접목'되었고, 그들이 하나님의 가족에 완전히 통합되는 데 걸림돌이었던 율법과 의식들은 무효가 되었다. 유대인과 이방인 사이에 비로소 진정한 일치가 이루어진 것이다.

예수님이 진흙과 물로 낫게 하신 눈먼 거지에게 복음은 아주 단순하다. 어떤 일에나 의심을 품는 종교 지도자들에게 그는 이렇게 말했다. "한 가지 내가 아는 것은, 내가 눈이 멀었다가, 지금은 보게 되었다는 것입니다"(요한복음 9:25).

이 '기쁜 소식'에 갖은 신학적 해석을 덧붙여 두꺼운 책으로 출간할 수도 있겠지만, 성경은 어부와 농부, 임산부, 쉴 새 없이 꼼지락대는 어린아이의 관점에서 복음을 이야기한다. 하나님의 본성, 인간과 하나님의 관계를 말해 주는 이 이야기에는 진흙 냄새와 외양간의 건초 냄새가 나고, 소금과 포도주 맛이 난다. 복음은 영원에 관한 질문뿐 아니라 세금을 내고 끼니를 해결하는 문제나 한 여성이 겪는 만성적인 생리 합병증에도 관심을 둔다. 복음은 가장 방대한 규모의 이야기인 동시에 가장 지엽적인 이야기이다. '절대 반지'를 처리하기 위해 장대한 원정을 떠나는 대서사시에 프로도와 샘의 은은한 우정 이야기가 담긴 것처럼.

최근 몇 년 동안 복음서를 이해하기 쉽게 단 한 문장의 경구로 요약하려는 다양한 시도가 있었다. D. L. 무디는 동전 하나에 복음을 새길 수 있다고 주장했다. 언젠가 나는 트위터에 짧은 글로 복음을 요약해 보라는 요구를 받기도 했다. 하지만 복음서를 한 문장으로 정리하려는 시도는 공연한 헛수고일 뿐이다. 하나님께서 우리에게 주신 것은 이야기, 좀 더 정확하게 표현하자면 한 사람 아닌가.

실제로 성경을 살펴보면, 누구도 같은 방식으로 예수님을 만나지 않았다. 누구도 '영접 기도문'을 읽거나 예수님을 마음에 모시겠다고 하지 않았다. 복음이 온 세계에 좋은 소식인 것은 틀림없다. 그러나 어떤 점에서 좋은가는 사람마다, 공동체마다 다르다. 죄에서 해방된다는 똑같은 소식을 듣고도, 부유한 청년이 받아들인 방식과 간음하다 들통난 여인이 받아들인 방식이 달랐던 것 같다. 예수님이 메시아라는 기쁜 소식이 유대인이자 예언자였던 세례 요한에게 미쳤던 영향과 이방인이자 아웃사이더였던 에티오피아 내시에게 미쳤던 영향은 각각 달랐다. 부활을 처음으로 목격한 막달라 마리아가 경험한 구원과 예수님과 함께 십자가에 달렸던 도둑이 경험한 구원은 다른 것이었다. 마치 모자이크처럼, 복음이라는 큰 이야기에 작은 이야기 조각들이 맞물려 있다. 그러나 작은 이야기라 할지라도 그 자체로 아름답고 참되다. 복음이라는 이야기에는 어떠한 공식이나 개요가 없다.

언젠가 플래너리 오코너는 이야기에 관해 다음과 같이 말했다. "이야기는 이야기가 아닌 다른 방식으로는 전달할 수 없는 것을 말한다. 이야기의 의미를 제대로 파악하려면 단어 하나도 그냥 지나쳐선 안 된다. 한 문장으로 정리하는 것이 적절치 않기 때문에 이야기로 푸는 것이다. 누군가 이야기의 내용에 관해 묻는다면 그에게 해 줄 수 있는 가장 적합한 답은 '직접 읽어 보세요'이다."[1]

따라서 사람들이 "복음이 무엇입니까?"라고 물을 때 우리가 줄 수 있는 최선의 답은 "제가 이야기를 하나 해 드리겠습니다"이다. 아브라함이나 이사야의 이야기 또는 누가의 이야기로 시작할 수 있을 것이다. 당신의 할머니에 관한 이야기나 시골 교회 부흥회 또는 우디네 의자가 놓인 식탁에서 있었던 일을 얘기할 수도 있다. 이야기의 어느 지점에서 당신은 예수님을 거론하게 될 것이다. 그리고 예수님이 등장하는 순간 모든 것이 변한다.

마태복음과 마가복음에는 예수님의 머리에 비싼 향유를 부은 여인이 등장한다. 그녀는 예언자의 눈으로 예수님이 곧 체포되어 십자가에 처형될 것을 바라보고 그렇게 행동했다. 제자들이 왜 귀한 향유를 낭비하느냐며 여인을 꾸짖을 때, 예수님은 그녀를 감싸시며 다음과 같이 선포하신다. "내가 진정으로 너희에게 말한다. 온 세상 어디든지, 복음이 전파되는 곳마다, 이 여자가 한 일도 전해져서, 사람들이 이 여자를 기억하게 될 것이다"(마가복음 14:9). 예수님의 이 말씀은 복음을 전파한다는 것은 단순히 예수님의 죽음과 부활이 아니라 그분의 **삶**의 이야기를 전하는 것임을 암시한다. 교황 베네딕토 16세의 말을 빌리자면, "'복음'은 예수님 자신이며, 그의 몸짓과 가르침, 삶과 부활, 우리와 동행하시는 발걸음 모두가 포함된 개념이다."[2]

이것이 바로 신약이 건네는 메시지다. 신약은 예수님에 관한 기쁜 소식을 다양한 관점으로 전하고 있다. 종종 공관복음이라고 불리는 마태복음, 마가복음, 누가복음은 예수님의 영적인 여정을 전기 형식으로 다룬다. 이 복음서의 저자들은 목격자들의 증언과 기존 자료 그리고 자신의 기억을 이용하여 예수님의 행적과 가르침을 기록으로 남겼다. 요한복음은 공관복음보다 좀 더 창의적으로 이야기를 전달한다. 이야기의 세부적인 부분에 변화를 주거나 윤색해서 또는 새로운 일화를 첨가함으로써 독자들이 예수님의 삶과 죽음과 부활이 가진 신학적 의미를 큰 틀에서 생각할 수 있게 해 준다. 사도행전은 복음이 지중해 주변에서 공동체를 이루고 살던 수천 명의 삶을 어떻게 변화시켰는지 보여 준다. 특히, 열성적으로 유대교를 신봉하며 그리스도인들을 박해하다가 극적으로 회심하여 이방인들이 하나님의 구원사에 포함되는 데 중요한 역할을 한 바울의 이야기에 초점을 맞춘다. 서신서 혹은 서간으로 불리는 편지들은 신약의 27권 중 21권을 차지한다. 서신서를 읽다 보면, 1세기의 교회들이 얼마나 다양한 관점으로 복음을 논의하고 이해했는지 그리고 일상적인 공동생활에 그것을 어떻게 적용하려고 노력했는지 엿볼 수 있다.

신약 성경은 1세기에 작성된 총 27개의 문서로 이루어졌다. 그 문서들은 예수님의 말씀과 하신 일을 증언하며, 그분을 만났던 의사와 어부, 무지렁이와 종교 지도자, 남자와 여자, 사마리아인, 아프리카인, 그리스인, 로마인의 삶이 어떻게 바뀌었는지 말해 준다.

하나님께서 우리에게 복음을 요약하여 동전에 새겨 주신 것이 아니라면, 왜 우리가 굳이 그래야 할까?

예수님께서 복음을 전하실 때 그분은 주로 '하나님 나라'라는 표현을 사용하셨다. 공관복음에서만 그 같은 표현이 (동격인 '하늘나라'를 포함해서) 82번 나온다. 톰 라이트와 다른 신약학자들이 지적했듯이, '하나님 나라'를 저 멀리 어딘가 육체를 벗어난 영혼들이 모여 사는 낙원쯤으로 생각해서는 안 된다. '하나님 나라'는 예수님의 삶과 죽음과 부활을 통해 이 땅에 실현된 하나님의 뜻과 하나님의 통치다.

톰 라이트는 계속해서 다음과 같이 설명한다. "예수님의 설교에서 **하나님 나라**는 사후의 운명이나 속세를 벗어나 들어가는 내세를 의미하지 않는다. 그것은 '하늘에서와같이 땅에서도' 이루어질 하나님의 통치를 의미한다. 성경에서 하늘은 미래의 운명이 아닌 일상 속에 숨겨진 하나님의 차원이다. 하나님은 하늘과 땅을 만드셨다. 그리고 마침내 그 둘을 새롭게 하시고 영원히 통합하실 것이다."[3]

하나님 나라가 정확히 무엇인지 정의하기란 쉽지 않은 일이다. 예수님께서도 하나님 나라에 관해 말씀하실 때 이야기나 수수께끼, 비유를 사용하셨다.

천국은 밭에 묻힌 보물과 같다. 보물을 발견한 자는 가진 것을 다 팔아서 밭을 산다. 그에게는 아무것도 잃을 게 없기 때문이다.

천국은 누룩과 같아서 여인이 밀가루 서 말 속에 살짝 섞어 넣으니 마침내 반죽이 온통 부풀어 올랐다.

천국은 가라지 사이에서 자라는 밀과 같고, 그물 한가득 잡힌 물고기와 같으며, 어두운 조개껍질 속에서 켜켜이 쌓여 가는 진주와 같다.[4]

예수님이 가르치신 하늘나라는 지금 여기에 있지만 가려져 있고, 내재적인 동시에 초월적이다. 임박한 그 나라는 우리 가운데 있지만 또 우리 너머에 있으며, '이미'와 '아직' 사이에 존재한다. 예수님은 하늘나라가 가난하고 온유한 사람, 화평케 하고 자비를 베푸는 사람, 하나님을 갈급히 찾는 사람의 것이라고 말씀하셨다. 하늘나라는 권력과 힘이 아니라 은혜와 자비, 겸손의 사역을 통해 확장된다. 그 나라에서는 꼴찌가 첫째가 되고 첫째가 꼴찌가 되는 일이 흔히 벌어질 것이다. 예수님의 말씀에 따르면 부자는 하늘나라에 가기 힘들지만 어린아이들은 언제나 환영받는다. 하나님 나라의 구세주는 군마를 타고 오지 않고 나귀를 타고 오시며, 승리와 정복이 아닌 죽음과 부활로 나라를 세우신다. 영원히 지속할 나라는 오직 하나님 나라뿐이다.

예수님이 설교하실 때 가장 많은 비중을 둔 주제는 하나님 나라였다. 하나님 나라는 단연 그분이 선호하는 주제였다. 마태는 다음과 같이 기록한다. "예수께서는 모든 도시와 마을을 두루 다니시면서, 유대 사람의 여러 회당에서 가르치며, 하늘 나라의 복음을 선포하며, 온갖 질병과 온갖 아픔을 고쳐 주셨다"(9:35).

그러나 요즘 그리스도인들이 복음에 관해 이야기하는 것만 듣는다면 이러한 사실을 알기가 쉽지 않을 것이다. 그들은 종종 "예수님이 죽으러 오셨다"는 식으로 말하곤 하는데 여기에는 복음을 일종의 계약으로 보는 기독교관이 반영되어 있다. 즉, 하나님은 세상의 죄를 대속하기 위해 흠이 없는 제물이 필요하셨는데 바로 십자가 위에서 죽은 예수가 그 제물이 되어 마침내 믿는 자들이 천국에 갈 수 있게 되었다는 것이다. 이런 관점에서 본다면 예수님은 단지 우리의 보석금을 내러 오신 것에 불과하다. 그럴 경우, 그분의 삶과 가르침은 흥미로운 배경이 될지는 몰라도 구원 사역과는 별 상관이 없는 것이 되고 만다. 달라스 윌라드는 이런 종류의 복음을 '죄 관리의 복음'이라고 지칭했다.[5]

예수님이 십자가 위에서 겪으신 일은 수 세기 동안 경이와 토론의 대상이었다. 독실한 기독교인들은 다양한 비유와 언어를 사용하여 십자가의 중요성을 강조하려고 노력했다. 하지만 이런 노력은 자칫 예수님을 구원받는 한 순간에만 필요한 존재, 소위 **데우스 엑스 마키나**•로 만들어 버릴 위험이 있다. 그 결과 성육신의 위대함도 사라지고, 복음도 실제 모습을 잃어버려 뼈다귀만 남은 이야기로 변질된다. 예수님은 단지 '죽으러' 오신 것이 아니다. 그분은 살기 위해 오셨다. 가르치고, 치유하고, 이야기를 들려주고, 항의하고, 탁자를 뒤엎고, 불결하다 여겨진 사람들에게 손을 얹고, 함께 식사해서는 안 되는 사람들과 식사를 하고, 빵을 떼고, 포도주를 붓고, 발을 씻기고, 유혹에 맞서고, 권력자들을 꾸짖고, 율법을 완성하고, 용서하고, 전혀 새로운 나라의 시작을 알리고, 그 나라가 어떤 나라인지 보이고, 하나님이 어떤 분이신지 직접 보여 주고, 목숨을 내어 주기까지 원수를 사랑하고, 무덤에서 일어나 죽음을 이기러 오셨다.

우리를 죄에서 구하는 것은 예수님의 죽음만이 아니다. 그분의 죽음만큼 그분의 삶도 우리를 죄에서 구한다. 예수님의 생애와 가르침은 우리를 해방의 길로 이끈다.

이 모든 이야기를 압축해 자동차 범퍼 스티커에 적어 넣을 수는 없는 노릇이다.

그래서 어떤 이들은 이 이야기를 단순한 공식으로 변형시키기도 한다. 사영리, '로마서의 구원의 길', 요한복음 3장 16절. 하지만 영원까지 펼쳐질 정도로 광대하고 지독하리만치 꼼꼼한 복음은 본질상 축소판이 되기를 거부한다.

• '기계적 신의 출현'이라는 의미로, 초자연적 신의 등장으로 긴박한 국면을 해결하는 연극 기법.

좋든 싫든 복음은 고삐 풀린 망아지처럼 **통제 불능**이다. 예수님도 단속하는 데 애를 먹지 않으셨던가. 마태복음과 마가복음에 따르면, 그분은 종종 병 고침을 받은 사람들에게 소문을 내지 말라고 당부하셨으나 매번 허사로 돌아갔다. 군중은 점점 몰려들었고 예수님은 혼자만의 공간과 시간을 찾아 광야로 피신하셔야 했다. 사실 그분은 복음이 사방팔방으로 퍼져 나가 사람들에게 이를 것을 미리 알고 계셨다. 요한은 모든 종족과 언어와 민족에 속한 사람들이 나아올 것이라고 표현하기도 했다. 이렇게 많은 사람에게 이야기가 전해졌는데 그 모든 사람이 복음의 '공식 견해'를 앵무새처럼 반복할 것이라고 기대한다면 참으로 순진한 생각이 아닐 수 없다. 복음만큼 브랜드 관리에 처참히 실패한 사례도 드물 것이다.

어떤 사람들은 복음의 이런 점 때문에 불안해한다. **나** 역시 그렇다. 그 말은 곧 그리스도인이라면 누구나 자신만의 복음을 갖거나 '누군가에게서 들은'(그게 데즈먼드 투투*이든 아니면 팀 티보**이든) 복음을 갖게 된다는 뜻이기 때문이다.

때로 이처럼 개인화된 복음은 사람들의 빈축을 사기도 하고, 우리에게 도전을 주거나 우리의 마음을 불편하게 하기도 한다. 어떤 때는 우리의 특권이나 교만을 인정하게 만들기도

---

* 남아프리카공화국 성공회 대주교로, 인종 분리 정책에 반대했고 1984년 노벨 평화상을 수상했다.
** 팀을 우승으로 이끈 발군의 실력과 '티보잉'으로 대표되는 열정적인 전도 활동으로 유명한 미식축구 선수.

하고, 우리의 좁은 시야를 꾸짖어 성령이 무모하고 거칠고 전혀 상식적이지 않을 수도 있음을 가르치기도 한다.

내 여동생 아만다에게 복음이 무엇인지 물어본다면, 그녀는 이라크 모술 외곽에 있는 야전 병원에서 만났던 간호사 이야기를 들려줄 것이다. 이 간호사는 어린이 병동에서 이제 막 걷기 시작한 아이들의 상처를 싸매어 주고 나서 곧이어 적군 전투원 병동에 있는 IS 병사들에게도 똑같이 해 줄 수 있을지 자신 없어 했다. '사마리아인의 지갑'이라는 구호 단체에서 일하는 아만다는 이 간호사가 결국 IS 병사들을 간호했다고, 그것도 그들에 의해 부상당한 아이들을 돌볼 때와 똑같은 태도와 정성으로 돌보았다고 증언할 것이다. 그녀는 병사들의 상처를 소독하고, 환자용 변기를 비우고, 그들이 숨을 거둘 때 손을 잡아 주었다. 나에게 보낸 이메일에서 아만다는 이렇게 말했다. "아무 죄 없는 피해자들의 병동과 가해자들이 가득한 병동을 오가며 동일한 사랑과 섬김의 태도를 보이는 것은 인간적으로 가능한 일이 아니야. 하나님이 하시는 일이지. 이게 바로 복음이 아닐까."

내 친구 나디아 볼츠 웨버에게 복음에 관해 말하라고 한다면, 그녀는 알코올 중독과 반항, 중독자 치료 모임에 관해 말할 것이다. 그리고 절망의 나락에서 예수님을 만난 후 목사가 되어 모두를 놀라게 했던 자신의 경험을 말해 줄 것이다. 180센티미터가 넘는 훤칠한 키에 온몸에 문신을 새겼고 뱃사람처럼 입이 거칠고 이따금 스탠드업 코미디도 하는 이 루터교 목사는 덴버에서 마약 중독자와 여장남자, 회의자와 유족들을 위해 시작한 교회 이야기를 들려줄 것이다. 그리고 자신의 소명은 "그리스도를 소개하고, 복음을 전하며, 사람들에게 그들이 전적으로 사랑받는 존재이고 어떤 실수도 하나님의 자비보다 클 수 없다는 진리를 일깨우는 것"이라고 말할 것이다.[6]

사라 마일즈에게 복음을 묻는다면, 언젠가 그녀가 샌프란시스코의 낯선 교회에 들어가 빵 한 조각과 포도주 한 모금을 마시고 "예기치 않은, 매우 거북한 회심"을 경험했던 일에 관해 얘기해 줄 것이다. 무신론자로 자라며 세속적 기쁨을 마음껏 누리고 살던 그녀는 한순간 "가장 평범하고 가장 혁명적인 예식에 뿌리를 둔 종교"와 사랑에 빠졌다. "누구든 환영하는 이 성만찬에서는 업신여김과 따돌림을 당하는 사람들이 귀빈석을 차지한다."[7] 그녀는 또 이 교회와 세인트 그레고리 성공회 교회의 도움을 받아 미국에서 가장 큰 무료 급식소를 열게 된 사연을 말해 줄 것이다. 가난한 사람과 노약자, 병자, 노숙자, 그리고 사회에서 소외된 사람들이 매주 이 급식소에 찾아와 그녀가 처음으로 성찬을 경험했던 그 탁자에서 음식을 가져간다. 아무런 질문도 받지 않고 어떤 조건도 없이 그냥 말이다.

인도 첸나이에 사는 기독교인 어거스틴 아시르에게 복음에 관해 묻는다면, 그는 테레사 수녀나 빌리 그레이엄에 관한 책을 번역하는 일에 대해 들려줄지도 모른다. 그러나 그가 진짜 하고 싶어 하는 이야기는 인도에서 가장 낮은 신분의 사람들을 돌보는 사역에 관한 이야기일 것이다. 어거스틴과 그의 아내 헤라는 가난과 나병, 에이즈로 고통받는 이들을 자식처럼 돌본다.

예수님이 나오는 색칠공부책을 가슴에 품고 여름 성경 학교에 오는 조숙한 초등학교 1학년생에게 복음이 무엇이냐고 묻는다면, "복음은 예수님이 날 사랑하신다는 거예요. 성경에 써 있잖아요"라고 흥얼거릴 것이다.

아이의 말이 정답이다.

이 모든 이들의 대답이 맞다.

모든 작은 이야기들이 모여 큰 이야기를 이루고, 매일의 평범한 삶이 비범한 운동을 이루는 것이 복음이다. 하나님은 분주히 만물을 새롭게 하신다. 예수님의 삶과 죽음과 부활은 모든 사람에게 이 하나님의 사역에 동참할 수 있는 길을 터 주었다. 교회는 모두 똑같은 것을 믿는 사람들이 모인 집단이 아니다. 교회는 같은 이야기에 매료되어 예수님을 중심에 둔 사람들이 모인 모임이다.

오스카 와일드의 희곡 『살로메』에는 헤롯 왕이 나사렛 예수가 죽은 자를 살린다는 보고를 받는 유명한 장면이 나온다.

"나는 그가 그런 일을 하는 게 별로 마음에 안 들어." 헤롯은 호통친다. "예수가 그런 일을 못 하도록 막아라. 누구도 죽은 자를 살려선 안 된다. 반드시 이 자를 찾아서 내가 죽은 자를 살리지 못하게 금령을 내렸다는 사실을 전하여라."

전형적인 폭군의 엄포다. 자신이 통제하지 못하는 것에 위협을 느낀 아하수에로 왕의 엄포가 떠오르지 않는가.

"그런데 이 예수라는 자는 어디에 있는가?" 헤롯이 신하에게 묻는다.

"전하, 그는 어디에나 있습니다." 신하가 답한다. "그러나 그를 만나기는 어렵습니다."[8]

그로부터 2천 년의 세월이 지나 20억 명의 기독교인이 존재하는 지금, 분명한 사실 하나는 이 세상에 **그저 그런** 이야기란 없다는 것이다.

ᑲ

우리는 하나님이 어떤 분이신지 짐작하는 데 많은 시간을 소모한다. 이 주제로 언쟁을 하며 나름의 신학을 만들기도 하고 심지어 전쟁을 벌이기까지 한다. 우리는 하나님을 묘사하기 위해 '**전지전능한**', '**지존하신**', '**삼위일체**'와 같은 단어를 사용하지만, 하나님은 언어와 은유를 무용지물로 만드신다. 일전에 술집에서 신학생들 사이에 앉아 그들이 벌이는 논쟁을 들은 적이 있는데, 그들은 맥주와 안주 냄새를 풍기며 하나님의 **불변성**, 이단 비판, **대체 신학**에 관해 침을 튀겨 가며 치열하게 논쟁했다. 포근한 담요처럼 자아를 덮어 주는 두꺼운 최신 신학책을 안고 소파에 몸을 누이면, 하나님을 어떤 개념이나 철학 혹은 사상 체계로 생각하기 십상이다.

하지만 복음이 말하는 충격적인 사건은, 우리가 신학 서적에서 보던 하나님, 종교적 논쟁의 대상으로 삼던 하나님이 어느 날 육신을 입은 사람으로 등장하셨다는 것이다. 실제로 인간이 되신 하나님이 몇 차례 설교도 하시고 한두 번 신학 토론을 즐기기도 하셨지만, 복음서를 보면 이 땅에서 우리 가운데 거하신 그분이 가장 많은 시간을 할애한 활동은 따로 있다. 우주의 창조자, 궁극적인 실체, 알파와 오메가가 되시고, 이제도 계시고 전에도 계셨고 장차 오실 분이 주로 하신 일은 바로 이야기 들려주기였다.

그야말로 이야기가 산더미처럼 쌓일 때까지 그분은 수많은 이야기를 남기셨다.

마태는 예수님이 무리에게 비유로 말씀하셨는데 "비유가 아니고서는, 아무것도 그들에게 말씀하지 않으셨다"(13:34)고 적고 있다.

기독교 영화에서는 으레 감동적인 음악과 따뜻한 느낌의 조명을 이용해 사람들이 자기 의지와 상관없이 어떤 신비로운 힘에 의해 예수님께로 이끌리는 것처럼 묘사한다. 하지만 내가 볼 때 예수님의 매력은 이보다 훨씬 구체적이다. 풍성한 잔칫상을 좋아했던 그분은 감칠맛 나게 이야기를 잘하는 분이었다. 물론 사람들 역시 그분과 함께 있는 것을 행복해했다.

예수님은 청중들이 하나님 나라를 쉽게 이해하도록 일상적인 이미지나 친근한 이야기가 담긴 비유를 사용하셨다. 빵을 굽는 여인, 결혼식을 준비하는 신부 들러리, 노상강도, 잃어버린 동전, 잃어버린 양, 잃어버린 아들. 어떤 비유는 분량이 한두 문장밖에 안 돼 차라리 은유에 가깝지만 어떤 비유는 다양한 인물과 장소, 주제를 포함하고 있다. 비유가 평범한 일상에 바탕을 두고 있다고 해서 단순한 이야기라고 생각하면 오해다. 예수님의 비유 중에는 심오하고 흥미진진한 이야기도 있다. 금액의 차가 확연하게 큰 두 사람의 빚을 모두 탕감해 준 대금업자, 재판장을 끈질기게 찾아가 마침내 억울함을 푼 과부, 모두가 초대받았지만 결국 가난하고 병든 사람과 소외된 사람만 나타난 만찬 이야기 등이 그 대표적인 예다. 하나님께서 존경받는 바리새인 대신 참회하는 세리에게 자비를 베푸신다는 이야기, 모두가 괄시하는 사마리아인이 곤경에 처한 유대인 이웃을 돕는 이야기처럼 극적인 반전을 사용해 우리의 통념을 깨는 이야기도 있다.

안타깝게도 우리는 예수님의 비유에 너무 익숙해져서 그 이야기가 고대 근동의 수치심을 중시하는 문화에서 얼마나 도발적이었는지 거의 무감하게 되었다. 수십 세기가 흐른 뒤 그 이야기들은 어린이 설교에 흔히 사용되고 도덕책에나 나올 법한 싱거운 이야기로 변질되었다. 약간 진부하지만 그럭저럭 감동적인 탕자 이야기도 우리가 처음으로 그 이야기를 들었던 사람들의 문화 속에 살았다면 완전히 다르게 받아들였을 것이다. 당시의 문화에서 유산을 미리 요구하는 것은 아버지가 빨리 죽기를 바란다는 말과 다름없었다. 우리는 이웃에게 선행을 베푼 사람을 '선한 사마리아인'이라고 칭찬하지만 예수님이 자신의 비유에서 1세기 유대 공동체가 따돌린 소수 민족을 영웅으로 치켜세우고 있다는 사실을 쉽게 간과한다. (예수님의 비유를 20세기 중반 미국 남부 지방의 언어와 문화로 각색한 「목화밭 복음」에서는 곤경에 처한 백인을 백인 목사가 그냥 지나가고, 백인 성가대 지휘자가 지나쳤지만, 흑인 트럭 운전사가 구해 줬다는 식으로 선한 사마리아인 이야기를 재구성했다. 조금 더 요즘식으로 고친다면, 흑인 트럭 운전사 대신 무슬림 이민자를 영웅으로 만들 수 있지 않을까.)

물론 아직도 많은 비유가 독자들, 특히 현대 미국인들을 당혹스럽게 만드는 것도 사실이다. 포도밭 주인이 새벽부터 나와서 해 질 때까지 일한 일꾼들과 막바지에 나와 한 시간만 일한 사람들에게 같은 임금을 지급한다는 이야기는 언제나 공정성에 예민한 나의 신경을 건드린다. 하나님의 무차별적인 은혜를 강조하기 위한 설정임을 이해하면서도 불편한 마음은 어쩔 수가 없다. 상상 속에나 나올 법한 부자와 나사로 이야기는 또 어떤가. 거지 나사로는 죽은 후 천국에 들어가지만, 나사로의 어려움에 전혀 관심을 두지 않았던 부자는 불 속에서 고통당한다. 둘 사이에는 '큰 구렁텅이'가 있어 영원히 그들을 갈라놓았다. 정신이 번쩍 들게 하는 이 이야기는 믿음과 사역, 정의, 은혜에 대해 신학적으로만 접근하는 우리의 안일한 태도를 돌아보게 한다.

마가복음에는 예수님이 수수께끼 같은 비유를 제자들에게 따로 설명해 주시는 흥미로운 장면이 나온다. 그러나 우리에게 주어진 설명은 극히 일부에 지나지 않는다(마가복음 4:34). 어떤 비유는 누구나 쉽게 해석할 수 있지만, 또 어떤 비유는 다층적이기 때문에 청중이 누구인지에 따라 반응과 몰입 정도가 달라진다. 어떤 비유는 우리가 그저 의미를 추측할 수밖에 없는 것도 있다.

비유에 대해 에이미 질 레빈은 다음과 같이 말했다. "우리에게 놀라움과 도전, 각성과 뉘우침을 주려고 고안된 비유에서 보편적인 도덕을 추출하려고 시도한다거나, 여러 가지 해석이 가능한 비유에서 한 가지 의미만을 찾으려고 할 때, 우리는 우리 자신과 비유의 잠재력을 제한하는 것이다.…… 비유가 '무슨 뜻'인지 고민하기보다는 그것이 우리에게 미칠 수 있는 '영향'에 대해 생각하는 편이 훨씬 더 유익할 것이다. 비유는 기억하게 하고, 사고를 자극하며, 생각을 정리하고, 위로하고, 마음을 불편하게 한다."[9]

성경의 비유에 관해서만 책을 몇 권은 쓸 수 있을 것이다. 실제로 많은 책이 출간되기도 했다. 복음이라는 큰 이야기 안에 있는 이 작은 이야기들은 열띤 토론의 주제 혹은 드라마의 소재로 제격이다. 비유에는 상상력을 발휘해 누군가에게 다시 이야기해 주고 싶게 만드는 마력이 있다.

그러나 내가 비유를 좋아하는 가장 큰 이유는 바로 그 섬세한 묘사에 있다. 나는 잃어버린 양을 찾고서 "기뻐하며 자기 어깨에 메고" 집까지 양을 들고 오는 목자의 모습을(누가복음 15:5), 방탕한 아들에게 달려가 얼싸안고 정신없이 입을 맞추는 아버지의 모습을 사랑한다. 낡은 옷에 새 천 조각을 대고 기우면 새 조각이 쪼그라들면서 낡은 옷을 잡아당겨 찢는다는 것과, 낡은 가죽 부대에 새 포도주를 부으면 부대가 터져 버린다는 사실을 아시는 예수님은 얼마나 멋진가. 작지만 자라서 튼

튼한 가지를 넓게 펼친 나무가 되어 "하늘을 나는 온갖 새들" (마태복음 13:32)이 그 가지에 깃들이는 겨자씨에 하나님 나라를 비유한 이야기도 내가 사랑하는 이야기다. 이렇게 섬세한 묘사들이 그토록 매력적인 이유는 하나님이 그분이 창조하신 세계와 그분이 사랑하시는 인간들의 삶을 속속들이 알고 계신다는 점을 내게 가르쳐 주기 때문이다. 우리 하나님은 옷을 수선하는 법과 빵을 굽는 방법을 아시는 분이다. 그분은 씨를 뿌리고 익은 곡식을 거두는 일에 익숙하시며, 결혼식에서 들러리를 세우는 전통과 목덜미를 간지럽히는 양털의 느낌을 아신다.

성공회 신부이자 고급 요리사인 로버트 파라 카폰은 비유를 통해 성경의 특성을 알 수 있다고 말한다. "성경은 천국이라고 불리는 어떤 장소에 대한 책도 아니고 저 멀리 떨어져 있는 하나님에 관한 책도 아니다. 성경은 현장성과 구체성을 가지고 **바로 여기**에 관해 말하고 있다. 성경이 말하는 거룩하신 분은 우리와 거리를 두시는 분이 아니다. 그분은 **언제나 우리 곁에서**, 창조 세계가 본연의 색깔을 잃지 않고 창조주에게 충실할 수 있도록 조용히 일하신다."[10]

하나님에 관한 고상한 말들과 교향곡, 신학, 예식이 많지만 나는 "옛날 옛적에 목자가 양 한 마리를 잃어버렸는데"로 시작하는 비유보다 하나님의 성품을 더 온전하게 표현한 것을 아직 만나지 못했다.

'우리와 함께하시는 하나님'은 기막힌 이야기꾼이시다.

"그 노래엔 구원이, 그 노래엔 치유가, 그 노래엔 사랑이, 사랑이 있네."

티파니 토머스의 노래가 절정에 이르렀다. 29살의 젊은 목사가 어떻게 흑인 영가를 통해 예수님을 만났는지 고백하며 매혹적이고 율동적인 간증을 마쳤을 때, 미니애폴리스의 세인트마크 성당을 가득 채운 900여 명의 청중이 환호하며 일어섰다.

그 주말에 목회자, 예술가, 교사, 과학자에 이르는 12명의 다양한 인사들이 '나는 왜 그리스도인인가?'라는 질문에 답하기 위해 티파니처럼 마이크를 잡았다. 과거와 현재에 하나님의 이름으로 저질러진 잔혹한 일들, 교회를 갈가리 찢어 놓은 분열, 신앙생활에서 겪는 의심과 절망, 두려움에도 불구하고 왜 여전히 사람들은 예수님을 따르는가? 무엇이 그들을 신자로 남아있게 하는가?

내 친구 나디아 볼츠 웨버와 나는 2015년 '왜 그리스도인인가?'라고 이름 붙인 컨퍼런스 개회식에서 위와 같은 질문을 던졌다. 우리가 매일 맞닥뜨리는 질문이지만, 그리스도인들이 서로에게 좀처럼 묻지 않는 질문이라고 생각했기 때문이다. 어떤 사람은 잘 훈련된 설교자의 억양으로 또 어떤 이는 조심스럽게 떨리는 목소리로 자신의 이야기를 나누는 모습은 조금씩 다르지만 모두가 어렵게 얻은 믿음에 대해 확신하고 있었다. 예수님 이야기에 사로잡힌 인생만큼 기독교 신앙을 강력하게 변호해 주는 것은 없음을 분명하게 확인할 수 있는 시간이었다.

성공회 신부인 커린 리히터가 말했다. "저는 그리스도인입니다. 그 이유는 제게 몸은 주로 안 좋은 소식을 뜻했는데, 어느 날 몸을 입은 '기쁜 소식'을 만났기 때문이죠. 저는 예수님을 통해서 침 뱉고, 입 맞추고, 소리치고, 울부짖는 하나님을 만났습니다. 저는 엉망진창이고 육적인 사람입니다. 제 믿음도 엉망진창이고 육적이겠죠."

작가이자 활동가로 인종 차별 문제의 해결을 위해 교회에서 일하는 오스틴 채닝 브라운도 고백했다. "제가 그리스도인이 된 것은 하나님께서 저의 고통을 아시기 때문입니다. 그저 추상적이 아니라 아주 구체적으로, 그분은 피눈물이 흐르고 살을 에는 고통을 아십니다."

연구원이자 상담가로 일하는 레이첼 머는 이렇게 고백했다. "저는 그리스도인입니다. 복음은 동성애자에게도 기쁜 소식이기 때문이죠."

침례교 목사이자 인권 운동가인 앨리슨 로빈슨의 이야기를 들어 보자. "제가 그리스도인이 된 이유는 복음이 사실이라고 제가 늘 확신하기 때문은 아닙니다. 그렇지만 저는 복음이 진실인 것처럼 살기로 했습니다. 예수님이 목숨을 버리신 대의가 하나님께서 희생을 치르실 만큼 가치 있는 것이었다면, 저도 그 대의를 위해 모든 것을 희생하며 살고 싶습니다."

컨퍼런스에 참석한 사람들은 다양한 배경을 가지고 있었

다. 복음주의, 루터교, 침례교, 성공회, 라틴계, 흑인, 백인, 인도인, 한국인, 고교회파, 저교회파, 가톨릭, 개신교, 개혁주의, 감리교, 이성애자, 동성애자, 양성애자, 성전환자, 목사, 학자, 작가, 운동가, 레게머리 아줌마, 문신을 새긴 욕쟁이 목사, 감칠맛 나게 사투리를 쓰는 남부 사람, 뾰족구두를 자랑하는 패션 리더. 겉만 봐서는 도무지 아무런 공통점을 찾을 수 없는 집단이었다. 그러나 우리가 고백한 내용은 용어의 차이만 있을 뿐 부인할 수 없는 정통 기독교 신앙고백이었다. 우리는 죄와 회개, 세례, 죄 고백, 성육신, 부활, 그리고 성경에 관해 나눴다. 우리는 그리스도께서 죽으시고 부활하시고 다시 오신다는 기독교 신앙의 위대한 신비를 선포했다. 함께 예배하고 성찬에 참여했다. 그리고 휴지가 다 떨어질 때까지 서로의 눈물을 닦아 주었다.

내 차례가 돌아왔을 때, 나는 성경과 기독교에 대해 의심하고 있는 부분들을 솔직하게 나누었다. 그리고 깨어졌으나 여전히 사랑할 수밖에 없는 교회 공동체에서 어떻게 아이들을 길러야 할지 몰라 혼란스럽다고 고백했다. 또 이와 같은 모임이 '나'만 생각하며 살던 나를 다른 사람들의 삶 속으로 인도하기 때문에, 그리고 원대하고 풍성하고 어지럽고 마술 같은 예수님의 이야기 속으로 이끌기 때문에 나의 신앙을 회복시킨다고 말했다.

나는 이런 말로 연설을 마쳤다. "저는 그리스도인입니다. 예수님의 이야기가 진실이 아닐 위험이 있다 하더라도 저는 그 위험을 무릅쓰고 믿고 싶기 때문입니다."

나는 대중 앞에서 '내 버전의 복음'을 이야기하는 간증의 힘을 잊고 있었다. 우리는 몇십 년 동안 일요일마다 같은 교회 의자에 앉아 예배를 드리면서도 서로를 모를 수 있다. 서로가 어떻게 그리스도인이 되었는지 알지도 못하고 묻지도 않은 채 그렇게 살아갈 수 있다. 단 한 번도 스스로 "왜 나는 그리스도인인가?"를 묻고 정직하게 고민하지 않고도, 평생 찬송가를 부르고 성경을 읽으며 살아갈 수 있다.

예수님은 우리 자신과 우리 문화보다 거대한 이야기로, 우리의 상상을 뛰어넘는 이야기로 우리를 초대하신다. 하지만 우리가 그 이야기를 전달할 때 이야기는 우리가 처한 특정한 상황과 시간의 옷을 입는다. 우리는 이야기하는 피조물이다. 우리가 이야기를 들려주시는 하나님의 형상을 따라 지음받았기 때문이다. 부디 이 선물을 썩혀 두지 않기를, 그 이야기를 들려주는 열정을 잃지 않기를.

바다 + 물고기 이야기

"기독교 신앙의 첫 상징으로
십자가가 아니라 이크티스
곧 물고기가 쓰인 데에는
다 그럴 만한 이유가 있다."

바다 (자신이 원하는 모험 이야기를 고르세요)

———

이런!

기타 소리가 멈추고 배에 가득 찬 관광객들이 「위대하신 주」의 후렴을 아카펠라로 부르기 시작할 때, 매튜 형제의 팔꿈치가 땀에 젖은 내 관자놀이에 부딪혔다. '거룩한 순간'(그런 순간을 자주 경험할 것이라고 여행 가이드가 귀띔해 주었다)에 깊이 빠져 있는지 매튜 형제는 나와 부딪힌 것을 전혀 인지하지 못한 것 같았다. 그는 머리 위로 두 팔을 뻗고 맞지 않는 음정으로 계속 찬양을 불렀다. 고깃배를 개조해 만든 쾌속 유람선이 앞쪽으로 휘청일 때 매튜의 체취가 내 코에 와 닿았고 갈릴리 바다의 찬물이 옷에 튀었다.

이 배엔 사람이 너무 많이 타고 있어.

재빨리 오른쪽으로 조금 옮겨 볼까 생각해 봤지만, 그럴 경우 마크 형제의 아내와 무릎이 닿을지도 모른다. 이름이 잘 기억나지 않는 이 경건한 여인은 성경, 기도 일기장, 챙이 넓은 모자, 일회용 카메라 등 잡다한 짐이 있어 자리를 많이 차지하고 있었다. 그녀도 먹구름이 몰려오는 북쪽 수평선을 바라보고 있었다. 잿빛 하늘 아래에는 청록색의 바닷물이 하얀 거품을 일으키며 출렁였다.

스스로 찬양 리더를 자처한 앤디 형제가 「주 날 바다 위로 부르셨네」로 곡을 바꿔 전주를 시작하자 사람들은 박수로 화답했다. 엄밀히 말해 갈릴리 바다는 바다가 아니라 담수호이지만, 그런 사실이 (바다를 소재로 한 찬양) 가사에 몰입하는 데 전혀 걸림돌이 되지 않는다는 듯 이윽고 그들의 '거룩한 순간'이 다시 이어졌다. 나는 갑판을 훑으며 구토용 봉지나 구명조끼가 있는지 살폈다. 영어를 거의 할 줄 모르는 깡마른 이스라엘인 선장은 먹구름 따위는 별로 괘념치 않는 분위기였다. 선장은 엔진에 시동을 걸고 담배를 입에 물었다. 앨라배마에서 온 일단의 남부 침례교인들을 설득해 시간당 요금을 받고 자신의 유람선에 오르게 한 그의 얼굴에 젊은이 같은 미소가 번졌다. 산으로 둘러싸인 반대편 해안이 까마득히 멀게만 보였다.

나는 점심으로 팔라펠*을 먹은 것을 후회하기 시작했다. 반바지가 아닌 긴바지를 입은 것도, 어렸을 적 수영 강습을 받지 않은 것도, 이 여행에 온 것도, 목회자가 된 것도, 지난 10년

---

* 콩과 야채를 갈아 작고 동그랗게 뭉쳐서 튀긴 중동 음식.

간의 사역도 모두 후회했다. 사람들은 성지 순례가 나의 문제를 해결해 줄 것이라고 말했다. 하지만 지금처럼 하나님이 멀게 느껴졌던 때가 또 있었던가. 이건 성지 순례가 아니라 헝클어진 자신의 내면을 구경온 것 같다. 성지를 돌아다니며 셀카를 찍어 댄다고 해서 교인들에게 숨겨 온 무서운 진실이 변하진 않는다. 내가 더는 확신 있게 하나님을 믿지 못하는 목사라는 사실이. 올리브산을 오르고 겟세마네 동산을 거닐고 요단강을 건너면서도, 나는 **아무** 감흥도 못 느끼는 그런 목사다.

"피트, 피트 목사님! 왜 찬양을 안 불러요?"

매튜가 나의 얼굴을 뻔히 쳐다보며 물었다. 그의 선글라스에 나의 괴로운 얼굴이 비친다.

"어, 그냥 좀 피곤해서요." 거센 바람 탓에 자연스럽게 목소리가 커졌다. "약간 메스껍기도 하고."

매튜가 등을 툭 치면서 웃었다.

"걱정 마세요, 형제님! 다 괜찮을 겁니다."

그는 언제나 입버릇처럼 그렇게 말한다. 어떤 상황이든 상관없이. 아마 자신의 묘비에도 그렇게 쓰겠지.

나는 아침에 호텔 방을 나오면서 뒷주머니에 멀미약을 넣어 둔 게 떠올라 안도의 한숨을 내쉬었다. 떨리는 손으로 물병을 찾아 겨우 뚜껑을 열었다. 물도 없이 두 알을 꿀꺽 삼킨 후 효과를 확실히 하기 위해 한 알을 더 먹었다. 의식을 흐리멍덩하게 하는 단점이 있지만, 몇 년 전 승합차에 중고등부 아이들을 태우고 스키 여행을 갔을 때 내 목숨을 살린 게 바로 이 멀미약이었다. 손에 얼굴을 파묻고 눈을 감았다. 그리고 호텔 방과 차가운 베개를 떠올렸다. 몇 시간만 참으면 쉴 수 있어. 그것도 방해받지 않고 혼자서 말이야. 비싼 개인실을 얻기를 정말 잘했지.

눈을 떴을 때, 갑자기 어두워진 주변을 보고 흠칫 놀랐다. 폭풍에 떠밀리듯 땅거미가 급히 내려앉았다. 호수와 산, 수평선이 불길한 회색 안개 속으로 뒤섞이며 사라졌다. 앤디의 악보가 바람에 날아갔다. 배에 오르고 나서 처음으로 침묵이 찾아왔다. 매튜는 선글라스를 머리 위로 올렸다.

"슬슬 돌아가야 할 것 같은데." 기상을 살피던 매튜가 혼잣말을 했다.

귀청을 찢는 천둥소리에 선장도 긴장하기 시작했다. 물고 있던 담배를 이물 너머로 던지고 엔진의 속력을 높였다. 선장은 디베랴로 뱃머리를 돌렸다. 배는 파도를 넘고 바람을 거슬러 달렸다.

멀미약 때문인지 아니면 악천후 때문인지 알 수 없지만, 이때부터 모든 것이 느린 동작으로 움직였다. 해안가는 한 시간 전 뱃머리를 돌렸을 때와 별 차이 없이 아직도 멀게만 보였다. 굵은 빗줄기가 갑판을 때리기 시작했다. 저 너머 육지 쪽에 벼락이 떨어졌다. 윙윙거리는 엔진 소리와 파도 소리에 최면이 걸린 듯 정신이 혼미했다. 어느 순간, 레바인지 로다인지 이름이 헷갈리는 마크의 부인이 소지품을 바닥에 내동댕이치고 비틀거리며 뱃전으로 갔다. 그러고는 소용돌이치는 물 위에 점심

때 먹은 것을 토했다. 하늘이 어두워질수록 내 얼굴도 창백해졌다.

이 배엔 사람이 너무 많이 타고 있어.

불현듯 나는 오른쪽 뱃전 너머로 보이는 파도 속에서 이상한 무언가를 발견했다. 30미터쯤 되는 거리에 어떤 형상이 거친 물결에도 흔들림 없이 서 있었다. 비를 막기 위해 손을 이마에 대고 눈을 가늘게 떴다. **조각상인가? 아니면 부표?**

선장이 엔진을 멈췄다. 아마 그도 같은 것을 보았으리라. 배가 심하게 흔들리고 비바람에 시야가 가렸다. 좀 더 잘 보고 싶은 마음에 엉금엉금 뱃전으로 다가갔다.

설마, 그럴 리가…….

사람이다! 물속에, 아니, 물 **위**에 사람이 서 있는 게 아닌가!

유령처럼, 그는 길게 늘어진 흰옷을 입었다. 그의 옷이 바람에 휘날렸다. 멀리서 보기에 그는 검고 긴 머리와 수염을 한 이스라엘 사람처럼 보였다. 그가 우리 쪽으로 몇 걸음 더 다가오다가 멈춰 서서 배 쪽을 향해 차분히 손을 흔들었다. 그와 배 사이는 이제 25미터 정도…….

23미터…….

20미터.

그가 움직이는 건가 아니면 배가 움직이는 건가?

머릿속으로 온갖 가능성을 떠올렸다. 얕은 물. 홀로그램. 미국 남침례교인들을 놀리기 위해 갈릴리 사람들이 특별히 생각해 낸 장난. 분명 콘택트렌즈를 끼고 나왔는데. 시력 검사도 정기적으로 받았고. 혹시나 해서 다른 승객들을 보았다. 물에 빠진 생쥐처럼 흠뻑 젖은 그들도 나처럼 오른쪽 뱃전 너머를 멍하니 바라보고 있었다.

그가 점점 가까이 다가왔다. 오른손을 펼친 그의 등 뒤로 거센 파도가 일었다. 이제 거리는 10미터도 안 돼 보였다.

"주님, 당신……이십니까?"

자신도 모르게 말이 새어 나왔다.

그러나 나의 질문은 곧 바람과 함께 흩어졌다. 다행이다. **도대체 무슨 생각으로 그런 말을 했담. 난 더 이상 이런 걸 믿지 않잖아.**

그러나 폭풍 속에서도 나는 그가 한 대답을 분명히 들을 수 있었다. 마치 구름 한 점 없는 봄날의 아침처럼.

"두려워하지 말아라."

소년 시절 나는 협곡을 가로지르는 기차 선로를 따라 걷다가 한중간에 서서 강 아래로 뛰어내리고 싶은, 비이성적이고 거부할 수 없는 충동에 사로잡힌 적이 있었다. 그때와 같은 충동이 마음에 일기 시작했다. 나는 뱃전을 꽉 붙잡았던 두 손을 느슨하게 풀었다. 그리고 오른발을 뱃전 위에 올렸다. 아래쪽 검은 물결을 흘긋 쳐다보고 다시 고개를 들어 흰옷을 걸친 그를 바라보았다.

이제 배에서 뛰어내린다면, '모험 이야기 1'로 이동하라.

뛰어내리지 않고 배에 머무른다면, '모험 이야기 2'로 이동하라.

모험 이야기 1

첨벙!

찬물에 정신이 번쩍 들었다. 한동안 물속에 가라앉은 줄 알았는데, 균형을 잡고 보니 서 있는 게 아닌가. 물은 무릎에 멈춰 있었다. 파도가 나를 쓰러뜨릴 듯 사납게 몰아쳤다. 도대체 무엇에 발을 딛고 서 있는 건지 알 수 없었다. 바위? 모래톱? 아니면 바다? 다리는 저리고 청바지는 젖어 무겁기만 했다. 발은 아예 감각이 없었다. 비 사이로 흰옷을 입은 그를 찾았다. 저 앞에 흐릿한 형체가 보였다.

"이리로 와라!" 그가 소리쳤다.

첫발을 떼기가 가장 어려웠다. 어둠 속에서 낯선 계단을 내려가는 듯한 기분이었다. 물결을 거슬러 깊은 수렁으로 발을 내디딘다. 발 디딜 곳을 찾을 때까지 극도로 조심스럽게 조금씩 발을 내민다. 한 걸음, 두 걸음, 세 걸음. 걸음을 내디딜 때마다 내면은 고요해지고 가벼워졌다. 놀랍게도 웃음이 나왔다. 폭풍이 삼킬 듯 덤벼들지만 난 물놀이장에 놀러 온 어린아이처럼 신이 났다. 왠지 어렸을 적에 해 봤던 것 같은 이 느낌은 뭘까. 그때는 더 쉬웠던 것 같은데. 마침내 모든 중압감과 의심이 사라졌다. 배에서 멍하게 혹은 기대감에 찬 표정으로 나를 바라보던 얼굴들도 사라졌다. 나는 자유다.

흰옷 입은 그의 위치를 다시 한 번 확인하려던 나는 깜짝 놀랐다. 배에서 뛰어내렸을 때에 비해 거리가 조금도 줄어들지 않았기 때문이다. 아직도 나는 9미터 정도를 더 가야 한다. 이제 그의 얼굴이 눈에 들어오기 시작했다. 그런데 내가 예상했던 그런 표정이 아니다. 나를 격려하는 평온한 표정이 아니라 어리둥절하고 놀란 표정이다. 예수님은 걱정스러운 얼굴로 나를 바라보고 계셨다.

그 순간 무엇인가 내 머릿속을 스쳐 지나갔다.

비행기에 여행 가방을 놓고 내린 듯한 충격이 엄습했다. 죽은 이를 떠나보낸 다음 날 아침, 비로소 그가 영영 가 버렸다는 것을 실감하게 되는 그런 느낌과도 흡사했다.

그래, 난 수영을 할 줄 모르지.

그 사실을 떠올리자마자 마치 낭떠러지에서 떨어지는 꿈을 꾸는 것과 비슷한 느낌이 들기 시작했다. 단지 차이가 있다면 결코 멈출 수 없었다는 점이 다를 뿐. 내 몸은 계속해서 가라앉았다. 코와 입 속으로 물이 밀려들었다. 팔과 다리는 허우적댔다. 간신히 수면 위로 고개를 내밀면 이내 파도에 의해 물속으로 다시 처박혔다. 그럴 때마다 팔다리는 무거워졌고 나는 조금씩 전의를 상실했다. 가슴이 심하게 조여 오고 시야는 점점 좁아졌다. 애타게 수면을 찾지만 어디가 위인지 아래인지, 거리가 얼마나 떨어져 있는지 알 길이 없다. 놀라움이 공포로, 공포가 자포자기로 변했다.

이렇게 바보같이 생을 마감하다니.

일생처럼 긴 시간이 지나고 누군가가 한 팔로 내 셔츠의 깃을 잡고 다른 팔로는 가슴을 둘러 나를 들어올리는 느낌이 들었다. 수면 위로 올라온 나는 격렬하게 숨을 몰아쉬었다. 온 세상 공기를 들이마셔도 모자랄 것처럼. 해변으로 끌려 올라갈 때 심장은 쿵쾅대고 가슴과 온갖 구멍에 화상을 입은 듯한 통증이 밀려왔다. 무릎이 모래사장에 닿자마자 나는 얕은 물에 고꾸라져 토했다. 등뒤에서 '예수님은 구세주'라고 대문짝만하게 새겨진 티셔츠를 입은 큰 체구의 사내가 숨을 헐떡이며 등을 두드려 주었다. 물에 흥건히 젖은 그가 나를 안심시키려는 듯이 말했다. "걱정 말아요, 형제님. 다 괜찮을 겁니다."

도대체 무슨 일이 벌어졌는지 알게 될 때까지는 시간이 좀 걸릴 것 같다. 아마도 어떤 부분은 영원히 흐릿할 것이다. 배 안에 있던 사람들 누구도 내가 뛰어내리는 것을 보지 못했다. 모두 바람과 파도에 신경을 빼앗긴 데다가 부두 쪽에서 배를 향해 손을 흔드는 갑판원에게 시선을 두었던 탓이다. 하얀 판초를 걸친 갑판원이 선장에게 큰 소리로 방향을 일러 줬고, 심한 폭풍우 때문에 전등이 모두 나가 있었다. 천만다행으로 매튜는 내 머리가 물속으로 가라앉기 전에 나를 발견했다. 왕년에 미식축구 선수였던 그는 120킬로그램이 넘는 거구를 이끌고 아무런 망설임 없이 뱃전을 넘어 물속으로 뛰어들었다. 배가 정박하고 관광객이 내리기 전에 그는 벌써 나를 물가로 끌어올렸다.

이 이야기를 열두 번 넘게 듣고서도 나는 그게 전부라고 믿지 못했다. 분명 그날 밤에 더 많은 일이 있었다. 하지만 내가 가진 유일한 증거는 예수님—아니면 갑판원이든 누구든—을 향해 다가갈 때 느꼈던, 좀처럼 사라지지 않는 그 느낌뿐이다. 믿기지 않지만 순종하며 내디뎠던 발걸음. 물론 내가 바보 같다는 생각도 든다. 하지만 어딘지 모르게 마음의 짐을 푼 아주 홀가분한 이 기분은 뭘까.

"형제님에게 제 목숨을 빚졌습니다." 다음 날 아침밥을 먹으며 매튜에게 말했다.

"무슨 말씀을요. 아무것도 빚진 거 없습니다." 언제나처럼 유쾌하게 매튜가 답했다. "제가 그런 상황에 빠졌더라면 목사님도 똑같이 하셨을 거잖아요."

내가 정말 그럴 수 있을까. 객관적 사실만 보면 불가능하다. 그런데 이상하게 그럴 수 있겠다는 생각이 들었다.

ᔆ

모험 이야기 2

첨벙!

해안가는 점점 어두워지고, 파도는 무서운 기세로 부두를 덮쳤다. 흰 판초를 입은 현지 갑판원이 방파제에서 배 쪽으로 수신호를 보냈다. 이 모든 상황이 눈에 들어오자 곧바로 누군가 물에 빠지는 소리가 들렸다.

매튜 형제였다. 120킬로그램이 넘는 당당한 체구가 이제 파도 속에 위태롭게 떠 있었다. 부두를 향해 헤엄치며 팔을 젓는 그의 모습이 어딘지 불안하고 경직돼 보였다. 그의 머리가 물에 잠겼다가 다시 떠올랐다.

"살려 줘!" 그의 외침이 폭풍에 묻혀 희미하게 들렸다.

고개를 돌려 배 안에 있는 다른 사람들을 보았다. 모두 충격과 두려움에 휩싸여 멍하니 서 있었다. 선장은 부두 쪽으로 배를 몰았고, 갑판원은 허둥지둥 밧줄을 찾았다. 매튜가 다시 물 아래로 가라앉았다. 더는 지체할 시간이 없었다. 수영 강습을 받지 못했다는 생각 따윈 무시하고 뱃전을 뛰어넘어 바다로 몸을 던졌다.

찬물에 정신이 번쩍 들었다. 한동안 물속이라고 생각했는데 균형을 잡고 보니, 놀랍게도 서 있는 게 아닌가. 물은 겨우 종아리까지밖에 차지 않았다. 내가 어디에 발을 딛고 서 있는지 도무지 알 길이 없었다. 바위? 모래톱? 아니면 바다에? 부두까지는 적어도 10미터 정도 떨어져 있었다. 다리는 저리고, 물에 젖은 바지는 점점 무거워졌다. 발에는 아무 감각도 느껴지지 않았다.

사나운 빗줄기 사이로 매튜의 위치를 살폈다. 저 앞에 그의 선글라스가 둥둥 떠 간다.

첫발을 떼기가 가장 어려웠다. 어둠 속에서 낯선 계단을 내려가는 듯한 기분이었다. 물결을 거슬러 깊은 수렁으로 발을 내디딘다. 발 디딜 곳을 찾을 때까지 극도로 조심스럽게 조금씩 발을 내민다. 한 걸음, 두 걸음, 세 걸음. 걸음을 내디딜 때마다 내면은 고요해지고 목적의식은 더 분명해졌다. 폭풍은 나를 삼킬 듯 덤벼들지만, 빗물이 두려움을 씻어 내렸다. 하마터면 웃을 뻔했다.

곧 매튜의 손이 내 발목을 잡았다. 무릎을 꿇고 그의 팔을 잡는 순간 물이 목까지 차올랐다. 매튜는 정신없이 허우적대고 파도는 쉴 새 없이 몰아쳤다. 잠시 수면 위로 떠오른 그가 거칠게 숨을 쉰다.

"매튜! 이제 괜찮아요!" 능숙한 인명 구조 요원처럼 매튜를 붙들고 헤엄치기 시작했다. "다 괜찮을 거예요, 형제님. 진정하세요."

안정을 찾은 매튜는 그의 겨드랑이 사이로 내가 팔을 밀어 넣을 수 있도록 협조했다. 그를 안고 헤엄치는 일이 훨씬 수월해졌다. 나는 매튜의 어깨를 잡아 그가 숨을 쉴 수 있게 몸통을 뒤로 눕힌 채 해안가로 향했다. 한 번도 해 보지 않았던 일을 내 근육은 이미 알고 있는 듯했다.

해안까지 얼마나 헤엄을 쳤는지 기억이 나지 않는다. 그곳에서 먼저 기다리고 있던 마크와 앤디, 필이 매튜를 육지로 끌어올리는 일을 도와주었다.

"예수님인 줄 알았어요." 육지에 오르자 매튜가 콜록대며 얘기했다.

"나도 그런 줄 알았어요, 형제님." 나는 그를 안심시켰다.

이후 며칠 동안 여행 버스나 레스토랑에서, 성 분묘 교회와 바위 사원을 방문하면서, 우리는 매튜가 갈릴리 바다에 빠졌던 일을 자주 얘기했다. 그러나 나를 포함한 어느 누구도 내가 물

위를 걸었던 일에 대해서는 언급하지 않았다. 어쩌면 멀미약 때문이었을지 모른다. 아니면 갑자기 아드레날린이 분비돼서 일시적으로 초능력을 갖게 되었거나, 그것도 아니면 모든 게 그냥 내 상상 속에서 일어난 일인지도. 누가 알겠는가. 한 가지 부인할 수 없는 것은 비바람과 파도가 몰아치는 바다 한가운데서 내가 느꼈던 자유다. 묘하게 지워지지 않고 남아 있는 그 느낌. 믿음을 이해할 수는 없지만 적어도 이제는 그런 게 문제되지 않는다. 나는 정말 중요한 순간에 뛰어내렸을 뿐이다.

　하지만 이런 일을 겪었다고 내가 달라진 건 아니다. 동행인들이 사해에 뛰어들어 배를 드러내고 둥둥 떠 있는 동안 나는 큰 수건을 어깨에 두른 채 구경만 했다. '거룩한 순간'은 갈릴리에서 경험한 일로 한동안 충분했다.

물고기 이야기

"성경 이야기 중 당신이 설교에서 절대 써먹지 않을 이야기는 뭔가요?"

나는 사각 체다 치즈를 입에서 꺼내 붉은 와인에 씻었다. 내성적이라 대인 관계를 잘 맺지 못하는 나는 사교 모임 내내 이런 식으로 시간을 보낸다. 뷔페 테이블 옆에 진을 치고 앉아서 나와 대화를 시도하려고 찾아오는 불쌍한 녀석들에게 전혀 분위기에 맞지 않은 종교 문제나 정치 관련 질문을 던지면서 말이다. 다행히도 그날은 성공회 신부들이 참석한 모임이었다. 그들과 나 사이에 공통점이 있다면 치즈와 와인을 좋아하고, 종교와 정치에 관한 생뚱맞은 질문을 즐긴다는 점이다. 그나마 내게 잘 어울리는 부류다.

"두말할 것 없이 물고기 입에서 동전을 꺼낸 이야기죠." 예수님이 베드로를 시켜 물고기를 잡아 그 입속에 있던 은화 한 닢으로 성전세를 내도록 한 이야기를 언급하며 성공회 신부가 대답했다.

"세금에 관한 설교를 하는 것만으로도 껄끄러운데, 이 이야기는 더 이상하잖아요." 부자들이 많이 사는 버지니아 교구를 섬기는 신부가 말했다.

그런대로 타당한 그의 말에 난 웃었다. 실제로 성경에는 이상하게 들릴 수 있는 기적 이야기가 종종 등장한다. 그중 많은 부분이 물고기와 관련이 있다. 신부가 언급했던 비린내 나는 세금 이야기. 빵 다섯 개와 물고기 두 마리로 오천 명을 먹이고도 남아 열두 광주리에 가득 채운 이야기. 빈 그물에 낙심해 있던 어부들이 다시 한 번 바다에 그물을 던져 보라는 예수님의 말씀을 듣고 첫 제자들이 된 이야기도 있다. 미심쩍어하던 그들이 순종했을 때, 그물이 찢어질 정도로 많은 물고기가 올라와 배가 가라앉을 뻔한다. "나를 따라오너라." 예수께서 그들에게 말씀하신다. "내가 너희를 사람을 낚는 어부가 되게 하겠다"(마태복음 4:19).

물론 이 이야기들은 역대 최고의 물고기 이야기인 요나 이야기 앞에서 빛을 잃는다. 배에서 던져진 이 구약의 예언자는 거대한 물고기에게 먹혀, 꼬박 사흘을 물고기 배 속에서 지냈다. 다행히 물고기가 그를 뭍에 뱉어 내는 바람에 요나는 다시 한 번 바깥세상을 구경한다. 이 모든 일의 배후에는 니느웨 사람들을 용서하기 원하시는 하나님이 계신다. 예수님은 이 비상한 이야기를 언급하며 자신이 사흘 동안 무덤에 있을 것이라고 예언하셨다. 그리고 자신의 부활을 "예언자 요나의 표징"이라 일컬으셨다(마태복음 12:39-40). 기독교 신앙의 첫 상징으로 십자가가 아니라 '이크티스' 곧 물고기가 쓰인 데에는 다 그럴 만한 이유가 있다.

치카모가 호수의 본고장인 테네시주 데이튼에서는 몇 년 전 게이브 킨이라는 낚시꾼이 7킬로그램이나 되는 농어를 낚아 6년 동안 이어진 주(州) 기록을 갈아엎은 일이 있었다. 물고기가 잘 잡히기로 소문난 이곳에서 매년 여름 벌어지는 낚시 대회에는 수천 명의 강태공이 모여든다. 그들 없이는 지역 경제가 안 돌아갈 정도라고 한다. 나는 어떤 낚시꾼이 진흙탕 물에서 레비아단도 도망치게 할 정도로 무섭게 생긴 메기를 끌어올리는 것을 직접 목격하기도 했다. 왕년에 들은 물고기 이야기만으로도 책을 낼 수 있을 정도로 많은 이야기를 들었다. 농어 철에 지역 음식점에 가면, 엄청나게 큰 물고기가 낚싯줄을 끊고 도망쳤다느니, 그렇게 도망간 물고기를 더 큰 물고기가 잡아먹는 것을 봤다느니 하며 떠벌리는 사람들을 쉽게 만날 수 있다.

때때로 성경에 나오는 기적 이야기가 식당에서 들었던 강태공들의 무용담처럼 여겨질 때도 있다. 너무나 과장돼서 실제로 일어났는지 아닌지 알 수 없는 그런 이야기처럼 말이다. 내성적이어서 대인 관계에 서툴 뿐만 아니라 매사에 회의적이기까지 한 나는 평범한 사건을 초자연적인 현상으로 해석하려는 시도를 늘 경계한다. 나는 신앙 좋다는 사람들이 병에 걸려 하나님께서 기적적으로 낫게 해 주실 것이라고 확신하다가 절망하는 경우를 수없이 봐 왔다. 예수님의 사역 기간 동안 그리고 소아시아 지방에 복음이 전파되는 동안 강력한 성령의 역사가 있었다는 주장은 충분히 타당성이 있다. 그러나 솔직히 나는 예수께서 병자를 치유하시고 물 위를 걸으신 이야기, 제자들이 죽은 자를 살리고 귀신을 내쫓은 이야기를 선뜻 문자 그대로 믿기 어렵다. 아마 그런 사람이 나 혼자만은 아닐 것이다.

어떤 사람들은 기적 이야기가 성경 전체를 지적으로 옹호할 수 없게 만들 뿐이라고, 잘 속는 사람이나 교육받지 못한 사람이 아니면 성경을 사실로 받아들일 수 없게 만든다고 주장한다. 또 어떤 이들은 나름 정교하고 과학적으로 그럴듯한 설명을 덧붙여 기적을 합리화하려고 시도한다. 이를테면, 나사로는 죽었던 게 아니라 강직성 경련*을 일으킨 것이고, 동방 박사들이 발견한 큰 별은 세 개의 행성이 만났던 흔치 않은 천체 현상이었으며, 베드로가 물 위를 걸었던 것은 사실 갈릴리 호수의 모래톱이었다고 주장하는 식이다. 아직도 어떤 사람들은 동정녀 마리아의 잉태, 눈먼 자와 귀먹은 자의 치유, 예수님의 부활 같은 기적을 철저히 은유적으로 해석하며 영적인 부분에만 강조점을 둔다. 물론 대다수 사람들은 기적을 문자적으로 받아들이는 것이 유일한 해석 방법이라고 믿는다.

---

* 한번 수축된 근육이 오랜 시간 수축 상태로 있다가 심한 경련이 이어지는 증상.

내가 자란 보수적인 복음주의 문화에서는 기적을 문자적으로 해석했다. 이러한 입장에서는 기적을 사실로 받아들이는지가 믿음의 중요한 척도가 된다. 성경의 권위를 인정하는 것은 곧 성경이 과학적, 역사적으로 오류가 없다고 믿는 것이었다. 성경에서 태양이 24시간 동안 하늘에 멈추었다고 하면 정확히 그대로 받아들여야 했다. 지구의 자전이 멈춰 해가 한 곳에 서 있었던 것이며 그 외에 다른 설명은 불필요했다. 종종 사람들은 내게 예수님이 도마에게 했던 말씀을 상기시켰다. "나를 보지 않고도 믿는 사람은 복이 있다"(요한복음 20:29). 모든 기적은 본질적으로 같기 때문에 믿고 싶은 것만 선택해서 믿을 수는 없는 일이라고 그들은 말했다.

청년이 되어서 나는 기적을 은유적으로 해석하는 방식이 일리가 있다고 생각하기 시작했다. 과학적인 기준과 문학적인 기준을 절묘하게 만족시켜 준다고 느꼈기 때문이다. 상상을 자극하는 문학적 관습과 언어를 사용하는 요나서를 읽다 보면, 역사서라기보다는 비유에 가깝다는 생각이 든다. 문자적인 해석을 요하지 않는 글을 군이 문자적으로 해석할 필요가 있을까? 반면, 바울 서신이나 누가복음은 사실성 여부를 떠나 요나서와는 다른 목적의식 그리고 다른 문학 양식으로 쓰여졌다. 저자들이 사실 전달에 초점을 두는 이런 글을 비유적으로 해석하려는 시도는 그리 솔직한 태도가 아닐 것이다. 게다가 나는 육체와 종교 의식, 고통, 생명을 그토록 강조하는 종교에서 말하는 메시아가 어떻게 육적인 변화가 아닌 영적인 변화에만 관심을 둘 수 있는지 늘 의아했다. 유대교에서도 육과 영을 떼려야 뗄 수 없는 관계로 보지 않는가.

한번은 예수가 육체적으로 부활한 것이 아니라 영적으로 부활했다고 믿는 기독교 신학자의 강의를 들은 적이 있다. 예수는 단지 "제자들의 마음속에서" 부활했다는 게 그의 주장이었다. 그의 의견에 따르면, 우리의 집단 기억 속에 예수님이 살아 계시는 것처럼, 죽은 친구들과 가족들도 죽음에서 실제로 부활하는 게 아니라 그들의 유산을 기리는 우리의 마음속에서 '영원한 생명'을 얻을 뿐이다.

강의가 끝나고 나는 옆에 앉아 있던 흑인 목사에게 고개를 돌렸다. 강의 시간 내내 안절부절못하고 앉아 있던 그에게 강의에 대해 어떻게 생각하냐고 묻자 그가 말했다.

"부활이 단순히 기억이나 마음속에서 일어나는 일이라면 나 같은 흑인에게는 별로 좋은 소식이 아니죠. 노예선에서 죽은 형제들과 대규모 농장에서 일하다가 묘비도 없이 묻힌 자매들에게 영적인 부활이 무슨 의미가 있겠습니까? 그들의 정의와 해방은 어떻게 되는 겁니까?"

"기독교 역사에서 한 가지 분명한 사실은, 하나님은 육신도 중요시하신다는 겁니다. 육체가 없는 혁명은 혁명이 아닙니다."

물론 이 흑인 목사는 자기 생각을 말했을 뿐 모든 아프리카계 미국인들이 그와 같이 생각한다고 보는 것은 무리다. 그런데도 그의 말에는 나름 타당한 면이 있다. 성경의 기적 이야기가 우리의 마음을 끄는 이유는, 사람들의 고통을 살피시는 하나님께서 단지 '영적인 소경'이나 '영적인 가난'만이 아닌 육신의 소경과 육신의 가난에도 관심을 두신다는 점을 보여 주기 때문이다. 사도 바울은 고린도 교인들에게 보낸 편지에서, 500명 이상의 사람이 목격한 예수님의 육체적 부활은 고통 속에 죽은 사람들이 언젠가 부활할 것임을 보여 주는 전조라고 쓰고 있다. 그는 계속해서 그리스도의 부활이 없다면 "우리가 전파하는 것도 헛것이요 또 너희 믿음도 헛것"(고린도전서 15:14, 개역개정)이라고 강조한다.

나는 보수 기독교에 만연한 문자주의적 해석에도, 또 육체를 무시하는 반대편의 추상적 해석에도 만족할 수 없었다.

성서정과*에 나오는 성경 구절에 맞춰 설교해 달라는 교회의 부탁을 받고 나서부터 나는 본격적으로 이 문제를 파고들기 시작했다. 개정공동성서정과는 교회력에 따라 매주 말씀이 배치되어 있어서 3년에 걸쳐 신약 성경 대부분을 묵상할 수 있도록 만들어진 표다. 여러 교회를 다니며 이 표에 나오는 말씀에 맞춰 설교하다 보니, 이전에 공들여 준비해 둔 설교문에 안주할 수 없었다. 이번 주 일요일엔 마귀를 내쫓으신 예수님에 대해, 다음 주엔 무화과나무를 저주하신 예수님에 대해, 그다음 주엔 물 위를 걸으신 예수님에 대해 설교하는 식이었다. 설교를 듣는 청중에게 의미 있는 말씀을 전하기 위해 나는 이런 이

---

* 교회 절기에 맞춘 성경 읽기표.

야기들을 깊이 이해하려고 부단히 노력할 수밖에 없었다.

그러한 노력을 통해 알게 된 사실은 복음서의 저자들이 질병과 고통, 배고픔과 치유의 육체적인 측면을 강조하면서도 단순한 사실 전달을 넘어 어떤 메시지를 던지고 있다는 것이었다. 일례로, 마가복음과 마태복음에는 오병이어로 오천 명을 먹인 사건이 등장한다. 그런데 두 장 후에 거의 같은 사건이 다시 등장한다. 단지 빵과 물고기의 수와 먹인 사람의 수, 그리고 남아서 광주리에 거둬들인 양이 다를 뿐이다.

이 이야기에 등장하는 숫자는 분명 어떤 의미를 담고 있는 것이 분명하다. 마가복음에 보면 예수님이 배를 타고 벳세다로 이동하시는 중에 제자들에게 이 숫자에 관해 질문을 던지시는 장면이 나온다.

"내가 빵 다섯 개를 오천 명에게 떼어 주었을 때에, 너희는 남은 빵 부스러기를 몇 광주리나 가득 거두었느냐?" 갈릴리 바다를 건너는 배에서 예수님이 제자들에게 물으셨다.

그러자 제자들은 "열두 광주리입니다" 하고 대답했다.

"빵 일곱 개를 사천 명에게 떼어 주었을 때에는, 남은 부스러기를 몇 광주리나 가득 거두었느냐?"

그들이 대답했다. "일곱 광주리입니다."

예수께서 그들에게 말씀하셨다. "너희가 아직도 깨닫지 못하느냐?" (마가복음 8:19-21)

이야기는 이렇게 여운을 남긴 채 마무리된다.

이 이야기를 읽은 어떤 독자는 다음과 같이 반응할 것이다. "글쎄요, 아직 깨닫지 못했는데…… 도대체 제가 알아야 할 게 뭔가요?"

유대교에서 어떤 숫자는 특별한 신학적 의미를 지닌다. 대부분의 학자들은 이 이야기에 나오는 숫자가 예수님의 사역 반경이 유대 공동체에서 더 넓은 이방 세계로 확장될 것을 상징적으로 나타낸다고 생각한다. 12라는 숫자는 이스라엘의 열두 지파를 연상케 하며 종종 유대 민족을 가리키는 데 사용된다. (예수님이 자신의 사역을 열두 제자와 함께 시작하셨다는 사실을 기억하라.) 7이라는 숫자는 함축적으로 이방인을 뜻하는 동시에 '충만' 혹은 '완성'의 의미를 지닌다. 첫 번째 기적이 갈릴리 호수 근처의 유대인 지역에서 벌어진 데 반해 두 번째 기적이 이방인 지역이던 데가볼리에서 벌어졌다는 사실이 이와 같은 해석에 더욱 힘을 실어 준다. 이런 관점에서 본다면 두 개의 비슷한 기적 이야기에 담긴 메시지는 예수님은 유대인만 아니라 이방인도 먹이고 축복하신다는 것인데, 이는 곧 하나님께서 아브라함의 자손을 통해 온 세상에 복을 주시리라 약속하신 말씀의 성취인 셈이다. 이 이야기에서 육적인 생명과 영적인 생명을 의미하는 빵이 기적처럼 늘어난 것은 하나님께서 이집트를 탈출한 히브리인들에게 만나를 내리셨던 일을 떠올리게 한다. 다만 세월이 지나, 이제 이 만나가 히브리인뿐 아니라 배고픈 모든 이에게 허락된 것이다.[1]

이런 식의 해석이 복잡하게 느껴질 수도 있겠지만, 우리는 복음서 저자들이 의도적으로 세부적인 부분을 부각하고 있다는 사실을 간과해선 안 된다. 그들은 우리가 이 세부적인 부분에 주목하기를 원했던 것이다.

예수님이 무화과나무를 저주하신 이야기도 이와 비슷한 방식으로 어떤 메시지를 암시한다. 베다니에서 예루살렘으로 이동하던 예수님과 제자들은 길가에서 열매 없는 무화과나무를 발견한다. 수확할 시기가 아니었기 때문에 아무도 열매를 기대하지 않았지만 유독 예수님은 배가 고프셨던지 다른 반응을 보이신다. "이제부터 너는 영원히 열매 맺지 못할 것이다!" 마태복음에 따르면 예수님께서 저주하시자 나무가 즉시로 말라 버렸다(마태복음 21:18-22). 마가복음은 제자들이 예루살렘을 떠나는 길에 나무가 말라 버린 것을 확인했다고 적고 있다(마가복음 11:12-25).

도대체 무슨 일이 벌어진 걸까? 예수님의 저주를 어떤 식으로 받아들여야 하나? 육신을 입은 하나님은 배고플 때마다 이런 식으로 화를 내시나? 아니면 어느 집회에서 보았던 문구처럼 "하나님은 무화과를 싫어하신다"?

히브리 성경에서 무화과나무와 포도나무는 풍요와 평화를 상징한다. 바빌로니아 제국의 침략이 임박한 가운데 회개를 촉구하는 예언자를 거부하던 이스라엘 백성을 향해 예레미야는 이렇게 경고했다. "그들이 거둘 것을 내[하나님]가 말끔히 거두어 치우리니 포도 덩굴에 포도송이도 없고, 무화과나무에 무화과도 없고, 잎까지 시들어 버릴 것이다"(예레미야 8:13). 예루살렘으로 향하시던 날, 아마도 예수님은 이 말씀을 마음에 품고 계셨을 것이다. 마가복음에는 무화과를 저주하신 사건과 예수님이 성전을 정화하신 이야기가 이어져 있다. 즉 예수님의 저주는 열매 맺지 못하는 이스라엘을 향한 좌절감의 표현인 셈이며 동시에 종교 지도자들과 정치 지도자들에 의해 제거될 예수님의 임박한 운명을 암시한다.

종종 우리는 구약 성경의 도움을 받아 기적 이야기에 숨겨진 깊은 의미를 발견하기도 한다. 예수님이 행하신 일 중 상당수가 구약의 상징이나 예언과 관련되어 있다. 예를 들어, 예수님은 예루살렘에 입성하실 때 나귀를 타시는데, 이는 "공의로우시며 구원을 베푸시며 겸손하여서 나귀를 타고"(스가랴 9:9) 시온에 오시는 왕을 묘사했던 스가랴의 예언을 성취하기 위함이었다. 많은 학자들은 예수님이 폭풍을 잠잠케 하신 일과 거라사 광인에게서 귀신들을 쫓아내신 사건을 하나님께서 "바다의 노호와 파도 소리를 그치게 하시며, 민족들의 소요를 가라앉히셨"다고 선포하는 시편 65편 7절 말씀이 이중으로 실현된 것이라고 생각한다. 성경에서 바다는 혼란을 상징한다. 괴물과 마귀들로 들끓는 예측 불허의 바다는 우리의 목숨을 위협한다. 따라서 예수님이 바다의 폭풍을 잠재우고, 그 속의 물고기들을 자유자재로 다루시고, 파도 위를 걸으신 행위는 단순히 자신의 능력을 과시하기 위함이 아니라, 하나님은 가장 본능적인 두려움도 능히 다스리는 분이심을 선언하기 위한 것이었다. 이사야의 표현처럼, 하나님은 "바다 가운데 길을 내고, 거센 물결 위에 통로를" 내신다(43:16). "안심하여라!" 물 위를 걷는 자신을 멍하니 바라보는 제자들을 향해 예수님은 말씀하신다. "나다. 두려워하지 말아라"(마태복음 14:27). 그리스어 "나다"의 가장 정확한 번역은 "스스로 있는 자"(I AM)인데 이는 누구나 알다시피 아브라함과 이삭과 모세와 미리암의 하나님을 가리킨다.

이처럼 신약 성경 곳곳에서 예수님은 구약의 상징과 예언을 구체적인 행위로 '실연'하신다. 그분은 구약 말씀에 새로운 의미를 부여하시는 동시에 자신이 최종적으로 예언을 성취하는 분임을 드러내신다. 구원이라는 주제를 관념화하는 대신 살을 붙여 좀 더 명확하게 설명하고 계신 것이다.

심지어 그리스도께서 치유의 기적을 베푸시고 고통받는 자를 얼마나 측은히 여기시는지 보여 주는 이야기에도 깊은 신학적 의미가 담겨 있다. 마가복음에 나오는 세 가지 이야기를 통해 우리는 이런 사실을 분명히 확인할 수 있다.

먼저, 나병 환자 이야기를 살펴보자. 한 나병 환자가 예수님께 다가와 무릎을 꿇고 간청했다. "선생님께서 하고자 하시면, 나를 깨끗하게 해 주실 수 있습니다"(마가복음 1:40). 1세기경 나병은 오늘날 한센병이라고 일컫는 전염병을 포함한 여러 종류의 피부병을 의미했다. 당시 나병 환자로 진단받은 사람에게는 종교적, 사회적 낙인이 찍혔다. 사람들은 나병 환자가 병을 옮길까 봐 두려워했을 뿐만 아니라 그들을 종교적, 율법적으로 부정한 사람으로 인식했다. 나병 환자는 성전에서 드리는 공동 예배에 참석할 수 없었고 공동생활에서도 철저히 배제되었다. 레위기는 나병 환자와 가벼운 접촉만으로도 육체와 영혼이 오염된다고 적고 있다.

나병 환자를 본 예수님의 반응에는 그분의 심정이 드러난다. 어떤 번역에는 예수께서 "불쌍히 여기"셨다고 나오고 또 다른 번역에는 불공정한 처우에 화를 내듯 "분개"하셨다고 나온다. 그러나 우리가 더 주목해야 할 것은 그다음 문장에 나오는 마가의 신중한 용어 선택이다. 예수께서 "손을 내밀어 그에게 대시고" 말씀하시자 곧 그가 나았다(41절).

두 번째 이야기는 만성적으로 자궁 출혈을 앓았던 것으로 보이는 여인의 이야기다. 마가는 그녀가 "여러 의사에게 보이면서, 고생도 많이 하고, 재산도 다 없앴으나, 아무 효력이 없었고, 상태는 더 악화되었다"(5:26)고 기록한다. (지병을 안고 사는 삶의 슬픔을 이보다 더 정확하게 묘사할 수 있을까!) 질병을 앓고 있는 것만으로도 괴로운데 설상가상으로 율법은 하혈하는 여인과의 접촉을 금지하며, 월경 기간은 물론 그 후 7일 동안 종교적으로 부정하다고 간주한다. 지속해서 하혈을 한 이 여인은 불가촉천민처럼 취급받고, 남편과 이웃 및 성전과 단절된 삶을 살아야 했을 것이다.

예수께서 나병 환자를 고치셨다는 소문을 들었을지도 모를 이 여인은 용기를 내어 그분을 따르는 큰 무리에 합류한다. 그리고 조금씩 예수님께로 다가갔다.

"내가 그의 옷에 손을 대기만 하여도 나을 터인데"(28절).

마음을 정한 그녀는 자신을 부정하는 세상에 항거하듯 손을 뻗쳤다. 그리고 손끝으로 예수님의 옷을 만졌다. "그래서 곧 출혈의 근원이 마르니, 그 여자는 몸이 나은 것을 느꼈다"(29절)고 마가는 적고 있다.

"자기에게서 능력이 나간 것을" 느끼신 예수님은 멈춰 서셔서 누가 자신을 만졌는지 물으신다. 제자들은 예수님이 무리에게 에워싸여 있기 때문에 알 길이 없다고 답한다. 그때 한 여인이 "두려워하여 떨면서" 예수께 나아와 엎드려 자신에게 일어난 일을 말씀드린다(33-34절).

예수님은 다정하게 말씀하신다. "딸아, 네 믿음이 너를 구원하였다"(34절).

세 번째 이야기는 혈루증을 앓는 여인의 이야기와 극적으로 얽혀 있는 어느 종교 지도자의 이야기다. 회당장 야이로는 예수님을 급히 찾아와 자신의 집으로 가서 사경을 헤매는 어린 딸을 고쳐 달라고 간청한다. 그러나 그의 부탁을 듣고 이동하시던 예수님은 무리와 혈루증 앓는 여인으로 인해 길에서 시간을 지체한다. 예수님이 야이로의 집에 도착하셨을 때, 소녀는 이미 숨을 거둔 상태였고 사람들은 울며 통곡하고 있었다. 마가의 기록에 따르면, 소녀에게 가신 예수님은 "아이의 손을 잡으시고" 말씀하셨다. "소녀야…… 일어나거라!" 그러자 곧 소녀는 일어나 걸어 다녔다(5:41-42). 여기서 예수님은 다시 한번 만져서는 안 될 사람을 만지셨다. 율법은 시체와 접촉한 자를 부정하다고 규정하며 일정 기간의 격리 후 정결 의식을 치러야 한다고 가르치기 때문이다.

지금까지 살펴본 세 가지 이야기의 방점은 예수님이 이들을 치유하셨다는 데 있지 않고 예수님이 이들을 **만지셨다**는 사실에 있다. 그분은 사회적으로 소외된 사람들, 정치·종교 지도자들에 의해 '죄인'으로 간주되던 사람들 곧 창녀와 세리, 사마리아인, 이방인, 병자, 시각장애인, 청각장애인들을 끌어안으셨던 것처럼, 이들도 두 팔 벌려 끌어안으셨다.

제프리 존은 『기적의 의미』라는 책에서 성경의 치유 이야기에 관해 이렇게 설명한다. "복음서의 저자는 예수님이 당시 정결법에 의해 배척되고 불결하다고 낙인찍힌 모든 부류의 사람들을 고치셨다는 것을 보여 주기 위해 의도적으로 치유 사례를 선택한 것으로 보인다."[2]

"물론 우리는 치유 사건을 통해 예수님의 치유 능력과 고통받는 개인을 향한 그분의 사랑을 볼 수 있다. 그러나 이것이 치유 이야기의 핵심은 아니다. 복음서의 저자가 전달하고자 했던 핵심 메시지, 곧 이 시대를 사는 우리에게 더욱더 유의미한 메시지는 바로 기적이 가진 보편적인 의미다. 즉 모든 사회적, 종교적 장벽을 허물어뜨리시고 금기 사항을 없애신 예수님이 이제까지 소외되고 홀대받는 온갖 계층의 사람들을 끌어안으시며 모든 사람을 향한 하나님의 사랑과 자비를 선포하셨다는 메시지다."[3]

많은 사람이 예수님의 기적 속에 종말론적 의미가 담겨 있다고 생각한다. '종말론적 의미'라는 학문적인 용어를 쉽게 풀어 설명하자면, 이 세상을 향한 하나님의 큰 꿈, 곧 불순종하는 창조 세계를 향한 하나님의 궁극적인 목적이라고 할 수 있다. 예수님의 기적은 고통과 죽음, 낙인, 배척, 혼란이 없는 미래를 예시하며, 하나님의 뜻이 하늘에서와같이 땅에서도 이루어진다는 것이 어떤 모습인지 보여 준다. 예수님은 우리에게 긍휼을 베풀고 포용하며 치유와 화해, 사랑을 향해 한 걸음씩 나아감으로써 바로 오늘 하나님 나라의 미래를 맛보라고 권유하신다.

톰 라이트는 이렇게 말한다. "불현듯 다른 식으로 세상을 바라볼 수 있음을 깨달을 때, 그리고 부자와 권력자, 부도덕한 자들이 마지막에 웃는 자가 아니라는 사실을 알게 될 때 희망은 찾아온다. 예수님의 부활이 요구하는 세계관의 전환은 오늘 우리에게 세계를 변화시킬 수 있는 능력을 안겨 준다."[4]

예수님의 기적은 개종자를 얻기 위한 마술이 아니며 믿음이 있는지 없는지 알아보기 위한 시험도 아니다. 예수님의 기적은 명령이며 도전이다. 그것은 우리가 무엇을 해야 하고 어떻게 소망해야 하는지를 말해 준다.

로마 제국에 복음을 전파하던 제자들은 이 점을 마음 깊이 새기고 있었다. 누가는 사도행전에서 사도들이 성령의 도움을 힘입어 "백성들 앞에서 많은 기적과 놀라운 일들을 베풀었"고 (5:12, 공동번역) 병자를 치유하고, 마귀를 쫓으며, 죽은 자를 살렸다고 전한다. 그들은 조난 사고를 당하고 뱀에 물려도 무사했고 성난 군중 속에서도 목숨을 건졌다. 심지어 하나님은 지진을 일으키셔서 그들을 감옥에서 빼내기도 하셨다. 그러나 사도들이 행했던 기적 중에 가장 놀라운 기적은 지속해서 소외된 자들을 포용했던 일일 것이다. 기독교로 개종한 초기 이방인 중 한 명인 에티오피아 내시는 성전에서 예배 드리는 일이 금지된 성소수자이자 소수 민족 출신이었지만, 빌립에게 감동적인 세례를 받고 하나님의 민족으로 편입되었다(사도행전 8:26-40). 경건한 유대인이었던 베드로는 자신을 환대하는 로마 백부장 고넬료의 믿음을 확인하고 매우 전향적인 태도로 이방인을 만나기로 결심했다. 그는 한 걸음 더 나아가 율법에서 금하는 조항들을 거의 무시한 채 그들과 식사를 같이하기까지 했다. 베드로가 그들에게 한 말을 들어 보자. "유대 사람으로서 이방 사람과 사귀거나 가까이하는 일이 불법이라는 것은 여러분도 아십니다. 그런데 하나님께서는 나에게, 사람을 속되다거나 부정하다거나 하지 말라고 지시하셨습니다"(사도행전 10:28).

오늘날 많은 그리스도인이 쉽게 간과하는 점을 사도들은 분명하게 알고 있었다. 그것은 바로 복음을 거슬리게 만드는 것은, 누구를 배제하느냐가 아니라 누구를 포용하느냐라는 것이다.

나처럼 끊임없이 회의하는 사람, 기적이 실제로 일어났는지 확신하지 못하는 사람에게 이 사실은 무엇을 의미하는가?

개인적으로 나는 달라스 윌라드의 말에서 그 답을 찾을 수 있다고 생각한다. "그저 말로 믿는다고 해서 믿는 것은 아니다. 심지어 우리가 믿는다고 생각할 때조차 믿는 것이 아닐 수 있다. 우리가 믿는 것이 진실인 것처럼 행동할 때, 그때에만 우리는 그것을 믿는 것이다."[5]

따라서 우리는 "나는 기적을 믿는가?"라고 묻기보다 "나는 기적을 믿는 사람처럼 행동하는가?"라고 물어야 한다. 나는 다른 사람들이 배척하는 사람을 포용하는가? 나는 배고픈 사람을 먹이고 아픈 사람을 돌보는가? 나는 노숙인의 손을 잡아 주고 중독자에게 도움을 베푸는가? 나는 인종과 종교, 성적 지향과 장애로 인해 사회적 차별을 당하는 사람들의 편에 서서 싸우는가? 인생이 덧없이 지나가는 폭풍이 아님을, 사나운 폭풍까지도 다스리는 분이 있음을 나는 삶으로 증명하고 있는가?

사회 운동가인 셰인 클레어본은 그리스도인에게 기적을 믿는 데서 더 나아가 "기적을 일으키는 삶을 살아야 한다"고 도전한다.[6]

내 주변의 사람들을 보면, 성경 속 기적 이야기에 마음으로 반응하는 사람들은 하나같이 기적이 실재한다고 굳게 믿는 사람들이다. 원목실 목사들, 무료 급식소 책임자들, 중독자를 돕는 상담가들, 구호 개발 단체에서 일하는 직원들, 요양원의 자원봉사자들, 위탁 부모들. 이들은 채워지지 않는 필요와 이루어지지 않는 듯 보이는 기도 제목들에 파묻혀 살면서 가슴 아픈 일을 일상적으로 목격한다. 그러나 고통받고 소외된 사람들과 더불어 사는 이들에게는 이따금 선물처럼 기적을 경험할 기회가 찾아온다. 간당간당하던 양식이 오병이어처럼 불어나는 기적, 수백 년 이어져 온 종족 간의 불신이 밥 한 끼로 눈 녹듯 사라지는 기적, 자연의 폭풍과 인생의 폭풍이 예수님의 임재 앞에 순식간에 잠잠해지는 기적, 후원금과 위문품이 꼭 필요한 때에 도착하는 기적.

적어도 내가 들은 이야기들은 그렇다.

고백하건대, 내가 경험한 기적은 이성적으로 설명이 가능한 그런 종류의 것들이다. (누구나 아이 낳는 것을 기적이라고 생각한다. 하지만 위기 한 번 겪지 않고 출산한 사람도 그렇게 생각할까?) 나의 회의적인 태도는 내가 맹목적 신앙에 빠지지 않도록 하는 데 도움이 되기도 하지만 나의 시야를 좁게 만들어 다른 사람들이 보는 것을 보지 못하게 하기도 한다. 많은 신앙인들이 억지로라도 믿으려 하면 믿음이 생겨나는 것인 양 '무조건 믿는' 게 중요하다고 한없이 강조하는 게 좋다고 생각한다. 하지만 내 경험에 비추어 볼 때, 그저 믿고 **싶어 한다**고 믿어지는 건 아닌 것 같다. 믿음을 갖기 위한 유일한 방법은 (그래 봤자 성공 확률 50퍼센트밖에 안 되는 방법이겠지만) 오래전 믿음의 현자들이 실천했던 영성 훈련법으로서 '믿음이 생길 때까지 믿는 것처럼 행동하라'("fake it till you make it")뿐이다.

교회에 가라.

성찬에 참여하라.

노숙자 보호소에 가라.

시위에 참여하라.

병 낫기를 위해 기도하라.

폭풍을 꾸짖어라.

믿는 것처럼 **행동하라!** 그러면 언젠가는 믿음을 갖게 될 것
이다. 몸이 움직이면 마음은 뒤따르게 마련이다.

누군가 말했듯이, 물 위를 걸으려면 우선 배에서 뛰어내려
야 한다. 어떤 이에게는 배에서 뛰어내리는 것이 중독자 치료
모임에 참석하는 일일 수 있다. 어떤 이에게는 연로한 어르신
의 병원 서류 작성을 돕는 일일 수도 있다. 독감에 걸려 고생하
는 이웃 가족을 위해 특별 요리를 만들어 주는 것, 친구가 직장
면접을 볼 수 있도록 친구의 아기를 돌봐 주는 것, 중요한 일이
라고 느꼈을 때 과감하게 움직이는 것. 이 모두가 믿음을 위한
행동이다.

사라 마일즈는 이렇게 말했다. "예수께서 우리를 제자로
부르실 때 그분은 우리에게 치유할 수 있는 권세를 주셔서 파
송하신다. 그분은 우리에게 기태임신을 확실하게 고치는 법을
가르쳐 주시지 않는다. 또 시각장애인의 시력을 되찾아 주거
나, 모든 눈물을 씻겨 주거나, 또는 온갖 종류의 마귀를 내쫓는
방법을 가르쳐 주시지도 않는다. 그 대신 그분은 우리에게 망
가지고 부서지고 조각난 삶을 사는 사람들을 사랑으로 그러모
아 인생의 의미를 되찾아 주는 삶을 가르쳐 주신다. 낯선 사람
들이 서로 부대끼며, 모든 사람이 환영받는 공동체를 이루어
가는 그런 삶 말이다."[7]

사교 모임에서 성공회 신부와 물고기 이야기를 주고받은 지 얼마 안 되어 나는 다른 성공회 교회에서 주최한 모임에 참석했다. 여전히 뷔페 테이블 옆에 앉아 있었지만 이번에 사람들에게 건넨 질문은 **가장 좋아하는** 성경 이야기였다.

"예수님이 해변에서 제자들과 다시 만났던 이야기요." 젊은 엄마가 요한복음 말미에 나오는 이야기를 가리키며 말했다.

예수께서 부활하시고 얼마 후 어느 이른 아침, 바다에 나가 고기를 잡던 제자들은 해변에 서 있는 낯선 이를 발견한다.

"여보게들, 무얼 좀 잡았는가?" 낯선 이가 묻는다(요한복음 21:5).

그들이 못 잡았다고 답하자, 그는 배의 다른 편으로 그물을 던져 보라고 말한다. 아니나 다를까, 배가 가라앉을 정도로 물고기가 많이 잡혔다. 제자들은 즉시로 낯선 이가 예수님인 것을 알아챘다. 감정을 억제하지 못한 베드로는 배에서 뛰어내려 그의 선생이자 친구이신 분에게 헤엄쳐 갔다. (아, 베드로는 정말이지 배에서 뛰어내리기 선수다.) 나머지 제자들이 찢어질 듯한 그물을 끌고 해변에 도착했을 때, 그들 앞에는 예수님이 준비하신 물고기가 숯불 위에서 익어 가고 있었다. 예수님은 빵과 함께 차려진 아침상에 모두를 초대하셨다. 요한복음 저자는 제자들이 잡은 물고기가 153마리라고 언급하며 "고기가 그렇게 많았으나, 그물이 찢어지지 않았다"고 기록한다(21:11).

"저도 그 이야기를 좋아해요." 젊은 엄마에게 답하면서 나는 153이라는 숫자가 유대 랍비들에게는 '완성'을 뜻하고, 그런 의미에서 이 이야기는 온갖 물고기가 가득한 큰 강이 성전에서 흘러나올 것을 예언한 에스겔의 말씀을 떠올리게 한다고 덧붙였다. 이어서 나는 요한이 그물이 찢어지지 않았다는 점을 강조하고 있으며, 그물은 아마도 다양한 고기를 하나로 묶는 교회를 상징하는 것 같다고 말했다. 초대 교회 시기에 그려진 어떤 그림에는 베드로와 요한이 성전에서 흘러나오는 강의 양쪽에 서서 그물을 잡고 있는데 이는 초대 교인들도 비슷하게 생각했음을 암시한다고 구구절절이 설명했다.

"세상에 저는 그런 걸 하나도 모르고 있었네요." 그녀가 웃으며 말했다. "저는 그냥 아침 식사로 생선을 구우시는 하나님이 맘에 들었을 뿐이에요."

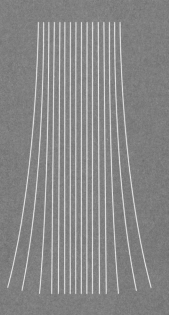

편지＋교회 이야기

"어떤 인생도
보편적일 순 없다.

그리스도와
그분의 교회도
마찬가지다."

편지

라오디게아에 있는 형제자매들과 눔바와 그 부인의 집에서 모이는 교회에 문안해 주십시오. 여러분이 이 편지를 읽은 다음에는, 라오디게아 교회에서도 읽을 수 있게 하고, 라오디게아 교회에서 오는 편지도 읽으십시오.
— 골로새서 4:15-16

라오디게아의 지평선 너머로 해가 저물었지만, 등불을 켜놓은 눔바의 집은 아직 환했다. 숨죽인 웃음소리와 조심스러운 대화 소리로 북적거리는 그녀의 집은 사랑방처럼 아늑했다. 조용히 뒷문으로 들어와 안마당으로 이동한 에일리아와 드루실라는 그곳에 모여 있는 사람들이 흥분감에 술렁이는 것을 감지했다. 어떤 소식이 도착한 게 틀림없었다.

"무슨 일이야?" 드루실라가 물었다.

"골로새에서 두기고가 왔대." 젊은 과부가 속삭였다. "바울의 편지를 들고서."[1]

눔바가 곧 편지를 읽어 줄 것이라는 생각에 에일리아의 가슴이 뛰기 시작했다. 부드러운 목소리로 한 자 한 자 세심하게 편지를 읽어 주는 눔바를 볼 때면 그녀는 언제나 넋을 잃고 말았다. 눔바는 편지를 읽다 잠시 멈춰서 어려운 단어나 개념을 설명하기도 하고 보채는 아이들에게 너그러운 미소를 보내기도 했다. 이곳에 모인 사람들은 사도들이 보낸 편지를 혼자 읽지 못하는 여인과 노예, 가난한 노동자들이 대부분이다. 물론 그중에는 부유한 상인과 큰 재산을 자랑하는 부호도 있다. 행인들은 이런 사람들이 섞여서 함께 식사하는 것을 이상한 눈으로 쳐다보곤 했다. 주인이 노예와 같이 빵을 나누고, 부유한 여인이 가난한 창녀에게 포도주를 따라 준다. 이와 같은 삶이 그들을 다른 사람들과 구별되는 그리스도인으로 만들었다.

자색 옷감의 산지로 유명한 리코스 골짜기에서 눔바는 남편과 함께 옷감을 만들어 파는 사업을 성공적으로 운영하고 있다. 그들은 루디아라는 중개상에게서 처음으로 복음을 들었다. 루디아가 두아디라에서 가져온 소식, 곧 처형됐다가 부활했다는 어느 유대인에 관한 소식은 신기하고 새로운 향신료처럼 무역로를 따라 전해졌다. 눔바의 집안 사람들은 모두 예수님을 믿었고, **에클레시아**라고 불리는 모임을 준비하는 것은 주로 눔바의 몫이었다. 사도들은 이렇게 형성된 공동체를 눔바의 집에 모이는 교회라고 불렀다.

부엌에서 갓 구운 빵과 숭어 스튜 냄새가 퍼져 나오자 에일리아는 순간적으로 편지가 길지는 않을까 걱정했다. 그녀는 온종일 아무것도 먹지 못했다. 에일리아의 남편은 가난한 양치기다. 쥐꼬리만 한 결혼 지참금을 가지고 시집온 아내가 종교 문제로 속까지 썩인다고 화가 단단히 나 있다. 과부들이 결혼하지 않고 수절하며 사는 것을 정부가 법으로 금지한 이후로 남편은 시어머니 드루실라와도 티격태격이다. 그러나 드루실라는 아랑곳하지 않고 다른 과부들과 함께 교회를 섬기겠다고 고집한다. 공동체를 이루어 과부를 돌보는 교회를 정부가 곱게 볼 리 없었다. 사람들은 집안의 질서를 세우는 것이 곧 우주의 질서를 세우는 일이라고 여겼다. **팍스 로마나**•는 집안의 아내와 노예, 자식들을 순종적으로 길들이는 데서부터 시작한다고 그들은 입버릇처럼 말했다.

하지만 저녁 모임에서 에일리아가 배운 내용은 이와 달랐다. 유대인과 이방인, 남자와 여자, 노예와 자유인 사이에는 아무런 차이가 없으며, 모두가 그리스도 안에서 하나라는 것이었다. 심지어 스구디아인과 야만인과도 함께 밥상을 나눌 수 있다고 했다. 눔바의 집에 모인 사람들은 그리스도인으로서 타협하지 않고 어느 정도까지 로마의 법을 따를 수 있는지에 관해 자주 토론했다. 다른 지역의 그리스도인이 제국에 저항한다는

• '로마의 평화'를 뜻하는 라틴어.

이유로 이미 투옥되거나 처형되었다는 소식을 들은 라오디게아 교인들은 함께 모여 식사하고 성경을 읽고 기도를 올릴 때 언제나 같은 질문을 떠올렸다. **계급과 상업, 종교와 가정에 대해 다른 기준을 제시하는 정부에 맞서 우리도 목숨을 걸고 싸워야 하나, 아니면 차이를 무시하고 그냥 살아야 하나?**

이 문제에 대해선 좀처럼 통일된 의견을 갖기 힘들어 보였다. 어쩌면 오늘 도착한 편지가 도움이 될 수도 있겠지.

참으로 감동적인 편지였다. 눔바가 "이 복음은 온 세상에 전해진 것과 같이, 여러분에게 전해졌습니다. 여러분이 하나님의 은혜를 듣고서 참되게 깨달은 그날로부터, 여러분 가운데서와 같이 온 세상에서 열매를 맺으며 자라고 있습니다"라고 바울이 선포하는 대목을 읽을 때 에일리아의 얼굴에 눈물이 흘러내렸다.

단호하고 확신에 찬 눔바의 목소리가 적어도 서른 명의 사람이 타일 바닥에 앉아 있는 안마당에 울려 퍼졌다. 편지에는 바울이 투옥되고 박해받은 일과 예수님은 "보이지 않는 하나님의 형상이며 모든 피조물보다 먼저 나신 분"이라는 설명, 거짓된 가르침과 헛된 철학을 조심하고, 종교와 관련된 절기와 음식에 관해 다른 견해를 가진 자들이 비판하지 못하게 하라는 당부, 그리고 찬양을 더 많이 부르라는 권면이 실려 있었다. 마지막 권면에 드루실라는 함박웃음을 지었다. 에일리아는 관계가 껄끄러운 자매와 화해를 해야겠다고 결심했다.

그러나 눔바가 예수님은 "모든 통치와 권세의 머리"이시기 때문에 교회는 정부를 두려워할 필요가 없다고 (큰 소리로!) 읽는 순간, 분위기가 달라졌다. 그녀는 계속해서 읽었다. "그분은 모든 통치자들과 권력자들의 무장을 해제시키고, 그들의 권세를 짓밟아 십자가로 승리하셔서 그것을 사람들에게 보여 주셨습니다."

사람들이 초조하게 중얼거리기 시작했다. 누가 엿듣기라도 하면 어쩌지? 지나가던 로마 병사가 듣고 오해하면 어쩌려고 이렇게 열린 공간에서 저런 글을 서슴없이 읽다니!

눔바가 손을 들어 좌중을 진정시켰다.

"바울 사도는 정부를 **타도**해야 한다고 말하는 게 아닙니다. 그는 단지 정부의 실체를 **폭로**하여 **무장 해제**시키라고 말하는 것뿐입니다."

"하지만 결국 이 편지를 쓰는 그도 감옥에 갇힌 신세 아니오?" 한 장사꾼이 투덜대며 말하자 몇 사람이 킬킬댔다.

눔바가 다시 입을 열었다. "내 생각에 바울 사도는 예수님의 십자가가 제국의 치부와 온갖 종류의 불의를 드러냈다고 말하는 것 같아요. 잔인하고 공허하며 극도로 위험하고 허물어지기 쉬운 제국의 실체를 폭로한 것이죠. 도대체 로마가 무슨 이유로 아무 죄도 없는 한 남자를 죽였습니까? 병자를 고쳐서? 이야기를 들려줬다고? 나귀를 타고 예루살렘에 들어가서? 예수님은 순종함으로 자신을 낮추고 원수를 사랑하고 가난한 자와 병든 자를 돌보고 비폭력의 길을 걸음으로써 이 사치스럽고 포악스러운 제국을 한낱 조롱거리로 만드셨습니다. 그분은 종교적인 위선과 배척을 마음껏 비웃으셨습니다. 그리고 부활하심으로써 온 세상을 다스리시는 주님이심을 증명해 보이셨습니다. 로마도 그를 묻지 못했고, 카이사르마저 그를 무덤에 머물게 할 수 없었습니다."

눔바의 말에 충격을 받은 사람들이 수군거리기 시작했다. 로마 시민권을 소지하고 있는 사람이 하기에는 위험천만한 발언이었다. 에일리아는 그제야 안마당 벽을 장식하고 있던 제국의 벽화가 덧칠된 것을 알아챘다.

잠시 후 눔바가 다시 편지를 읽기 시작했다.

"그러므로 여러분이 그리스도와 함께 다시 살리심을 받았으면 위에 있는 것을 찾으십시오. 거기는 그리스도께서 하나님의 오른편에 앉아 계시는 곳입니다.…… 여러분은 서로 거짓말을 하지 마십시오. 옛날의 여러분은 이미 죽었고 이제는 새 사람이 되었습니다. 이 새 사람은 자기를 창조하신 분의 형상을 따라 끊임없이 새로워져서, 참 지식에 이르게 됩니다. 거기에는 그리스인과 유대인도, 할례받은 자와 할례받지 않은 자도, 야만인도 스구디아인도, 종도 자유인도 없습니다. 오직 그리스도만이 모든 것이며, 모든 것 안에 계십니다."

"여러분은 하나님이 택하신 사랑받는 거룩한 사람들입니다. 동정심과 친절함과 겸손함과 온유함과 오래 참음을 옷 입듯이 입으십시오. 누가 누구에게 불평할 일이 있더라도, 서로 용납하여 주고, 서로 용서하여 주십시오. 주님께서 여러분을 용서하신 것과 같이, 여러분도 서로 용서하십시오. 그리고 이 모든 것 위에 사랑을 더하십시오. 사랑은 그 모든 것을 완전히 하나로 묶어 주는 띠와 같은 것입니다."

에일리아는 시어머니의 어깨 위에 머리를 기댔다. 불쌍히 여기는 마음과 친절과 인내를 옷 입듯 입으라는 표현이 무척 마음에 들었다. 그녀는 골로새의 최고급 옷감으로 만든 자색 의복을 입듯 사랑을 입는 것을 상상해 보았다. 잠시 동안 에일리아는 배고픔도, 자신이 걸친 누추한 옷도 잊었다. 그리고 비싼 은식기가 가득한 이 집과 너무나도 안 어울리는 자신의 더러운 손톱에 대해서도 잊고 있었다. 사도 바울은 내게 필요한 말과 나의 마음을 어쩜 이렇게도 정확히 알고 있을까?

"아내들은 남편에게 복종하십시오."

에일리아는 정신이 번쩍 들었다. 낯선 말이어서가 아니라 너무나도 익숙한 말이었기 때문이다.

로마에서는 귀족이나 평민 모두 어렸을 때부터 가정 규례를 외운다. 그중에 가장 많이 쓰이는 것은 아리스토텔레스가 작성한 것으로, 남성은 가장으로서 아내와 자녀, 노예를 왕처럼 다스려야 한다고 가르친다. 카이사르 역시 제국의 질서가 잡히려면 가정에서부터 질서가 세워져야 한다고 생각했다. 어쩌면 사도 바울은 그리스도인들에게 오래된 관습을 지켜서 불필요한 마찰을 일으키지 말라고 격려하는 것일지도 모른다.

눔바가 목청을 가다듬었다.

"남편들은 아내를 사랑하십시오."

이건 또 뭔가. 에일리아가 아는 한 남편에게 아내를 사랑하라고 말하는 가정 규례는 없다. 어떤 부유한 사람들은 사랑해서 결혼하기도 한다지만 대부분은 에일리와 같이 중매로 결혼하고, 심지어 어렸을 때 부모에 의해 중매를 맺기도 한다. 제국은 황제에게 충성할 것과 집안을 다스리는 것 외에는 남자에게 거의 아무런 의무도 지우지 않는다. 남자는 여자에 비해 선천적으로 명령하는 지위에 잘 어울린다는 아리스토텔레스의 주장은 수백 년 동안 진리처럼 떠받들어졌다.

하지만 에일리아가 생각하기에 적어도 **이 집의 통제권은 눔바에게 있었다.** 사실 그리스도인들에게 그런 일은 다반사였다. 룻과 유니아, 브리스가와 뵈뵈 모두 여자 아닌가. 바울은 이들을 동역자라고 부르며 남성과 동등하게 대했다.

"자녀들은 모든 일에 부모에게 순종하십시오. 이것이 주님을 기쁘시게 하는 일입니다." 눔바가 계속해서 편지를 읽어 내려갔다. "아버지들은 자녀들의 감정을 건드려 화나게 하지 마십시오. 그렇게 하면 그들이 낙심하게 될 것입니다."

눔바가 다음 부분을 읽기 전에 잠시 멈췄다. 안마당에 모인 사람들 모두 어떤 얘기가 나올지 예상하고 있었다.

"종들은 모든 일에 자기 주인에게 순종하십시오. 무슨 일을 하든지 사람에게 하듯 하지 말고 주님께 하듯 성실하게 하십시오. 여러분은 주님께 유산을 상으로 받는다는 사실을 기억하십시오. 여러분이 섬기는 분은 주 그리스도이십니다. 주인된 사람들은 하늘에도 자기 주인이 계신다는 것을 알고 종들을 공정하고 정당하게 대우하십시오."

청중이 심하게 동요했다. 어리둥절하게 느낀 사람이 에일리아 혼자만은 아닌 게 분명했다. 유산을 받는 종? 하늘에 자기 주인을 둔 주인? 어떤 사람들은 바울이 제국의 관습에 묵묵히 따를 것을 종용한다고 생각했고 또 어떤 이들은 그의 발상이 혁명적이고 위험하다고 생각했다.

"그러면 오네시모는 어떻게 되는 겁니까?" 누군가 소리쳐 물었다.

일순간 청중은 조용해졌다.

오네시모는 그리스도인인 빌레몬의 종이었다. 골로새에 있던 그리스도인들은 부유한 상인 빌레몬의 집을 집회 장소로 사용했다. 소문에 의하면, 오네시모는 어떤 이유에서인지 집을 떠나 로마로 갔다. 그곳에서 바울과 친분을 쌓게 된 그는 사도들을 대신해서 전갈을 전하고 여행 일정을 잡아 주는 등 그들을 섬기는 사람이 되었다. 이 모든 과정을 주인 빌레몬이 알고 허락해 주었는지는 확실치 않다. 노예를 어떻게 대우해야 하는지에 관한 문제로 많은 교회가 논쟁을 벌였다. 다수의 유대인은 메시아가 회당에서 가난하고 억눌린 사람을 해방하고 '주님의 은혜의 해'를 선포하기 위해 왔다고 선언했을 때, 그가 희년을 언급한다고 생각했다. 희년은 정기적으로 노예를 풀어 주고 빚을 탕감하며 토지를 원주인에게 돌려주는 유대인의 오래된 관습이다. 그러나 많은 그리스계 그리스도인들은 희년을 이상하고 비현실적인 관습으로 여겼다. 희년을 지키게 되면 불필요하게 정부의 미움을 사게 될 것이 불 보듯 뻔했다.

눔바에게도 이 문제는 답하기 어려운 문제였다. 그녀 자신도 세 명의 종을 거느리고 있었으며, 그 종들이 지금 모두 안마당에 앉아서 그녀가 읽어 주는 편지를 듣고 있었다. 그녀의 가족은 리코스 골짜기에서 대지주로 소문난 집안이었는데, 소유하고 있는 땅의 상당 부분은 로마 제국이 가난해서 세금을 내지 못하는 농부들로부터 강탈한 토지였다. 눔바가 희년을 달갑게 여길 리 없었다.

눔바는 고개를 끄덕이며 자신을 격려하는 두기고를 바라봤다.

"우리는 오네시모가 골로새로 돌아왔다는 소문을 들었습니다." 그녀가 다시 입을 뗐다. "바울이 오네시모 편에 부친 전갈에 따르면, 빌레몬과 우리는 이제 그를 종이 아닌 형제로 대우해야 합니다."

이후로 사람들이 얼마나 편지에 귀 기울였는지 기억이 나지 않는다. 사람들의 토론 소리에 눔바의 목소리가 묻힌 적이 한두 번이 아니었다. 말을 안 하는 사람들도 무슨 말을 할지 몰라 생각에 잠긴 듯이 보였다. 아마도 바울은 이런 상황을 미리 짐작했는지 다음과 같이 편지를 마쳤다. "여러분의 대화는 소금으로 맛을 내어 언제나 은혜가 넘쳐야 합니다."

에일리아는 밥을 먹으면서 편지의 내용을 곰곰이 되새겼다. 빵과 숭어를 게 눈 감추듯 먹어치우면서도 야만인처럼 보이지 않기 위해 노력했다. 남은 대추와 올리브를 보따리에 챙기는 것도 잊지 않았다. 에일리아와 드루실라는 다른 과부들과 함께 앉아 있었다. 그들 모두 오늘 들은 편지에 대해 나름의 생각을 하고 있었다.

"비록 우리가 제국의 통치 아래 살지만 하나님 나라의 시민인 것처럼, 가부장제의 구습 속에서도 여전히 하나님의 가족으로 살 수 있는 거지." 드루실라가 말했다. "아마도 우리의 부르심은 제국의 사회 질서를 뒤집어엎는 것은 아닐 거야. 대신 권력이 얼마나 허무한 것인지 보게 만들어 제국의 무장을 해제시키는 것이겠지. 종과 주인, 남편과 아내가 서로 차별하지 않고 함께 예수님을 섬기는 이런 모임을 통해서 말이야."

한 늙은 과부도 한마디 거들었다.

"제국의 규칙을 따르지 않으면서도 여전히 법을 지킬 순 있어."

"그렇고말고."

"남편과 아내가 서로 사랑하고……." 또 다른 과부가 끼어들었다. "종과 주인이 서로 존중하고, 모두가 예수님을 가장으로 모시면, 누가 누구에게 명령을 내리고 할 일이 없어지겠지."

"그럼, 아무렴!"

에일리아는 드루실라가 눔바처럼 좋은 집안에서 태어났으면 어떤 사람이 되었을까 상상해 보았다. 천한 신분과 사투리에 가려 있던 시어머니의 통찰과 지혜, 리더십이 에클레시아를 통해 드러났다.

이날 이후로 눔바는 더 많은 편지를 읽었다. 그 편지들에는 남편은 그리스도가 교회를 사랑하듯 아내를 사랑하여 목숨을 바칠 수 있어야 한다는 내용과 그리스도인들은 "서로에게 복종"하며 "종처럼" 서로를 섬기고 살아야 한다는 내용이 있었다.

라오디게아 전역에 퍼져 있는 그리스도인 가정에서 낡은 명령 체계가 무너지기 시작한 것이다.

모임을 마친 드루실라와 에일리아는 거리로 나와 팔짱을 끼고 집으로 향했다. 드루실라는 예수님이 모든 가정의 주인이 되셔서 이 세상에서 가정 규례가 사라질 날이 올 것 같냐고 에일리아에게 큰 소리로 물었다.

그때 에일리아의 머릿속에 위험한 생각이 떠올랐다.

"사람들은 **로마의 평화**가 집에서 시작한다고 말하잖아요. 어쩌면 혁명도 그럴지 모르죠."

교회 이야기

그대가 올 때에, 내가 드로아에 있는 가보의 집에 두고 온 외투를 가져오고, 또 책들은 특히 양피지에 쓴 것들을 가져오십시오. (디모데후서 4:13)

내가 스데바나 가족에게도 세례를 주었습니다마는, 그 밖에는 다른 누구에게 세례를 주었는지 나는 모릅니다. (고린도전서 1:16)

그리고 나를 위하여 숙소를 마련해 주십시오. 여러분의 기도로 내가 여러분에게 갈 수 있기를 바랍니다. (빌레몬서 1: 22)

이렇게 개인적이고 현실적인 내용을 성경에서 만난다는 건 독자에게 좀 의외일 수 있다. 특별히 이런 내용이 다음과 같은 아름다운 구절들과 섞여 있을 때는 더욱 그렇다. "내가 사람의 모든 말과 천사의 말을 할 수 있을지라도, 내게 사랑이 없으면, 울리는 징이나 요란한 꽹과리가 될 뿐입니다"(고린도전서 13:1). "무엇이든 순결한 것과, 무엇이든 사랑스러운 것과, 무엇이든지 명예로운 것과…… 이 모든 것을 생각하십시오"(빌립보서 4:8). 이처럼 어색한 조합은 신약 27권 중 22권이 실은 책이 아니라 편지임을 우리에게 상기해 준다.

고대 사회에서 사람들이 서신을 흔하게 사용했던 것은 사실이지만, 초기 그리스도인들이 의사소통이나 지시를 전달하는 수단으로 서신을 사용했던 빈도는 가히 압도적이다. 신약학자 유진 보링은 "다른 어떤 종교 집단에서 편지가 경전이 되거나, 이처럼 중요한 역할을 차지한 경우는 없다"는 점에 주목한다.[1]

물론, 편지를 쓸 당시 저자는 자신의 편지가 성경에 포함될 것이라는 생각을 전혀 하지 못했다. 그 점에서는 수신자들도 마찬가지였다. 초대 교회 그리스도인들의 관심은 매우 실제적이었다. 사역을 위해 재정 지원을 어떻게 조달할 것인가? 이방인도 할례를 받아야 하는가? 교회로 몰려오는 가난한 과부들을 어떻게 할 것인가? 로마의 어떤 법을 따르고 어떤 법을 거부할 것인가? 마지막으로 가장 중요한 질문은, 어떻게 하면 유대인과 이방인, 부자와 가난한 자, 남자와 여자, 새 신자와 기존 신자 사이에 신학적이고 공동체적인 일치를 이루어 낼 수 있을까였다.

신약 성경에서 복음서가 서신서보다 앞자리를 차지하고

있기는 하지만, 사실 저술 시기로 보면 서신서가 먼저일 가능성이 크다. 서신서를 통해 우리는 당시 그리스도인들이 가장 긴급하고 중요하게 생각했던 문제와 가르침, 토론의 주제가 무엇인지 알게 되며 초대 교회에서 벌어진 극적인 사건들을 접하게 된다. 서신서 대부분은 사도 바울이나 그의 제자들에 의해 쓰였고, 일부는 사도 베드로와 야고보, 유다, 요한에 의해 쓰였다.[2] 수신자는 예수님을 따르는 새 신자들로서, 주로 로마 제국 전역에 걸쳐 있는 도시와 소도시에서 가정 교회로 모이던 이방인들이었다.

학자들은 일반적으로 고대 서신을 두 가지로 분류한다. 하나는 병사가 집으로 보내는 편지처럼 특정 대상 또는 한정된 대상에게 보내는 '실제 서신'이다. 다른 하나는 고대 철학자 세네카가 썼던 편지처럼 일반 대중을 대상으로 쓴 '유사 서신'인데, 이는 편지 형식으로 쓰인 일종의 문학 작품이다. 그러나 신약 성경의 서신서는 두 가지 특징을 모두 지니고 있다. 즉 서신서에는 "여러분 안에 이 마음을 품으십시오. 그것은 곧 그리스도 예수의 마음이기도 합니다"(빌립보서 2:5)처럼 일반적인 지시가 있는 반면, "나의 사랑하는 에배네도에게 문안하여 주십시오. 그는 아시아에서 그리스도를 믿은 첫 열매입니다"(로마서 16:5)처럼 아주 세부적이고 개인적인 내용도 있다. 서신서는 고대 그리스 로마 시대를 배경으로 하고 있기 때문에 가부장제나 노예 제도, 후견인 제도 등을 문화 규범으로 자연스럽게 받아들이고 있으며, 제국의 통치 아래 살아가는 소수 종교 집단의 관심사를 반영한다. 예를 들어, 서신서는 여자가 머리를 가리는 것(고린도전서 11:6)과 남자가 머리를 짧게 하는 것(11:14), 거룩한 입맞춤으로 서로 인사하는 것(16:20)을 당연시한다. 서신서의 저자들은 제국의 그늘 아래서 어떻게 하나님 나라의 시민으로 살아갈 수 있는지와 같이 아주 오래된 질문과 씨름하기도 하며, 로마의 신에게 바쳐진 고기가 시장에 싼값으로 나왔을 때 그리스도인으로서 그 고기를 사 먹을 수 있는지와 같이 매우 실제적인 문제로 고민하기도 한다. 이러한 이유로 서신서에는 "하나님은 사랑이십니다"(요한일서 4:16)처럼 시대적 배경에 대한 특별한 이해 없이 누구나 이해할 수 있는 문장이 있는 반면, "시장에서 파는 것은, 양심을 위한다고 하여 그 출처를 묻지 말고, 무엇이든지 다 먹으십시오"(고린도전서 10:25)처럼 1세기의 그리스도인들이 당면한 문제를 구체적으로 다루고 있는 문장도 있다.

아담 해밀턴 목사는 서신서에 대해 이렇게 설명한다. "바울 서신이나 신약의 다른 서신서를 읽을 때 우리는 사실 누군가의 편지를 보고 있는 것이다. 가끔 그리스도인들은 이러한 사실을 잊은 채 마치 바울이 자신들에게 편지를 쓴 것인 양 서신서를 읽는다. 바울의 가르침과 신학적인 사색, 그가 다루는 실제적인 문제들이 놀랍도록 보편적이기 때문에 대부분의 경우에는 그런 식으로 읽어도 별문제가 되지 않는다. 그러나 서신서에 담긴 의미를 제대로 파악하고 그릇된 적용을 피하려면, 저자가 어떠한 목적으로 특정 교회에 편지를 보냈는지를 먼저 이해해야 한다."3

해밀턴 목사의 설명에 딱 들어맞는 구절이 디도서에 있다. 지중해 크레타섬에서 거짓 가르침에 맞서 고군분투하고 있는 디도에게 바울은 이렇게 선언한다. "크레타 사람 가운데서 예언자라 하는 어떤 사람이 말하기를 '크레타 사람은 예나 지금이나 거짓말쟁이요, 악한 짐승이요, 먹는 것밖에 모르는 게으름뱅이다' 하였습니다. 이 증언은 참말입니다"(디도서 1:12-13).

믿기 힘들겠지만, 나는 디도서의 이 말씀을 가지고 설교하는 사람을 단 한 번도 본 적이 없다. 그런데 만약 이 말씀이 틀림없는 사실이고 시공을 초월하여 모든 사람에게 말씀하시는 하나님의 명령이라면, 그리고 문장의 의미가 너무나 분명하기 때문에 문화나 맥락을 고려할 필요가 없다면, 그리스도인들은 좀 더 똘똘 뭉쳐서 크레타 사람들과 맞서야 할 것이다. "하나님은 크레타 사람들을 싫어하신다"라고 쓴 현수막을 달거나, 크레타에서 이민 온 사람들을 강제 추방하도록 정부에 압력을 행사하거나, 그것도 아니면 게으르고 악하고 탐욕스럽다는 크레타인 아버지를 둔 제니퍼 애니스톤의 영화를 모조리 보이콧하거나.

물론 우스갯소리이지만, 내가 말하고 싶은 요점은 서신서를 마치 진공 상태에서 쓰인 글처럼 생각해서 책상용 달력에 들어갈 감동적인 인용구나 신학 논문의 근거가 되는 문장을 뽑기 위한 용도로만 사용한다면, 그것은 서신서가 쓰인 목적과 맥락을 철저히 무시하는 행위라는 것이다. (여기서 한 가지 짚고 넘어가자. 바울이 디도에게 크레타 사람 중에서 "흠잡을 데가 없고", "손님을 잘 대접하며", "신중하고", "자제력이 있는" 자를 교회의 지도자로 세우라고 말한 것을 보면, 그가 크레타섬에 사는 **모든** 사람을 선입관을 갖고 바라보지 않았다는 점이 분명해진다.) 서신서는 절대 율법처럼 적용할 수 있는 글이 아니다. 보수적인 성경학자인 F. F. 브루스조차 "바울이 자신의 서신이 율법처럼 사용되는 것을 안다면, 아마 무덤에서 벌떡 일어날 것"이라고 말하지 않았던가.[4]

성경의 다른 책들과 마찬가지로 서신서도 **우리를 위해** 쓰인 것이지 **우리에게** 쓰인 것은 아니다. 서신서는 예수님을 따랐던 최초의 제자들이 외적으로 박해에 시달리고 내적으로 논쟁에 휘말려 있는 상황에서 어떻게 그분의 가르침을 자신의 삶과 공동체에 적용했는지 볼 수 있게 해 준다는 점에서 현대 독자들에게 엄청난 유익을 안겨 준다. "성령의 열매는 사랑과 기쁨과 화평과 인내와 친절과 선함과 신실과 온유와 절제"라는 것과 "이런 것들을 막을 법이 없다"(갈라디아서 5:22-23)는 사실을 우리에게 일깨워 준 바울의 말을 통해 얼마나 많은 이들이 도움을 받았는가. 이러한 말씀은 어떤 상황에도 적용될 수 있다. 하지만 문제는 역사의 특정한 시점에 특정한 집단의 사람들에게 쓰인 내용을 보편적으로 모든 사람에게 적용하려고 할 때 발생한다.

특히 이 같은 문제는 에베소서와 골로새서, 베드로전서에 다양한 형태로 등장하는 가정 규례와 관련해 자주 발생한다. 많은 현대 독자들은 아내가 남편에게 순종해야 한다는 가르침을 성경에만 나오는 것으로 생각한 나머지, 이를 가정 안에서 여성의 역할에 관한 지극히 '성경적인' 관점이라고 단정한다. 하지만 교회에서 이 서신서들을 함께 들었던 최초의 독자들에게 베드로와 바울의 말은 익숙한 동시에 생소한 메시지였다. 처음에 그것은 아내와 자녀, 노예를 다스리는 합법적인 가장의 자리를 남자에게 부여하는 익숙한 그리스 로마 철학의 기독교 버전쯤으로 읽혔을 것이다. 그러나 사도들은 남자에게 아내를 사랑하고 노예를 존중하며 예수님을 가정의 궁극적인 주인으로 모시고 "서로 복종하라"고 말함으로써, 당시의 문화 규범을 완전히 뒤엎지 않으면서도 거기에 수정을 가하고 있다. 사도들은 그리스도 안에서는 "유대 사람도 그리스 사람도 없으며, 종도 자유인도 없으며, 남자와 여자가 없습니다"(갈라디아서 3:28)라고 선포하며 새 신자들에게 타인과의 관계를 재고해 보라고 도전한다. 서신서에 자주 등장하는 인물들을 눈여겨보거나 오네시모와 같은 노예와 눔바, 브리스가, 유니아, 루디아와 같은 여인들에게 점점 더 많은 자유와 자율성이 주어지는 것을 보면 이러한 사도들의 전향적인 태도는 더욱더 명확해진다.

따라서 현대 독자들에겐 자연스럽게 다음과 같은 질문이 떠오를 것이다. 신약 성경은 그리스 로마 사회의 가족관을 시대와 장소를 뛰어넘어 모든 사람에게 이상적인 하나님의 가족관으로 강조하고 있는가, 아니면 그리스도인은 자신이 처한 문화와 신분에 상관없이 타인을 대할 때 예수님을 본받아야 한다고 말하고 있는가.

어떤 면에서 서신서는 지혜 문학을 쏙 빼닮았다. 지혜는 단순히 **무엇**이 참인지를 아는 것이 아니라 **언제** 그것이 참이 되는지를 아는 것이다. 서신서의 지혜를 이 시대를 사는 우리에게 올바르게 적용하기 위해 보편적인 진리와 엉켜 있는 문화적 요소를 풀어내는 일이 현대 해석학의 임무일진대, 이는 결코 쉽지 않은 과제다.

예를 들어, 고대인들이 이해했던 '정상'(natural)과 '비정상'(unnatural)의 의미를 둘러싼 오해를 살펴보자. 최근 토론을 통해서는 알 수 없겠지만, 성경에는 동성 간의 행위에 대한 언급이 거의 없을뿐더러 동성 커플 관계에 대해서는 전혀 말하지 않는다. 고대 세계에서 동성 관계가 얼마나 퍼져 있었는지는 역사적 토론의 한 주제이지만 말이다. 성경에서 동성 간의 행위를 간접적으로 언급한 아주 드문 대목이 로마서 1장에 나타난다. 거기서 사도 바울은 유대인이나 이방인이나 모두 구원이 필요하다고 주장하면서, 이방인들이 "부끄러운 정욕에 빠져" "여자들은 정상적인 성관계를 비정상적인 관계로 바꾸고" 남자들도 "다른 남자와 더불어 부끄러운 일을 행했다"고 암시한다(로마서 1:26-27).•

여기서 중요한 것은, 1세기에는 동성 관계를 성적 지향의 표현으로 보기보다 지나친 성적 욕망의 결과로 보았다는 사실

• 우리말 성경은 '바른/바르지 못한'(새번역), '정상/비정상'(공동번역), '순리/역리'(개역개정) 등으로 번역하고 있다.

이다. 사람들이 동성 간의 성행위에 끌린 것은 만족시킬 수 없는 과도한 정욕을 채우기 위함이었다.[5] 그리스 로마 세계에서 가장 흔했던 동성 간의 성행위는 주인과 노예 관계에서 벌어지는 남색이었고, 이런 행습에 빠진 남자들 대다수가 아내와도 성관계를 갖고 있었다. (달리 말하면, 그들은 오늘날 우리가 생각하는 게이가 아니었다.) 바울이 살던 세계에서는 남자가 성행위에서 능동적인 역할을 할 경우 그의 행동은 '정상적인' 것으로 여겨졌지만, 그가 소극적인 역할을 할 경우 당대 문화에서 남자보다 열등하다고 여겨지는 여자의 역할을 맡았기에 그의 행동은 '비정상적인' 것으로 간주되었다. 여자의 경우도 마찬가지였다. 성관계에서 여성의 수동성은 '정상적인' 것으로 여겨졌지만, 남성을 주도하는 것은 '비정상적인' 것으로 간주되었다. 이러한 생각은 수치심을 중시하는 지중해 연안의 문화에 깊숙이 뿌리 내려 있었고, 이는 가부장적 전제에 크게 영향을 받은 것이다.

그런데 이런 표현이 동성 간의 관계에만 적용된다고 생각해서는 안 된다. 바울은 고린도 교회에 보낸 편지에서 **똑같은 표현**을 사용하여 여자는 머리를 가려야 하고 남자는 긴 머리를 해서는 안 된다고 주장한다. "여러분은 스스로 판단하여 보십시오. 여자가 머리에 아무것도 쓰지 않은 채로 하나님께 기도하는 것이 마땅한 일이겠습니까? **자연** 그 자체가 여러분에게 가르쳐 주지 않습니까? 남자가 머리를 길게 하는 것은 그에게 **불명예**가 되지만, 여자가 머리를 길게 하는 것은 그에게 영광이 되지 않습니까?"(고린도전서 11:13-15, 강조 추가)* 바울은 여자의 짧은 머리와 남자의 긴 머리가 마찬가지로 '비정상적'이라 비판하며, 그 근거로 남녀의 창조된 순서뿐 아니라 남성의 권위를 지지하는 천사들의 견해까지 모든 것에 호소한다. 결국 바울은 이렇게 결론을 내린다. "이 문제를 두고 논쟁을 벌이려고 생각하는 사람이 있을지는 모르나, 그런 풍습은 우리에게도 없고, 하나님의 교회에도 없습니다"(11:16).

하지만 성경을 근거로 해서 모든 동성 간의 행위를 '비정상적인' 것이라 정죄하는 많은 그리스도인들이 그와 똑같은 기준을 머리 가리개나 머리 길이에는 적용하지는 않는다. 바울이 고린도 사람들의 문화적 관습을 묘사하며 사용한 언어는 고대의 성 역할에 관한 관점에 기초한 것이지 보편적인 진리는 아니라고 이해할 수 있다.

따라서 다시 우리는 몇 가지 질문에 직면하게 된다. 바울이 전한 복음을 받아들이기 위해 1세기 지중해 문화에서 통용되던 성 역할과 욕망에 관한 전제를 수용해야만 하는가? 짧은 머리를 한 여자와 긴 머리를 한 남자, 그리고 게이와 레즈비언 커플을 모두 '비정상적'이라고 정죄해야 하는가? 고대 로마에서 소년에 대해 행해진 남색과 강제 성행위에 대한 마땅한 비판을 오늘날의 동성 관계에 똑같이 적용할 것인가?

가깝게 지낸 게이, 레즈비언, 양성애자, 성전환자 친구들을

• 개역개정은 '본성/부끄러움', 공동번역은 '자연/수치'로 옮기고 있다.

통해 나는 성경이 그들을 반대하는 데에 부당하게, 그것도 비극적 결과를 수반하는 것으로 종종 사용되었다는 사실을 알게 되었다. 하지만 기독교인들은 이 점에 대해 생각이 다를 수 있고 종종 격하게 반대 의사를 표명하기도 한다.

이처럼 논란의 여지가 많고 문화적 차이까지 고려해야 하는 점 때문에 적지 않은 사람들이 서신서를 미덥지 않은 눈으로 바라본다. 그들은 바울을 1세기에 살았던 여성 혐오주의자라고 생각하거나 로마와 에베소, 고린도, 골로새에 있었던 교회들을 오늘날의 교회만큼이나 분열되고 제구실을 못하는 시대의 부산물쯤으로 여긴다. 나 또한 '성경적'이라는 간판을 단 온갖 편견에 맞서 싸우다가 지쳐서, **도대체 왜 하나님은 이렇게 쉽게 오해되고 오용될 수 있는 서신을 복음을 전하는 도구로 택하셨는지** 의아해할 때가 있었다.

유진 보링 박사의 말은 이러한 나의 의문을 시원하게 풀어주었다. "초대 교회 그리스도인들은 하나님께서 인간이 되신 것을 보편적이거나 추상적인 원리로 생각하지 않았다. 그들에게 성육신은 하나님이 로마 제국의 구석진 곳에서 아람어를 사용하는 유대인으로 태어나 본디오 빌라도라는 식민지 총독에 의해 처형된 아주 구체적인 사건이었다."

보링 박사는 이러한 "구체성이 인간의 삶을 이루는 핵심 요소"라고 강조하면서 이렇게 말한다. "누구의 삶도 일반적이지 않다. 모든 인생은 독특하다. 그런 면에서 신약의 서신서는 성육신 사건을 담아내기에 아주 적합한 그릇이다."[6]

어떤 인생도 보편적일 순 없다. 그리스도와 그분의 교회도 마찬가지다. 그리스도인으로 산다는 것은 일련의 명제들에 지적으로 동의하는가 하는 문제가 아니다. 그것은 결혼 생활에서, 실제 공동체에서, 교회의 일상에서, 정치적 차이 속에서, 예산을 짜는 모임에서, 문화적 변화 속에서, 인종 간 갈등 속에서 그리고 신학적인 의견 충돌 속에서 구체적으로 어떻게 예수님을 따를 것인가 하는 문제이다. 좋든 싫든 간에, 혼자 그리스도인인 사람은 없다. 예수님을 따른다는 것은 단체 행동이다. 제자도는 한 번도 깔끔하게 포장된 길이었던 적이 없으며 누구나의 인생처럼 시작부터 어수선했다. 믿기 힘들겠지만, 나귀가 웅덩이에 빠지는 경우와 여성이 머리를 가리는 일, 크레타 사람들이 거짓말쟁이라는 소문과 유대인이 이방인과 함께 식사하는 것까지, 겉보기에 서로 무관해 보이는 이야기들이 성경에 나오는 이유는 하나님께서 그러한 것들에 관심을 두시기 때문이다. 그분은 우리의 삶에 마음을 쓰신다.

2218년, 미래의 그리스도인들이 요즘 나오는 책이나 블로그의 글, 교회 소식지를 보면 분명 다음과 같이 생각할 것이다. '아니, 무슨 이런 주제를 가지고 논쟁을 벌이나?' '정말 그때는 이런 식으로 생각한 게 맞아?' '어떻게 레깅스하고 바지를 구분 못 해?' 하지만 분명한 것은, 2천 년 전 역사하셨던 성령께서 지금도 우리 가운데서 역사하고 계신 것처럼 그때에도 그들 가운데서 일하고 계실 것이라는 사실이다.

세월이 흘러 견해차가 생기는 지점과 토론의 주제는 바뀌었을지언정, 어떻게 갈등을 해결할 것인가에 대한 사도들의 조언은 여전히 우리 모두에게 유용하다.

> 서로 친절히 대하며, 불쌍히 여기며, 하나님께서 그리스도 안에서 여러분을 용서하신 것과 같이, 서로 용서하십시오. (에베소서 4:32)
>
> 여러분은 믿음이 약한 이를 받아들이고, 그의 생각을 시빗거리로 삼지 마십시오. 어떤 사람은 모든 것을 다 먹을 수 있다고 생각하지만, 믿음이 약한 사람은 채소만 먹습니다. 먹는 사람은 먹지 않는 사람을 업신여기지 말고, 먹지 않는 사람은 먹는 사람을 비판하지 마십시오.…… 하나님이 이룩해 놓으신 것을 음식 때문에 망치는 일이 없도록 하십시오. (로마서 14: 1-3, 20)
>
> 여러분은 그리스도의 몸이요, 따로따로는 지체들입니다.…… 눈이 손에게 말하기를 '너는 내게 쓸 데가 없다' 할 수가 없고, 머리가 발에게 말하기를 '너는 내게 쓸 데가 없다' 할 수 없습니다.…… 한 지체가 고통을 당하면, 모든 지체가 함께 고통을 당합니다. 한 지체가 영광을 받으면, 모든 지체가 함께 기뻐합니다. (고린도전서 12:27, 21, 26)
>
> 해가 지도록 노여움을 품고 있지 마십시오. (에베소서 4:26)

서신서는 예수 그리스도를 통해 죄와 사망을 이기신 하나님의 승리가 교회 안에 모인 각양각색의 사람들의 실제 삶 속에 어떻게 드러났는지 놀랍도록 구체적으로 보여 준다.

피터 엔즈는 이렇게 썼다. "성경이 지금과 같은 모습을 갖게 된 이유는, 하나님은 언제나 삶의 한복판에 등장하시기 때문이다. 예수님이 그러셨던 것처럼 말이다."[7]

❧

성경의 전쟁 이야기를 수용하게 되고 성경의 긴장과 모순들이 오히려 건전하고 유익하다는 사실을 알게 된 뒤에도, 그리고 심지어 성경을 내가 원하는 그 무엇으로 만들려는 시도를 포기하고 나를 당황스럽게 만드는 문제들과 끝까지 씨름하기로 한 뒤에도, 한때 내가 사랑했던 마법의 책과 다시 새롭게 시작하기 위해 나는 한 가지 장애물을 더 넘어야 했다. 성경과 화해하기 위해 나는 마지막으로 바울과 화해해야 했다.

교회 예배나 수련회 집회 후 벌겋게 상기된 얼굴로 다가오는 남성으로 인해 구석으로 몰려서는, 성경에 **분명히** "여자가 가르치는 것과 남자를 주관하는 것을 허락하지 아니하노니 오직 조용할지니라"(디모데전서 2:12, 개역개정)라고 쓰여 있으니 당신과 같은 여자가 단상에서 설교해서는 안 된다고 주장하는 이들을 겪어 본 여성이 비단 나 혼자만은 아닐 것이다.

한번은 몸을 부들부들 떨며 다가온 중년 여성을 안아 주어야 했던 적이 있다. 내 어깨에 얼굴을 묻고 흐느끼던 그녀는 20년 동안 남편에게 학대를 당하며 살아온 이야기를 털어놓았다. 이런 상황에서도 그녀의 가족과 교회는 성경이 "아내들아, 남편에게 복종하라"고 **분명하게** 말하고 있으니 결코 남편과 헤어져서는 안 된다고 고집한다는 것이었다.

내가 알고 지내는 게이, 레즈비언, 양성애자, 성전환자 친구들에게 바울은 하나님께서 그들과 같은 부류를 싫어하신다고 주장하며 시위하는 사람들의 팻말에 적힌 성경 구절의 원작자일 뿐이다. 그들 중 교회에서 자란 친구들은 자신의 성적 지향을 드러냈을 때 지옥에 가지 않을까 하는 두려움 때문에 잠을 못 이룰 만큼 괴로워했고 심지어 자살까지도 생각했다. 바로 다음과 같이 **분명한** 성경 구절 때문이다. "음행하는 자나 우상 숭배 하는 자나 간음하는 자나 탐색하는 자나 남색하는 자나…… 하나님의 나라를 유업으로 받지 못하리라"(고린도전서 6:9-10, 개역개정).

미국이 남북전쟁을 향해 가던 길목에서 나온 노예 제도를 옹호하는 글 중 절반 이상이 다름 아닌 교회 성직자들에 의해 쓰여졌다. 그들은 그런 글 속에서 종종 남부 연합의 주장을 뒷받침하는 성경 구절을 인용하곤 했다. 미국 남침례교가 생긴 이유는 남부 지역에 사는 침례교인들이 북부 지역에 사는 침례교인들로부터 흑인을 소유하는 게 잘못이라는 말을 듣고 싶어하지 않았기 때문이다. 남침례교인들은 어쨌든 성경은 종들에게 "자기 주인에게 순종하라"(에베소서 6:5)고 **분명히** 말하지 않느냐고 항변했다.

50년대와 60년대 흑인 민권 운동에 참여했던―'백인 전용' 식당에서 연좌시위를 벌이거나 셀마의 다리를 건너는 등의 시민 불복종 운동에 함께했던―사람이라면 누구나 백인 기독교인들로부터 항의를 받은 경험이 적지 않을 것이다. 백인 기독교인들은 성경에 "각 사람은 위에 있는 권세들에게 복종하라"(로마서 13:1, 개역개정)고 **분명하게** 쓰여 있으니 시민 불복종 행위는 '비성경적'이라고 목소리를 높였다.

너무나 많은 이들이 성경, 특히 바울 서신의 명료성을 들먹이며 가혹한 일을 저질렀다. 그냥 지나치기에는 너무나 많은 잔학 행위를 말이다. 기독교 역사상 가장 유명한 선교사였던 바울은 진보적인 그리스도인들에게 '육체의 가시'와 같은 존재다(보다시피, 나처럼 이런 식으로 성경 구절을 써먹으면 안 된다). 이들은 사회 문제에 대해서 자신들과 반대 견해를 지닌 사람들이 툭하면 여성, 성, 노예 제도, 사형제 그리고 권세에 복종하는 것에 대해 바울이 했던 말을 인용하는 데에 돌아 버릴 지경이다. 반대로 이들보다 좀 더 보수적인 기독교인들은 바울을 후하게 대접한다. 그들은 구원과 칭의, 택하심, 속죄에 관한 바울의 똑 부러지는 신학을 거의 우상처럼 떠받든다. 언젠가 나는 바울이 저술한 성경 외에는 절대로, 심지어 복음서조차 설교해 본 적이 없다고 우쭐대는 목사를 만난 적이 있다. 가톨릭에서 마리아를 숭배한다고 트집을 잡는 그를 보면서 나는 실소를 금치 못했다.

결국 진보 기독교인과 보수 기독교인이 겪는 이 같은 불행은 바울이 처했던 역사적 상황과 그 속에서 그에게 맡겨진 사명을 고려하지 않는 데서 비롯된다. 톰 라이트는 이렇게 말한다. "신약 성경은 반드시 이야기로 읽혀야 한다. 복음과 그것을 둘러싼 수많은 이야기를 앞뒤 다 자르고 '중요한 개념'만 나열한 선언문을 읽듯 읽어서는 안 된다."[8] 서신서를 더 큰 서사와 떼어놓고 읽다 보면, 우리는 바울을 1세기경 경건한 유대인으로 살다가 예수 그리스도를 만나 인생이 바뀐 실제 인물로 생각하기보다 우리의 관점이 맞다고 확인해 주거나 틀리다고 말하는 형체 없는 목소리쯤으로 인식하기 쉽다.

알고 보면, 바울 서신의 저자는 2천 년 뒤의 여성과 소수자들의 행실을 단속하려 했던 뿔난 여성 혐오주의자가 아니었다. 상아탑에 앉아 전 세계에 구원론을 전파하려는, 자신이 신인 양 구는 철학자는 더더욱 아니었다. 사도 바울은 명민하고 세상 이치에 밝으며 열린 마음을 소유한 유대인이었다. 예수 그리스도의 복음을 이방인에게 전하고 그들을 이스라엘의 이야기 속에 편입시키는 것을 인생의 유일한 사명으로 삼으면서 그는 완전히 다른 인생을 살았다. 바울은 이러한 사명을 성취하기 위해 종교와 윤리, 문화라는 이름의 온갖 장벽을 과감히 허물어뜨리려 했던 사람이다.

(여기서 주목할 만한 사실이 하나 있다. 고대 사회에서는 과거의 유명한 스승의 이름을 빌려 편지를 저술하는 일이 종종 있었다. 학자들은 사용된 언어와 여러 가지 역사적 정황을 근거로 에베소서와 디모데전후서, 디도서가 바울이 아닌 그의 제자들에 의해 쓰인 것이라고 추정한다. 로마서와 고린도전후서, 갈라디아서, 빌립보서, 데살로니가전서, 빌레몬서가 바울이 쓴 서신이라는 데는 이견이 없지만, 골로새서와 데살로니가후서의 저자에 대해서는 여전히 논란이 있다.[9] 이 책에서는 편의상 바울

서신으로 언급되는 모든 서신의 저자를 바울이라고 하겠다.)

다소의 바울은 "난 지 여드레 만에 할례를 받았고, 이스라엘 민족 가운데서도 베냐민 지파요, 히브리 사람 가운데서도 히브리 사람"(빌립보서 3:5)인 뼈대 있는 유대인이었다. 아버지에 이어 바리새인이었던 그는 율법에 정통하고 율법을 사랑했으며, 이방 문화 속에서도 유대인의 정체성을 지켰던 인물이다. 그는 또한 로마의 시민인 동시에 헬레니즘의 영향을 받은 그리스인이기도 했다. 적어도 세 가지 언어 곧 그리스어, 히브리어, 아람어를 구사했던 바울은 **사울**이라는 유대식 이름과 **바울**이라는 그리스 로마식 이름을 가지고 있었다.

기독교 초기부터 그리스도인들을 박해했던 바울은 어느 날 다마스쿠스로 가는 길에서 극적인 회심을 경험한다. 눈부신 빛을 보고 땅에 고꾸라진 그에게 천상의 소리가 물었다. "사울아, 사울아, 네가 왜 나를 핍박하느냐?"(사도행전 9:4) 다마스쿠스와 예루살렘의 그리스도인들은 두려웠음에도 불구하고 바울을 자신의 집으로 맞아들여 그의 시력이 회복될 때까지 돌봐 주었다. 이처럼 위험을 무릅쓴 그리스도인들의 급진적인 환대는 후에 다른 사람을 대하는 바울의 태도에 깊은 영향을 남겼다. 자신의 인생에 갑자기 들이닥친 신의 개입을 받아들이게 되자, 바울은 위대한 서사에서 자신의 이야기가 차지하는 자리를 깨닫기 시작했다. 그리고 예수가 고대해 왔던 메시아라고 외치며 그분의 삶과 죽음과 부활이 구약의 예언이 실현된 사건이라고 설파하기 시작했다. 예수를 통해 이스라엘이 "뭇 민

족의 빛"이 되어 "땅 끝까지 구원"을 이루게 하리라는 이사야
의 환상이 이루어졌다고 확신했던 것이다(이사야 49:6, 사도행전
13:47).

바울은 이 기쁜 소식을 **모든** 나라의 **모든** 사람에게 전해야
한다는 사명감에 사로잡혔다. 예수를 따르는 다른 이들과 더불
어 아시아와 유럽의 도시들을 여행하면서 복음을 전한 바울은
거의 언제나 회당을 찾아가 유대인에게 먼저 설교를 하고 그다
음에 시장이나 토론장, 가정을 방문해 이방인들에게 복음을 전
했다. 그는 자신을 "모든 사람의 종"이라고 칭하면서 "복음을
전하기 위하여…… 어떤 사람을 대하든지 그들처럼" 되었다고
말했다(고린도전서 9:19, 22, 23, 공동번역).

저술가이자 성서학자인 스티븐 빈츠는 바울에 대해 이렇게
설명한다. "바울은 자신의 국제적이고 다문화적인 폭넓은 사고
방식을 이용해 복음을 보편화하려고 힘썼다. 그는 예루살렘 거
리에서 랍비와 담화를 나누고, 아테네 길가에서 철학자들과 이
야기를 나눌 수 있는 사람이었다.…… 히브리 성경의 오래된 지
혜를 숙지했던 그는 호메로스와 소포클레스, 플라톤의 글 같은
그리스 문학의 지혜에 대해서도 잘 알고 있었다."[10]

성난 군중을 마주해야 했던 것은 별 차이가 없었지만, 그래
도 바울이 좀 더 결실을 본 곳은 유대인보다는 이방인 쪽이었
다. 한번은 에베소 사람들이 폭동을 일으켰는데, 바울의 선교
행위로 인해 아르테미스 신전에 찾아오는 사람들이 여신에게
바치는 골동품을 사지 않게 될까 위협을 느꼈기 때문이다. 바

울이 전한 복음이 하층민과 노예, 과부와 여성들에게서 뜨거운 호응을 불러일으킨 것은 어찌 보면 당연한 일이었다.

실제로 바울의 사역에서 여성들은 사도와 교사, 후원자와 친구로 중요한 역할을 감당했다. 바울은 유니아라고 불리는 여인과 함께 투옥된 일이 있었는데 그는 그녀를 "사도들에게 좋은 평을 받고" 있는 인물로 묘사한다(로마서 16:7). 바울의 가까운 친구 중에는 브리스가와 아굴라 부부가 있었다. 개인적으로 생각하기에, 교회에 지대한 영향을 끼치며 함께 사역한 부부는 아마도 이 부부가 최초이지 않을까 싶다. 이름마저 각운을 이루는 이 부부―브리스가는 **브리스길라**로 불리기도 한다―를 언급할 때 어떤 경우에는 브리스가를 먼저, 또 어떤 경우에는 아굴라를 먼저 언급하는 것을 보면 바울은 이들을 평등하게 대했던 것 같다. 브리스가는 유명한 설교자였던 아볼로가 기존의 사상을 바로잡는 데 많은 도움을 준 선생으로 널리 알려졌다. 로마서에서 바울은 여러 여인을 동역자로 부르며 그들의 지도력과 후원에 감사의 인사를 전한다. 로마서 16장에는 유니아와 브리스가, 교회의 일꾼 뵈뵈, 사랑하는 버시, 마리아, 드루배나와 드루보사, 그리고 "주님 안에서 수고를 많이 한"(12절) 다른 여인들에 대한 바울의 고마움이 배어 있다. 바울은 교회나 도시의 상황에 따라 전통적인 성 역할을 강조하기도 하고 또 약화하기도 한다. 복음을 전파하는 데 도움이 되는 경우에는 여성의 리더십을 권장하는 반면, 분열과 혼란을 야기할 때는 만류했다. (신약 성경에서 여성의 리더십에 관해 가장 보수적인 의견을 피력하는 곳은 디모데에게 보낸 서신인데, 당시 디모데가 아르테미스 여신의 신전 폭동 사건으로 악명 높은 에베소에 있었던 점은 흥미롭다.) 결과적으로, 1세기의 사회적 맥락에서 보면 바울은 급진적인 포용주의자이자 성평등주의자로 비쳤을 가능성이 높다. 바울에게 있어서 복음을 전파하는 일과, 그 확산을 가로막는 불필요한 문화적, 종교적 장애물을 없애는 일보다 더 중요한 과제는 없었다.

이와 같은 바울의 태도는 초대 교회 초창기에 있었던 유명한 논쟁에서 잘 드러난다. 이방인들이 복음에 반응하고 예수 그리스도를 구주로 믿기 시작하자 일부 유대인 그리스도인들은 개종한 이방인들이 하나님의 백성이 되려면 당연히 할례를 받고, 특정한 음식을 금하는 유대 정결법을 따르고, 다른 율법들도 지켜야 한다고 생각했다. 언약의 축복을 받으려면 이방인들도 율법에 충실해야 한다는 논리는 언뜻 보기에 '성경적'이었다.

바울과 그의 친구 바나바는 이 문제를 두고 어찌나 격렬하게 충돌했던지 예루살렘으로 돌아가 사도들과 장로들의 도움을 받아야 했다. 이렇게 소집된 예루살렘 공의회에서 두 사람은 베드로와 야고보, 교회의 다른 권위자들과 함께 끝장 토론을 벌여 역사상 가장 중요한 종교적 결정을 내리게 된다. 즉 이방인들이 할례를 받을 필요는 없지만, 유대인 형제자매들과 식사 교제를 나누고 원만하게 살아가는 데 방해가 될 음식과 행동은 삼가야 한다는 것이 그들이 내린 결론이었다.

야고보는 다음과 같은 말로 공의회를 마무리했다. "그러므로 내 판단으로는 하나님께로 돌아오는 이방 사람들을 괴롭히지 말고"(사도행전 15:19).

물론 많은 이들이 이러한 결정에 설득되지 못했다. 바울이 그의 서신의 많은 부분을 할애하여 율법이 아닌 은혜를 강조하는 데 공을 들인 이유다. 그는 율법주의나 '행위로 인한 구원'에 관해 추상적으로 반론을 제기하지 않았다. 유대 공동체를 싸잡아 비난한 것도 아니었다. 여전히 그는 자신이 유대인임을 자랑스러워했다. 바울은 시종일관 같은 논리로 이 문제에 접근했다. 즉 이제 유대인과 이방인은 모두 하나님의 가족이며, 이스라엘과 온 세상에 신실하신 그리스도께서 "서로 원수가 되어 갈리게 했던 담을 헐어 버리고 그들을 화해시켜 하나로"(에베소서 2:14) 만드셨다는 것이다. 바울의 이러한 사상이 특별히 강조된 곳은 아마도 그의 전매특허와 같은 인사말이 아닐까 싶다. 그의 인사말은 다른 고대 문학에서는 좀처럼 찾아볼 수 없는 아주 독특한 형식의 인사말이다. 바울이나 그의 제자가 저술한 서신은 언제나 "은혜와 평화가 여러분에게 있기를 빕니다"와 같은 안부로 시작하는데, 이는 은혜를 뜻하는 그리스어 '카리스'와 평화를 뜻하는 히브리어 '샬롬'을 조합한 문장이다. 겉으로 보기에는 평범한 표현이지만, 그 속에는 두 집단에게 서로 자비를 베풀며 고결함과 정의와 하나됨을 위해 힘쓸 것을 격려하는 심오한 신학적 의미가 담겨 있다.

바울의 글이 다분히 신학적인 것은 사실이다. 어떤 면에서 그는 신학적 사고를 즐겼던 사람이다. 하지만 그의 편지의 초점은 언제나 포용적이고 은혜가 넘치는 복음, 곧 유대인과 이방인, 부자와 가난한 자, 남자와 여자 모두에게 기쁜 소식이 되는 복음에 맞춰져 있다.

따라서 이러한 바울의 편지를 고려해 볼 때 우리가 던져야 할 질문은 "여자가 머리에 뭔가를 쓰는 것이 좋은가, 나쁜가?"가 아니다. 오히려 서신서가 쓰일 당시 **"여자가 머리에 무언가를 쓰는 것이 복음을 전파하고 교회의 하나됨을 지키는 데 도움이 되었는가, 아니면 방해가 되었는가?"**이다.

우리는 "그리스도인이 고기를 먹어도 되는가?"를 질문하기보다 당시 상황에서 **"고기를 먹는 것이 복음의 전파와 교회의 일치에 도움이 되었는가, 훼방이 되었는가?"**를 물어야 한다. 마찬가지로 오늘날 우리가 처한 다양한 상황에 바울의 가르침을 적용하려 한다면, "여성도 설교를 할 수 있는가?"를 질문하기보다는 **"여성의 설교가 복음의 전파와 교회의 일치에 보탬이 되는가, 아니면 걸림돌이 되는가?"**를 물어야 한다. 이러한 질문들의 답이 각 교회나 개인에 따라 달라질 수 있다는 것을 알았던 바울은 분명 시대와 문화에 따라서도 답이 바뀔 수 있음을 충분히 이해하고 있었을 것이다.

물론 바울은 과거의 사람이다. 하지만 중요한 것은 하나님께서 우리를 만나실 때, 그분께서는 우리가 처한 상황 속으로 찾아오신다는 사실이다. 성령님은 삶의 한복판에 임재하신다.

바울이 전했던 복음을 받아들이기 위해 그가 살았던 시대

의 문화까지 전부 수용할 필요는 없다. "사망이나 생명이나 천
사들이나 권세자들이나 현재 일이나 장래 일이나 능력이나 높
음이나 깊음이나 다른 어떤 피조물이라도 우리를 우리 주 그리
스도 예수 안에 있는 하나님의 사랑에서 끊을 수 없으리라"(로
마서 8:38-39, 개역개정)라고 그가 말하지 않았던가.

나가며

"세상에! 그래서?"

———

내 올케 마키가 한 번 웃으면 그 소리가 동네 밖에서도 들린다. 그 웃음소리의 발원지는 그녀의 부엌인데 그곳은 언제나 주전부리를 즐기며 재잘대는 친구와 가족, 이웃들로 북적인다. 마키는 주로 프라이팬에 맛있는 요리를 지글지글 볶으며 큰 소리로 떠든다. 누구든 잠시 들렀다가도 아예 눌러앉게 되는 그녀의 집에선 금방이라도 자리를 뜰 것처럼 신발을 신고 있을 필요가 없다. 시내에서 필리핀 친구를 만나기라도 하면 마키는 신형 아이폰이나 기독교 신학, 최근 리얼리티 쇼에서 문제가 된 장면에 대해 얘기할 때처럼 자유자재로 언어를 바꿔 가며 필리핀 정치 문제에 대해 막힘없이 대화를 나눈다. 마키는 지구상에서 유일하게 나를 꼬드겨서 노래방에 데려가는 데 성공한 사람이다. 그녀는 세상에서 제일 따분하고 조용한 사람조차도 비온세처럼 바꾸어 버릴 수 있는 신기한 능력이 있다.

또한 마키는 내가 만난 사람 중에서 이야기를 가장 잘 들어 주는 사람이기도 하다. 필리핀식 닭구이와 밥을 앞에 두고 수줍어 인사도 못 하는 이웃처럼 서먹서먹하게 자기 기분에만 빠져 있기 십상인 우리 가족이지만 마키만 만나면 소개팅에 나가 허탕 친 이야기를 유쾌하게 떠들어 댈 정도로 달라진다. 마키가 이야기를 들어 주면, 지루한 일상의 이야기도 흥미진진한 영화 시나리오로 바뀐다. 모두 마법과 같은 마키의 두 마디 때문이다.

"세상에! 그래서?"

길이 막혀서 꼼짝도 못했다는 당신의 퉁명스러운 말에 그녀는 "세상에! 그래서?" 하고 물을 것이다.

버스 옆자리에 앉았던 사람이 30분 동안이나 당신이 듣고 있던 라디오 방송과 똑같은 방송을 듣고 있었다고 말하면 그녀는 이렇게 반응할 것이다.

"세상에! 그래서? 그다음에 어떻게 됐는데?"

당신에게는 그저 썰렁하기만 했던 별난 택시 기사가 아델의 「헬로」를 열정적으로 립싱크했던 일을 얘기해 주면, 마키는 배꼽을 잡고 웃으며 큰 소리로 "세상에! 그래서? 어떻게 됐는데?"라고 말하며 더 얘기할 것을 재촉한다.

마키의 이 마법과 같은 재촉 때문에 마키를 아는 모든 사람이 그녀를 좋아한다. 아마도 그러한 이유로, 그녀의 집을 떠나는 사람들이 한결같이 행복하고 흡족한 게 아닐까.

최근에 알게 된 사실이지만, 내 올케는 히브리어 학자들이 말하는 '바브 연속법'이라는 문법을 사용하고 있었던 것이다. 바브 연속법은 히브리 이야기의 문장을 구성하는 방법 중 하나다. 구약 성경의 저자들은 동사 앞에 '바브'(*waw*)를 붙여서 시제를 바꾸는 식으로 이야기를 이어가곤 하는데 "**그리고 그다음에, 그리고 그다음에**"와 같이 해석할 수 있다.

저술가이자 학자인 그레고리 모블리는 다음과 같이 말한다. "성경을 저술했던 사람들은 가장 기초적인 접속사인 '그리고'를 문장에 덧붙여 그 문장이 조금 더 생생하게 들리도록 만들었으며…… '그리고'가 붙은 단어의 첫 자음을 강조했다. 이렇게 해서 구약 성경의 '그리고 그다음에'(and then)가 탄생했다. '빛이 생겼다. **그리고 그다음에** 하나님이 빛을 보고 좋아하셨다. **그리고 그다음에** 저녁이 되었다. **그리고 그다음에** 아침이 되었다. **그리고 그다음에, 그리고 그다음에**……' 이렇게 읽다 보면, 당신은 어느새 헤아릴 수 없이 긴 세월을 지나 신명기의 마지막 문장에 다다를 것이다. 하나님께서 깊음 위에서 어둠을 보셨던 그 순간부터 모세가 느보산 정상에 올랐던 그 순간까지 단숨에."[1]

이러한 성경의 '그리고 그다음에'는 단지 개별 이야기 속에서 한 사건과 다음 사건을 잇기 위해 쓰일 뿐 아니라 좀 더 큰 서사를 이어 가기 위해 쓰이기도 한다. 창세기 **그리고 그다음에** 출애굽기, 아브라함 **그리고 그다음에** 이삭, 이스라엘 **그리고 그다음에** 예수님을 잇는 식으로 말이다.

그리스도인들은 예수님의 부활과 재림 사이에 있는 '그리고 그다음에'의 시대를 살고 있다고 믿는 사람들이다. 우리는 끝나지 않은 이야기 속에 살고 있다. 태초에 하나님의 영이 원시의 물 위를 운행하시며 시작된 이 이야기는 2천 년 전 바로 그 하나님이 사람이 되어 우리 가운데 거하시고 모두를 위해 단번에 죽음을 이기시는 장면에서 절정에 이른다. 막달라 마리아와 사도 바울이 등장하는 이 이야기의 무대에는 우리의 자리도 있다. 성 아우구스티누스와 노르위치의 줄리안, 데즈먼드 투투, 리마 보위*도 이 이야기의 일부이며, 교회 지하실에서 무료 급식소를 운영하는 목사와 매주 그곳에 제일 먼저 급식을 타러 오는 친구도 이 이야기의 한 부분이다. 따라서 인생이라고 불리는 우리의 이야기를 결코 무의미하고 터무니없다고 또는 짧아서 비극적이라고 해서는 안 된다. 우리의 인생은 거대한 서사의 일부이며 매 순간 그 자체로 충분히 의미가 있다. 이 웅대한 이야기에 우리만의 반복 악절과 독백, 반전을 더할 때 성령님은 마키처럼 흥분해서 **"세상에! 그래서? 그다음에 어떻게 됐는데?"** 하시며 우리의 이야기를 북돋우신다.

톰 라이트는 부활의 의미를 설명하며 이렇게 말했다.

당신이 주님을 위해 하는 일은 전혀 헛되지 않다. 그것은 곧 절

---

* 비폭력 투쟁으로 라이베리아의 내전 종식에 앞장선 평화 운동가. 2011년 노벨 평화상을 수상했다.

벽으로 떨어질 자동차 바퀴에 기름을 칠하는 일도, 곧 불 속에 던져질 명화를 복원하는 일도 아니다. 얼마 안 돼서 건축 부지로 쓰려고 갈아엎을 정원에 장미를 심는 일도 아니다. 비록 이상하게 보이고 부활만큼이나 믿기 힘들지라도, 당신은 때가 되면 그 모습을 드러낼 하나님 나라의 일부를 만들어 가고 있는 것이다. 사랑과 감사와 배려가 담긴 모든 행위, 하나님의 사랑에서 영감을 얻고 그분이 창조하신 아름다운 세계를 기뻐하며 만든 미술과 음악, 중증 장애아에게 읽고 걷는 법을 가르치는 시간과 인간과 생물을 돌보는 따뜻한 손길, 기도와 성령이 이끄시는 가르침과 복음을 전하는 모든 행위가 교회를 세우는 하나의 벽돌이 된다. 타락이 아닌 거룩함을 끌어안는 이러한 행위로 인해 예수님의 이름이 세상에서 높임을 받는다. 부활을 가능하게 하시는 하나님의 능력을 힘입어, 이 모든 일은 언젠가 하나님의 새로운 피조 세계에서 꽃을 피우고 열매를 맺을 것이다.[2]

당신이 이 말을 진실로 믿는다고 상상해 보라. 날마다 이 말이 사실인 것처럼 살아간다고 생각해 보라.

모블리는 다음과 같이 말한다. "신학의 임무는 우리 각자의 이야기를 우리가 상상할 수 있는 가장 큰 이야기에 접목시키는 것이다."[3]

우리가 상상할 수 있는 가장 큰 이야기가 세상을 구원하시는 하나님의 사랑에 관한 것이라면, 우리의 삶도 그 이야기를 따라 빚어질 것이다. 그러나 우리가 상상할 수 있는 가장 큰 이야기가 종교 민족주의이거나 "너 자신의 행복을 찾아라", "죽을 때 가장 많이 가진 자가 승자다"와 같은 내용이라면, 우리의 인생도 그런 식으로 빚어질 수밖에 없다.

우리 아이들에게 좋은 이야기를 들려줘야 하는 이유가 바로 여기에 있다. 사람들은 종종 남편 댄과 나에게 어떻게 아들에게 성경을 소개할 계획인지 묻곤 한다. 그런 질문을 받으면, 보통 나는 자세하게 답하려 하지 않는다. 지금까지 우리가 경험한 자녀 양육은 한마디로 계획 바꾸기의 연속이었기 때문이다. 물론 우리는 아들에게 성경 이야기를 숨길 마음이 없다. 난 아들이 성경의 다양한 이야기를 접하길 바란다. 조금 크면, 이상하고 무서운 성경 이야기도 들려줄 것이다. **그러한 이야기가 용의 존재를 가르쳐서가 아니다. 우리가 용을 이길 수 있다는 사실을 말해 주기 때문이다.** 그런 의미에서 우리는 예수님의 비유나 적당한 시편 말씀으로 시작해 볼 생각이다. 그런 다음에 아담과 하와, 요나와 큰 물고기, 여리고, 구유에 놓이신 예수님과 십자가로 넘어갈 수 있지 않을까. 우리가 그랬던 것처럼 아들도 분명 어린이용 성경부터 시작할 것이다. 시간이 지나면 친구들에게서 이상한 해석을 듣거나 문화적인 영향도 받을 테고 또 신학적으로 논란이 있는 만화 성경도 접할 것이다. 그런 일을 피할 수는 없는 노릇이다. 그러나 나의 아들이 성경 이야기를 있는 그대로 좋아하고 성경의 이색적인 매력을 즐기는 법을 먼저 배운다면, 언젠가 자신만의 방식으로 성경 이야기를 재발견할 때 그 마법을 다시 기억할 수 있으리라.

연구자들에 따르면, 우리가 자녀에게 줄 수 있는 가장 큰 선물은 이야기하는 능력이라고 한다. 일상의 경험을 이야기할 수 있게 도와주고, 그들의 삶에 영향을 미치는 것들 속에서 목적과 방향을 찾아가도록 거들어 줄 때 자녀의 인지 능력과 행복감은 높아진다. 현장 학습에 갔다가 무릎이 까진 일부터 교통 사고나 가족이 죽는 충격적인 일까지, 모든 경험을 이야기로 풀어냄으로써 아이들은 자신의 두려움과 감정을 이해하고 건강한 방식으로 처리한다.

대니얼 시겔과 티나 페인 브라이슨이 쓴 『내 아이를 위한 브레인 코칭』이라는 책에는 이런 말이 나온다. "우리에게 어떤 일이 왜 일어나는지 알고자 하는 욕구는 너무나 강력해서 우리의 뇌는 그것을 이해할 수 있을 때까지 이해하려는 시도를 멈추지 않는다. 자녀의 뇌가 이러한 과정 가운데 있을 때, 부모는 이야기를 들려줌으로써 자녀를 도울 수 있다."[4]

아직 두 살도 되지 않은 아들에게 나는 벌써 이 방법을 써먹고 있다. 극적이지만 그리 복잡하지 않은 이야기를 주로 들려준다. **"너는 원숭이 막대기를 가지고 놀고 있었어. 그런데 그걸 가지고 뛰어가다가 넘어졌네. 어이쿠, 아프겠다. 그치?"** (제발, 원숭이 막대기가 뭔지는 묻지 마시라.) 하지만 시간이 지나면서 이렇게 단순한 이야기는 장난감을 나눠 쓰고, 새치기하지 말고 순서를 기다리고, 다른 사람에게 친절해야 한다는 이야기로 발전할 것이다. 언젠가는 나와 남편이 1999년 브라이언 대학 101호

강의실에서 짐 코필드 교수의 심리학 강의를 듣다가 눈이 맞은 이야기와 남편을 양키라고 불러서 경악하게 했던 일도 들려줄 것이다. 아들이 성촉절에 어떻게 태어났는지, 녀석이 태어난 마을과 저 유명한 원숭이 재판 이야기, 위크 삼촌과 에델 숙모의 일화도 말해 줄 것이다. 그리고 예수님에 관한 이야기도 들려줄 것이다.

그렇게 되기까지 시간이 좀 걸릴 것 같긴 하다. 요즘 내 아들이 세상에 대한 호기심을 나타내는 방식은 단 한 가지다. 주변에 있는 **모든 것**의 정체를 확인하려는, 지칠 줄 모르는 욕구로 녀석은 호들갑스럽게 팔을 들어 멍하게 서 있는 사람이나 식물, 가전제품을 가리키며 끊임없이 소리친다. "어거?"

뭐라는 것인지.

"어거?"

"아들, 저건 코끼리야."

"어거거?"

"코.끼.리."

"어거?"

"할머니가 주신 작은 코끼리 인형이야."

"어거?"

"코끼리라고. 동물원에 있는 코끼리!"

"어거?"

어린 자녀를 둔 부모라면 누구나 "왜?" "왜 그런데?" 또는 "저건 뭐야?" 하며 끊임없이 질문을 쏟아 내는 아이 때문에 난감한 순간을 겪었을 것이다. 이러한 순간은 엉뚱하게 당신의 무지를 드러내기도 한다. (아니, 도대체 하늘은 왜 파란 거야?) 어린 아이와 같은 믿음이 질문 없이 수용하는 것을 뜻한다고 말하는 사람은 진짜 어린아이를 별로 만나 보지 못한 사람이다.

심리학자들에 따르면, 이 시기의 아이들을 다루는 최선의 방법은 질문에 바로 답하지 않고 대신 이야기를 들려주는 것이다. 소아과 전문의인 앨런 그린은 이렇게 설명한다. "수천 명의 아이들과 대화하고 나서 나는 비로소 깨달았다. 아이들이 '왜?'라고 물을 때 그것은 그들이 신나서 '얘기해 주세요! 더 얘기해 주면 안 돼요?'라고 조르는 것이다."5

질문은 아이들이 사랑과 신뢰를 표현하는 방식이다. 아이들은 질문으로 대화를 시작한다. 따라서 내 아들이 가리키는 것을 코끼리라고 입 아프게 말하는 대신, 나는 코끼리가 인도에서는 행운의 상징으로 대접받는다는 이야기 혹은 코끼리가 모든 동물 중에 가장 기억력이 좋다는 이야기를 해 줄 수 있을 것이다. 예전에 코끼리가 코끝으로 농구공을 돌리는 쇼를 봤던 이야기, 옛날에 아주 작은 소리까지 들을 수 있는 호튼이라는 코끼리가 살았다는 이야기, 장님 네 사람이 각각 코끼리의 귀와 꼬리, 배와 상아를 만졌다는 이야기…….

언젠가 이런 이야기를 해 줄 때 아들은 무릎 사이로 기어 올라와 내 가슴에 얼굴을 기대고 가만히 이야기를 들을 것이다. 질문을 멈추고 편한 자세로. 그러면 나는 녀석이 처음부터 원했던 것은 엄마 곁에서 익숙한 목소리를 들으며 자신이 안전하고 혼자가 아님을 확인하려는 것이었음을 깨달을 테지.

사실 우리 어른들도 별반 다르지 않다. 허둥지둥 세상을 휘젓고 다니다가 여기에서 신학 한 조각, 저기에서 철학 한 조각 집어 들고 성경을 겨드랑이에 낀 채 갑작스럽게 맞닥뜨리는 인생의 수수께끼와 질문들에 대해 끊임없이 묻는다. "**어거? 어거? 어거? 저건 뭐야? 저건 뭐지? 저건 뭐고?**"

우리는 답을 바라지만 하나님은 좀처럼 답을 주시지 않는다. 그 대신, 그분은 부드럽고 편안한 당신의 품에 우리를 안으시며 말씀하신다. "자, 내가 이야기 하나 해 줄게."

감사의 말

이 책을 쓰는 도중에 엄마가 되었습니다. 나의 세계는 전에 알지 못했던 사랑의 유역을 아우를 만큼 확장되기도 했지만 산책하고 젖을 먹이고 기저귀를 갈고 빨래하는 매일의 일에 충실하는 것으로 축소되기도 했습니다. 어떤 책이든 세상에 나오기 위해서는 마을을 꾸리는 것만큼의 힘든 작업을 요하지만, 이번 책은 도시 하나를 돌아가게 할 만큼의 수고가 필요했습니다. 여러 친구와 가족, 대리인과 편집자가 내가 집필을 이어 갈 수 있도록 시간을 내주고 불규칙한 시간에 맞추어 기꺼이 수고해 주었습니다.

무엇보다 남편 댄에게 고맙습니다. 어느 날 갑자기 아빠가 되었지만 내가 기대했던 기쁨과 자상함으로, 하지만 가능할까 싶었던 더 큰 인내로 아빠가 되어 주었습니다. 댄이 공원에 더 오래 머물고, 한밤중에 깨어 우유를 먹이고, 아이를 유모차에 태워 수없이 거실을 돌고 돌아 주었기에 제가 수백 개의 단어와 수천 개의 단어 사이를 오가며 정녕 끝내고 싶었던 방식대로 이 과제를 끝낼 수 있었습니다. 아무리 힘든 날에도 이런 동반자가 있어 너무도 감사한 마음입니다.

나의 시어머니인 노마 에반스에게 이 책을 헌정합니다. 지난 수년간 그녀의 자비로운 영혼은 나를 포함한 많은 이들의 삶을 어루만져 주었습니다. 남을 **도울** 줄 아는 사람들이 있습니다. 그녀가 즐거이 빨래를 개 주고 설거지를 해 주고 손자에게 노래를 불러 주며 잠을 재우는 동안, 이 작업의 상당 부분을 마무리할 수 있었습니다. 낯선 이를 환대하고 고아와 과부를 돌보고 보답을 기대하지 않은 채 베풀라는 성경의 가르침을 몸소 보여 주는 소수의 사람이 있습니다. "부지중에 천사를"(히브리서 13:2) 영접하는 역할을 노마 에반스보다 훌륭하게 해낸 이는 분명 없을 것입니다.

나의 부모님이 관계적으로나 지리적으로 가까이 계신 게 이렇게 감사했던 적이 없습니다. 지난 두 해 동안 피터와 로빈 헬드는 피곤함도 잊은 채 음식을 가져다주고, 내 하소연에 귀 기울여 주고, 공짜 심리 상담과 육아를 제공해 주었습니다. 동생 아만다와 동서 팀은 한결같은 지원을 아끼지 않았습니다. 내가 아는 최고의 단짝 응원단장입니다.

토머스 넬슨 출판 팀은 다시 한 번 사려 깊고 창의적이었고 무엇보다 놀라운 **인내**를 보여 주었습니다. 가장 현명하고 예리한 편집으로 내게 도전해 준 제니 보가트너에게 감사를 전합니다. 주석에 필요한 내용을 일찌감치 마련해 줘 책의 분위기와 강조점을 극적으로 향상시켜 준 조이 폴에게도 고마움을 전합니다. 자레드 비아스와 냐샤 주니어는 탁월한 학문적 비평을 해 주었고, 재닌 맥아이버와 젠 맥닐은 빈틈없고 사려 깊게 원고를 교열해 주었습니다. 내 친구 피터 엔즈는 구약 성경에 관해 난데없이 던지는 새벽 2시의 이메일에도 기꺼이 답을 해 주었습니다. 또한 스테파니 트레스너에게 사의를 표합니다. 그녀는 온라인 마케팅과 독자 관리, 적절한 그림 파일 보내는 법에 관해 업계 최고라 할 수 있습니다. 또한 이 일에 나를 참여케 해 준 브라이언 햄튼에게도 감사를 전합니다.

언제나처럼 내 저작권 대리인인 레이첼 가드너와 예약 대리인인 짐 채피에게 감사합니다. 두 사람 모두 나의 건강을 일보다 먼저 생각해 주었습니다. 엄청난 인내과 친절의 소유자인 독자 여러분께도 감사합니다.

성공회교회, 특히 테네시주 클리블랜드에 있는 성 누가 성공회교회와 이스트테네시 성공회 교구에 감사합니다. 나를 따뜻하게 맞아 주고 우리 가족을 공동체에 받아 주었습니다. 또 셰넌 셔우드 존슨 사제와 버지니아 교구는 이 작업이 출발점을 떠났을 때 귀한 격려와 의견을 아끼지 않았습니다.

마지막으로, 헨리. 네가 있어서 얼마나 감사한지 몰라. 너는 내 안에 나도 모르던 사랑의 자원을 찾아서 열어 주었고, 그토록 많은 웃음과 음악으로 이 집을 가득 채워 주었고, 사회적으로 정치적으로 격변의 한 해를 지내는 동안 냉소적인 사람으로 머물지 않도록 해 주었어. 너를 향한 내 마음을 제대로 담아 낼 수 있는 작가는 이 세상에 없을 거야. 사랑하는 아이야, 너 자신이 사랑받는 사람임을 조금의 의심도 없이 알기를, 좋은 이야기 속에 항상 머물기를 기원한다.

주

들어가며

1. Addie Zierman, "Recovering from Legalism: Dear Addie #7," Off the Page, June 29, 2016, https://offthepage.com/2016/06/29/recovering-from-legalism-dear-addie-7/.

2. Peter Enns, *The Bible Tells Me So* (New York: HarperOne, 2014), 9.

3. Burton L. Visotzky, *Reading the Book* (Philadelphia: Jewish Publication Society, 2005), 18.

4. N. T. Wright, "How Can the Bible Be Authoritative?" NTWrightPage, July 12, 2016, http://ntwrightpage.com/2016/07/12/how-can-the-bible-be-authoritative/.

5. Neil Gaiman, *Coraline* (New York: HarperCollins, 2012), ix. (『코렐라인』, 롱테일북스)

성전

1. 이 장의 배경은 John Walton, *The Lost World of Genesis One* (Downers Grove,

IL: InterVarsity Press, 2009)(『아담과 하와의 잃어버린 세계』, 새물결플러스)
와 Ilan Ben Zion의 글 "'By the Rivers of Babylon' Exhibit Breathes Life into
Judean Exile," *The Times of Israel*, February 1, 2015, http://www.timesofisrael.
com/by-the-rivers-of-babylon-exhibit-breathes-life-into-judean-exile/를
참고해서 재구성했음.
2. 이사야 66:1-2을 저자가 자신의 말로 표현함.

1장. 기원 이야기

1. Peter Enns, "Understanding Adam," BioLogos Foundation (scholar essays),
accessed February 5, 2018, https://biologos.org/uploads/projects/enns_
adam_white_paper.pdf.

2. Peter Enns, *Inspiration and Incarnation* (Grand Rapids: Baker Academic, 2005),
55. (『성육신의 관점에서 본 성경 영감설』, 기독교문서선교회)

3. Daniel Taylor, *Tell Me a Story: The Life-Shaping Power of Our Stories* (St. Paul:
Bog Walk Press, 2001). (『왜 스토리가 중요한가』, 정연사)

4. James Cone, *God of the Oppressed* (Maryknoll, NY: Orbis Books, 2003), 93.
(『눌린 자의 하느님』, 이화여자대학교출판문화원)

5. Monica Coleman, *Bipolar Faith: A Black Woman's Journey with Depression and
Faith* (Minneapolis: Fortress Press, 2016), xvii-xviii.

6. Coleman, xix.

7. Coleman, 342.

8. Joan Didion, *The White Album* (New York: Simon & Schuster, 1979), 11.

9. Barbara Hardy, "Toward a Poetics of Fiction: An Approach Through
Narrative," *Novel* 2 (1968): 5.

10. Wilda Gafney, *Womanist Midrash: A Reintroduction to the Women of the Torah
and the Throne* (Louisville: Westminster John Knox Press, 2017), 4-5.

11. Timothy Beal, *The Rise and Fall of the Bible* (Boston: Mariner Books, 2012),
188.

12. Visotzky, *Reading the Book*, 56.

13. Peter Enns and Jared Byas, *Genesis for Normal People* (Englewood, CO:
Patheos Press, 2012), 91.

14. Madeleine L'Engle, *A Stone for a Pillow: Journeys with Jacob* (New York:

Convergent, 2017), 165.

우물

1. 이 장의 배경은 창세기 16장과 Delores Williams, *Sisters in the Wilderness: The Challenge of Womanist God-Talk* (Maryknoll, NY: Orbis Books, 1993)를 참고했음.

2장. 구원 이야기

1. Allen Dwight Callahan, *The Talking Book: African Americans and the Bible* (New Haven, CT: Yale University Press, 2008), 40.
2. Callahan, xiv.
3. Avot 5:22.
4. Broderick Greer, "Theology as Survival," January 7, 2016, *Broderick Greer* (blog), http://www.broderickgreer.com/blog/survivaltheology.
5. Lauren Winner, *Still: Notes on a Mid-Faith Crisis* (New York: HarperOne, 2013), 135. (『스틸』, 코헨)
6. Winner, 136.
7. Walter Brueggemann, *The Land: Place as Gift, Promise, and Challenge in Biblical Faith* (Minneapolis: Fortress Press, 2002), 39. (『성경이 말하는 땅』, 기독교문서선교회)
8. Jonathan Martin, *Prototype* (Carol Stream, IL: Tyndale, 2013), 50, 65.
9. Douglas A. Knight and Amy-Jill Levine, *The Meaning of the Bible: What the Jewish Scriptures and the Christian Old Testament Can Teach Us* (New York: HarperOne, 2013), 103.
10. Walter Brueggemann, *The Creative Word: Canon as a Model for Biblical Education* (Minneapolis: Fortress Press, 2015), 31.
11. Elton Trueblood, cited in Brian McLaren, *A New Kind of Christianity* (New York: HarperCollins, 2010), 114. (『새로운 그리스도인이 온다』, IVP)

3장. 전쟁 이야기

1. William P. Trent and Benjamin W. Wells, eds., *Colonial Prose and Poetry: The Transplanting of Culture* (New York: Thomas Y. Crowell, 1901), 139.

2. Phyllis Trible, *Texts of Terror: Literary-Feminist Readings of Biblical Narratives* (Philadelphia: Fortress Press, 1984), 2.

3. John Piper, "What Made It Okay for God to Kill Women and Children in the Old Testament?" *Desiring God* (blog), February 27, 2010, http://www.desiringgod.org/interviews/what-made-it-ok-for-god-to-kill-women-and-children-in-the-old-testament.

4. Brené Brown, *The Gifts of Imperfection: Let Go of Who You Think You're Supposed to Be and Embrace Who You Are* (Center City, MN: Hazelden, 2010), 70. (『불완전함의 선물』, 청하)

5. Thomas Paine, *The Works of Thomas Paine*, ed. Moncure Daniel Conway (Frankston, TX: TGS, 2010), 198.

6. Eugene Peterson, *The Word Made Flesh: The Language of Jesus in His Stories and Prayers* (London: Hodder & Stoughton, 2008), chap. 3. (『비유로 말하라』, IVP)

7. William Shakespeare, *Henry V*, act 4, scene 3. (『헨리 5세』). Lin-Manuel Miranda, "The Story of Tonight," *Hamilton: An American Musical*, Atlantic Records, 2015, MP3.

8. Winston Churchill, "Their Finest Hour" speech before the House of Commons, June 18, 1940, WinstonChurchill.org, https://www.winstonchurchill.org/resources/speeches/1940-the-finest-hour/their-finest-hour/

9. Paul Copan, *Is God a Moral Monster? Making Sense of the Old Testament God* (Grand Rapids: Baker Books, 2011), 172. (『구약 윤리학』, 기독교문서선교회)

10. Copan, *Is God a Moral Monster?*, 171.

11. Joshua Ryan Butler, *The Skeletons in God's Closet* (Nashville: Thomas Nelson, 2014), 228.

12. Enns, *The Bible Tells Me So*, 231 (도입, 주2를 보라).

13. Nicola Slee, *Praying Like a Woman* (Oxford: SPCK, 2006), 36-37.

14. Butler, *Skeletons in God's Closet*, 243.

15. Scott Arbeiter, "America's Duty to Take in Refugees," *New York Times*, September 23, 2016, https://www.nytimes.com/2016/09/24/opinion/

americas-duty-to-take-in-refugees.html.

16. Gregory A. Boyd, *The Crucifixion of the Warrior God* (Minneapolis: Fortress Press, 2017), xxx.

17. Boyd, 1261.

18. Boyd, 701-766.

4장. 지혜 이야기

1. Alfred Lord Tennyson, cited by William M. Ramsay, *Westminster Guide to the Books of the Bible* (Louisville: Westminster John Knox Press, 1994), 144.

2. Ellen Davis, *Getting Involved with God: Rediscovering the Old Testament* (Plymouth, UK: Cowley Publications, 2001), 122. (『하나님의 진심』, 복 있는 사람)

3. Beal, *Rise and Fall of the Bible*, 168 (1장, 주11을 보라).

4. Theodor Adorno, cited in Beal, *Rise and Fall of the Bible*, 163.

5. Christian Smith, *The Bible Made Impossible: Why Biblicism Is Not a Truly Evangelical Reading of Scripture* (Grand Rapids: Brazos Press, 2012), x-xi.

6. Martin Luther and E. Theodore Bachmann, *Luther's Works*, vol. 35, *Word and Sacrament I* (Philadelphia: Fortress, 1960), 362.

7. Beal, *Rise and Fall of the Bible*, 173.

8. Beal, 27.

9. 시편 100:1, 6:6, 51:3, 22:2, 89:46.

10. Sebastian Moore, cited by Kathleen Norris, *The Cloister Walk* (New York: Riverhead Books, 1997), 91.

11. Norris, *The Cloister Walk*, 95.

12. Norris, *The Cloister Walk*, 94.

13. Denise Hopkins, *Journey Through the Psalms* (St. Louis: Chalice Press, 2002), 5-6. Lester Meyer, "A Lack of Laments in the Church's Use of the Psalter," *Lutheran Quarterly* (Spring 1993): 67-78도 보라.

14. Soong-Chan Rah, *Prophetic Lament: A Call to Justice in Troubled Times* (Downers Grove, IL: InterVarsity Press, 2015), 22.

15. Rah, 23.

16. Lynn Hauka, "The Sweetness of Holding Space for Another," *HuffPost: The*

Blog, March 28, 2016, https://www.huffingtonpost.com/lynn-hauka/the-sweetness-of-holding-_b_9558266.html.

5장. 저항 이야기

1. "Thank You, Bree, for Removing the Confederate Flag," Evangelicals for Social Action, June 27, 2015, https://web.archive.org/web/20150906121119/http://www.evangelicalsforsocialaction.org/nonviolence-and-peacemaking/thank-you-bree-for-removing-the-confederate-flag-2/.

2. "Bree Newsome Speaks for the First Time After Courageous Act of Civil Disobedience," *Blue Nation Review*, June 29, 2015, http://archives.bluenationreview.com/exclusive-bree-newsome-speaks-for-the-first-time-after-courageous-act-of-civil-disobedience/.

3. Rob Bell, *What Is the Bible? How an Ancient Library of Poems, Letters, and Stories Can Transform the Way You Think and Feel About Everything* (New York: HarperOne, 2017), 215.

4. Walter Brueggemann, *The Prophetic Imagination*, 2nd ed. (Minneapolis: Fortress, 2001), 6. (『예언자적 상상력』, 복 있는 사람)

5. Brueggemann, 40.

6. "Walter Brueggemann: The Prophetic Imagination," *On Being with Krista Tippett*, Onbeing.org, December 19, 2013, https://onbeing.org/programs/walter-brueggemann-the-prophetic-imagination/.

7. Knight and Levine, *The Meaning of the Bible*, 252 (2장, 주9를 보라).

8. "Inspired by Martin Luther King Jr., a New Civil Rights Leader Takes Center Stage," *Guardian*, October 25, 2017, https://www.theguardian.com/us-news/2017/oct/25/william-barber-martin-luther-king-jr-civil-rights-leader.

9. Winner, *Still*, 111 (2장, 주5를 보라).

10. Herodotus, *The Persian Wars*, 3.92. (『페르시아 전쟁사』)

11. N. T. Wright, *How God Became King: The Forgotten Story of the Gospels* (New York: HarperOne, 2016), 37. (『하나님은 어떻게 왕이 되셨나』, 에클레시아북스)

6장. 복음 이야기

1. Flannery O'Connor, *Mystery and Manners* (New York: Farrar, Straus & Giroux, 1969), 96.

2. Quoted in Scot McKnight, *The King Jesus Gospel* (Grand Rapids: Zondervan, 2011), 82. (『예수 왕의 복음』, 새물결플러스)

3. N. T. Wright, *Surprised by Hope: Rethinking Heaven, the Resurrection, and the Mission of the Church* (New York: HarperOne, 2008), 19. (『마침내 드러난 하나님 나라』, IVP)

4. 마태복음 13:44, 33, 25, 47, 44.

5. Dallas Willard, *The Divine Conspiracy: Recovering Our Hidden Life in God* (New York: HarperCollins, 1998), 41. (『하나님의 모략』, 복 있는 사람)

6. "Lutheran Minister Preaches a Gospel of Love to Junkies, Drag Queens and Outsiders," NPR, September 17, 2015, https://www.npr.org/templates/transcript/transcript.php?storyId=441139500.

7. Sara Miles, *Take This Bread* (New York: Ballantine, 2008), xiii.

8. Oscar Wilde, *The Importance of Being Earnest and Other Plays* (London: Pan Macmillan, 2017).

9. Amy-Jill Levine, *Short Stories by Jesus* (New York: HarperOne, 2015), 6.

10. Robert Farrar Capon, *Kingdom, Grace, Judgment: Paradox, Outrage, and Vindication in the Parables of Jesus* (Grand Rapids: Eerdmans, 2002), 15.

7장. 물고기 이야기

1. Jeffrey John, *The Meaning in the Miracles* (Grand Rapids: Eerdmans, 2001).

2. John, 10.

3. John, 11.

4. Wright, *Surprised by Hope*, 75 (6장, 주36을 보라).

5. Dallas Willard, *Renovation of the Heart: Putting on the Character of Christ* (Colorado Springs: NavPress, 2002). (『마음의 혁신』, 복 있는 사람)

6. Shane Claiborne's Facebook page, accessed March 21, 2018, https://www.facebook.com/ShaneClaiborne/posts/10151769308346371.

7. Sara Miles, *Jesus Freak: Feeding, Healing, Raising the Dead* (San Francisco:

Jossey-Bass, 2010), 105.

편지

1. 이 장의 배경은 Brian J. Walsh and Sylvia Keesmaat, *Colossians Remixed: Subverting the Empire* (Downers Grove, IL: InterVarsity Press, 2004)에서 가져왔다. (『제국과 천국』, IVP)

8장. 교회 이야기

1. M. Eugene Boring, *An Introduction to the New Testament: History, Literature, Theology* (Louisville: Westminster John Knox Press, 2012), 196. (『신약개론』, 기독교문서선교회)
2. 고대 세계에서는 서신을 쓸 때 종종 과거의 유명한 선생의 이름을 빌려 작성자를 대신하곤 했다. 어떤 학자들은 용어의 사용이나 몇 가지 역사적인 사실들을 근거로 에베소서와 디모데전후서, 디도서가 바울이 아닌 그의 제자들에 의해 쓰였다고 추정한다.
3. Adam Hamilton, *Making Sense of the Bible: Rediscovering the Power of Scripture Today* (New York: HarperOne, 2016), 76.
4. Scot McKnight, *The Blue Parakeet: Rethinking How You Read the Bible* (Grand Rapids: Zondervan, 2008), 202. (『파란 앵무새』, 성서유니온선교회)
5. 성 역할과 성적 지향에 대한 성경의 입장을 자세히 들여다보려면, 다음을 보라. James Brownson, *Bible, Gender, Sexuality* (Grand Rapids: Eerdmans, 2013); Matthew Vines, *God and the Gay Christian* (New York: Convergent, 2015).
6. Boring, *Introduction to the New Testament*, 205.
7. Enns, *The Bible Tells Me So*, 244 (도입, 주2를 보라).
8. N. T. Wright, *The New Testament and the People of God* (Minneapolis: Fortress Press, 1992), 6. (『신약성서와 하나님의 백성』, CH북스)
9. 서신서의 저자성에 관해 더 알려면 Hamilton, *Making Sense of the Bible*, 85-90를 보라.
10. Stephen J. Binz, *Paul: Apostle to All the Nations* (Grand Rapids: Brazos Press, 2011), 2.

나가며

1. Gregory Mobley, *The Return of the Chaos Monsters: And Other Backstories of the Bible* (Grand Rapids: Eerdmans, 2012), 7.
2. Wright, *Surprised by Hope*, 208 (6장, 주3을 보라).
3. Mobley, *Return of the Chaos Monsters*, 6.
4. Daniel J. Siegel and Tina Payne Bryson, *The Whole-Brain Child: 12 Revolutionary Strategies to Nurture Your Child's Developing Mind* (New York: Random House, 2011), 29.
5. Alan Greene, "Why Children Ask 'Why,'" DrGreene.com, March 13, 2000, https://www.drgreene.com/qa-articles/why-children-ask-why/.

함께 생각해 보아요

레이첼이 독자에게

제가 쓴 책 중에 이 책 『다시, 성경으로』만큼 사람들이 함께 읽으며 씨름하고, 토론하고, 논쟁하고, 창의적으로 사용되길 바랐던 책은 없었던 것 같습니다. 이것이 곧 성경이 독자에게 원하는 반응이기 때문입니다. 여러분이 설교 혹은 교회 학교에서 들었던 것과 달리, 성경은 어려운 문제에 관해 쉽고 명확한 답을 제공하지 않습니다. 오히려 성경은 독자들이 이야기, 노래, 편지, 율법, 시와 격언을 접하며 질문하고, 생각하고, 행동하는 과정을 통해 진실에 한 걸음 더 다가가고 타인과 가까워지기를 바랍니다. 이런 식으로 "가까이하기에 너무나 거룩해 보이던 말씀이 사람들이 편하게 드나드는 사랑방으로 바낍니다. 하나님이 직접 세우신 식탁에 그분의 백성들이 상을 차리면 진리와 사귐에 배고파하는 사람들이 모여 만찬을 즐기게 되는 거죠"(66쪽) 여러분의 교회와 소그룹, 개인 성경 공부 시간에 이러한 만찬상이 차려지기를 소망해 봅니다.

이 안내서(제가 만들었습니다!)에는 사색과 토론을 위한 질문들과 성경을 다른 각도에서 바라볼 수 있게 도와주는 개념들, 『다시, 성경으로』를 십분 활용할 수 있게 도와주는 자료들이 있습니다. 중요한 건 성경 본문을 읽을 때 정해진 틀에서 벗어나는 겁니다. 새로운 마음으로 성경 속 이야기를 대할 수 있도록 색연필, 악기, 잡지 등을 미리 준비해 두세요. 성경을 읽는 분들이 질문하고, 의심하고, 마음껏 상상할 수 있게 하는 것이 이 안내서의 목적입니다.

독자분들에게 꾸벅 고개 숙여 감사의 인사를 드립니다. 이렇게 시간을 내서 제 글을 읽어 주시는 분들이 있다는 게 저에게는 큰 힘이 됩니다. 아무쪼록 이 책을 통해 여러분이 성경을 새롭게 발견하고, 성경의 빛으로 세상을 다시 보게 되기를 기도합니다.

성경을 읽고 이해하는 방식

이 안내서는 여러분이 『다시, 성경으로』에서 논의된 성경 본문을 읽고 해석할 때 몇 가지 방식을 사용해 볼 것을 권해 드립니다. 이미 각각의 방식에 관해 많은 책이 출판되어 있으니 더 깊이 공부해 보는 것도 좋을 것입니다. 하지만 일단 여기서는 이 책에서 주로 쓰인 세 가지 방식을 소개해 보겠습니다.

미드라시는 유대식 성경 해석법입니다. 성경 속 이야기의 틈새를 새로운 이야기나 일화로 채움으로써 본문을 더 분명하고 자세하게 해석하거나, 본문에서 맞닥뜨리는 흥미로운 질문에 관해 답을 내리기보다 계속 탐색할 수 있도록 여지를 남기는 방식입니다. 미드라시의 기원은 성경의 모순을 해결하고 성경 이야기의 잃어버린 조각을 찾기 위해 쓰인 랍비들의 글에 있습니다. 세월이 흐르면서 미드라시에는 성경의 장소, 인물, 이야기, 율법에 관한 상상과 해설이 덧붙여졌습니다. 미드라시는 여러 가능성을 마음속으로 그려 보며 행간을 읽는 방식입니다. 미드라시 주석은 랍비나 학자들의 몫이겠지만, 평범한 성경의 독자들도 흥미로운 구절이나 이야기를 맞닥뜨릴 때 여전히 미드라시 정신으로 질문하고 상상하며 본문과 즐거운 시간을 보낼 수 있습니다. 『다시, 성경으로』 62-68쪽을 읽어 보면, 예시와 함께 미드라시를 더 깊이 이해할 수 있습니다.

렉시오 디비나(거룩한 독서법)는 1천 년이 넘는 세월 동안 이어져 온 영성 훈련입니다. 성경을 읽을 때 특정한 단어나 문구, 절이 마치 본문에서 튀어나오듯 새로운 의미로 다가오는 경험을 한 베네딕도회 수도사들에 의해 고안되었습니다. 렉시오 디비나는 이처럼 새롭게 다가온 말씀을 음미하는 훈련입니다. 처음에는 묵상하고 다음에는 실천하는 것이지요. 렉시오 디비나는 전통적으로 네 단계를 거칩니다. 렉시오(독서), 메디타치오

(명상), 오라티오(기도), 콘템플라티오(관상)가 그것입니다.

혼자서도 연습해 볼 수 있습니다. 먼저 성경 본문을 선택한 후 아주 천천히 읽습니다. 말씀을 자세히 관찰하면서 반복되는 것은 없는지, 주제는 무엇인지, 어떤 은유와 이미지가 있는지 찾아봅니다. 눈에 띄거나 공감되는 단어나 구절, 이미지가 없는지 살핍니다. 그러고서 다시 한 번 본문을 읽습니다. 어떤 단어나 구절, 이미지가 정말로 가슴에 와 닿는지 느껴 봅시다.

이제 그러한 단어나 구절, 이미지를 묵상해 봅니다. 가슴에 와 닿은 단어나 구절, 이미지를 적어 보고, 그와 관련된 내용을 끄적여도 좋습니다. 그 과정에서 새로운 의미를 발견할 수 있습니다. 왜 그 단어나 구절, 이미지가 당신에게 그토록 다가왔는지, 그것들을 통해 어떤 가르침을 얻었는지 자문해 봅니다.

이제 기도합니다. 당신에게 다가온 단어와 구절, 이미지의 의미를 밝혀 달라고 하나님께 기도합니다.

마지막으로 스스로 묻습니다. 이러한 것들이 내 삶에 던지는 의미는 무엇일까? 내가 발견한 말씀이 나의 일상과 여생을 어떻게 변화시켜야 하는가? 이웃과 공동체와의 관계에서 바뀔 부분은 없는가?

렉시오 디비나는 그룹으로 함께 할 수도 있습니다. 동일한 말씀을 여러 번 들으면서, 말씀이 끝날 때마다 자신에게 인상 깊게 다가온 단어나 구절, 이미지에 관한 생각을 적어 둡니다. 읽기가 다 끝나면 그룹 안에서 적어 둔 것을 나누며, 다른 사람의 다양한 시각을 통해 배우는 시간을 가집니다.

렉시오 디비나에 관해 더 알고 싶다면 스티븐 빈츠의『성경으로 하나님과 대화하기: 렉시오 디비나에 대한 현대적 접근』(*Conversing with God in Scripture: A Contemporary Approach to Lectio Divina*)을 읽어 보기를 권합니다.

이냐시오 성경 해석은 16세기 스페인 사제이자 예수회 창시자인 로욜라의 성 이냐시오에 의해 개발되었습니다. 이냐시오는 평범한 사람들이 날마다 경건을 훈련하며 하나님께 가까이 다가갈 수 있도록 '영성 수련'이라는 수행법을 고안했습니다. 영성 수련의 한 과정은 예수님의 생애(그분의 탄생과 사역, 치유, 가르침, 죽음과 부활)를 묵상하는 것입니다. 이냐시오는 그리스도인에게 단순히 복음서를 읽거나 듣는 것에서 그치지 말고, 상상력을 사용해 그 장면 속으로 들어가 이야기에 몰입하라고 격려합니다. 예를 들어, 예수님이 오천 명을 먹이신 오병이어 이야기를 읽을 때, 독자는 그 장소에서 어떤 냄새가 나고 어떤 소리가 들리는지 상상해 볼 수 있습니다. 갈릴리 바다에서 불어오는 바람은 어떤 느낌일까? 무리 중에는 어떤 사람들이 있을까? 그들은 어떤 이야기를 주고받을까? 날씨는 어떻지? 배에서 꼬르르 소리가 들리나? 난 지금 어떤 감정들을 느끼고 있나?

이냐시오의 영성 수련을 시도해 볼까요. 먼저 신약에서 이야기를 하나 선택한 후 천천히 읽습니다. 그런 다음 상상력을 동원해서 이야기 속으로 들어가십시오. 등장인물 중 한 사람이 되어 이야기 속 다른 인물과 소통해 보세요. (당신이 선택한 인물에게 나름의 배경과 생각, 감정을 덧붙여도 됩니다.) 당신 주변에서 일어나는 일을 관찰하면서 감각적 체험에 주의를 기울이십시오. 이야기 속에서 당신이 어떻게 느끼는지, 소리와 냄새, 맛을 상상해 봅시다. 당신의 마음속 변화도 살피세요. 행복함, 평화로움, 혼란스러움, 슬픔, 놀라움과 같은 감정들을 느끼나요? 마지막으로, 당신이 선택한 인물의 관점에서 이야기를 새롭게 다시 풀어 보세요.

들어가며

곰곰이 새겨보기

1. 시간이 흐르면서 성경에 관한 당신의 생각과 느낌은 어떻게 달라졌나요? 중요한 전환기가 될 만한 일들이 있었나요?

2. 성경과 관련된 책을 읽는 것에 대한 어떤 두려움이 있나요? 두려움이 있다면 왜 그런가요?

3. 혹시 자신의 이름이 성경 인물의 이름을 따라 지어졌나요? 그렇다면 그 성경 인물에 관해 무엇을 알고 있나요?

토론을 위한 질문

4. 어렸을 적에 가장 좋아했던 성경 이야기는 무엇인가요? 어른이 된 지금 그 이야기를 다른 시선으로 보지는 않나요?

5. 성경 이야기 중에 좀 이상하게 생각되거나, 마음을 불편하게 하는 이야기가 있나요? 읽을 때 자꾸 질문이 생기고 의심하게 만드는 그런 이야기 말입니다.

6. 다음 단어들을 보세요.

   영감이 깃든
   무오한
   절대 틀리지 않는
   신뢰할 만한
   권위적인

거룩한

억압적인

시대에 뒤쳐진

당신이 보기에 성경을 적절하게 표현하는 단어는 무엇입니까? 성경을 묘사하는 데 별 도움이 되지 않는 단어가 있나요? 왜 그런가요?

7. 저자는 자신의 인생에서 경험한 다양한 성경의 역할에 관해 이야기하고 있습니다(이야기책, 안내서, 답안지 등). 당신에게 성경은 어떤 역할이 었나요?

밖으로 나가보기

8. 성경과 관련된 개인적인 경험을 글로 써 보는 건 어떨까요?

성전＋기원 이야기

"기원 이야기는 우리가 누구이고
어디서 왔는지 그리고 세상은 어떤 곳인지 말해 준다."

성경 구절

창세기 1장, 창세기 32:22-32

곰곰이 새겨보기

1. 가족사나 종교, 문화와 관련된 이야기 중에 지금의 당신을 만든 혹은 당신의 세계관에 영향을 준 이야기가 있나요? 어떤 면에서 그 이야기는 당신에게 해가 되거나 도움이 되었습니까?

2. 하나님께서 축복하실 때까지 성경과 씨름한다는 게 무엇을 의미한다고 생각합니까? 당신은 어떤 복을 구하겠습니까?

토론을 위한 질문

3. '성전'에 등장하는 두 가지 창조 설화(학개가 말한 바빌로니아 이야기와 아버지가 말한 성경 이야기)의 차이점에 대해 당신은 어떤 생각이 들었나요?

4. 당신은 이제까지 성경의 창조 기사를 어떤 식으로 이해했나요? 과학적 혹은 역사적인 글로? 아니면 신화로? 창조 기사가 바빌로니아 유배 시기에 나왔다는 사실이 당신의 해석에 어떤 변화를 주었습니까?

5. 당신의 가족, 공동체, 문화에서 가장 중요한 기원 이야기가 있다면 무엇인가요? (55-60쪽을 보면 예가 나옵니다.) 그 이야기들은 당신의 세계관에 어떻게 긍정적, 부정적 영향을 미쳤습니까?

6. 성경이 대화에 종지부를 찍는 데 사용된 경험과, 반대로 대화를 시작하게끔 만든 경험을 나누어 봅시다.

밖으로 나가보기

7. 그림 그리기를 좋아하는 분이라면, 만화 패널을 사용해서 한편에는 티아마트와 마르둑이 등장하는 바빌로니아 창조 기사를, 다른 편에는 7일간 펼쳐지는 하나님의 창조 기사를 그려 보세요.

8. 창세기 32장 22-32절을 읽어 봅시다. 야곱이 낯선 이와 씨름하던 밤, 강가에 진을 치고 아이들, 여종, 가축들과 함께 남편을 기다리며 라헬과 레아가 나누었을 대화를 상상해 봅시다. 상상해 본 대화를 적어 보세요. (맥락을 더 잘 이해하기 위해 창세기 32장 1-21절을 읽어 봅시다.)

더 읽을거리

9. '성전'의 배경은 존 H. 월튼의 『창세기 1장의 잃어버린 세계』와 『이스라엘 타임스』에 실린 일란 벤 자이온의 기사 "'바빌론 강가에서' 전시회, 유대인 포로기에 생명을 불어넣다'에서 가져왔습니다. 다음 링크를 열면 기사의 내용을 볼 수 있습니다. https://www.timesofisrael.com/by-the-rivers-of-babylon-exhibit-breathes-life-into-judean-exile/

10. 미드라시와 유대식 성경 해석법에 관해 더 알고 싶다면 My Jewish Learning 사이트에 들어가서 "What is Midrash?"라는 기사를 읽어봅시다(https://www.myjewishlearning.com/article/midrash-101/). 랍비 버튼 비소츠키의 『그 책을 읽다』와 윌다 가프니의 『우머니스트 미드라시』를 읽는 것도 도움이 됩니다. 라헬과 레아에 관한 이야기의 미드라시식 해석을 보려면 Jewish Women's Archive 사이트에서 Tamar Kadari의 다음 기사를 확인하면 됩니다(https://jwa.org/encyclopedia/article/leah-midrash-and-aggadah).

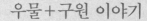

우물＋구원 이야기

"결코 잊지 마시길."

성경 구절

창세기 16장, 시편 63:1-8, 마태복음 22:37-40

곰곰이 새겨보기

1. 지금까지 살아오면서 도무지 길이 보이지 않을 때 하나님께서 길을 여신 경험이 있나요? 그런 경험을 통해 얻게 된 교훈은 무엇인가요?

2. 요즘 광야에 있다는 느낌을 받으세요? 왜 그렇게 느끼나요?

3. 당신의 인생에 있었던 광야와 같은 시간을 돌아봅시다. 그 시간 가운데 하나님이 예비하신 혹은 하나님의 임재를 강력하게 느낀 장소나 순간이 있나요? 하갈이나 야곱이 그랬던 것처럼 이름을 지어 붙일 수 있을 만한 그런 경험 말입니다. 광야에서 만난 당신의 '우물'에 어떤 이름을 붙이겠습니까?

토론을 위한 질문

4. 과거 또는 현재에 성경이 사람들을 억압하고 핍박하는 도구로 사용된 사례를 말해 봅시다. 또 사람들이 해방과 자유를 위해 성경을 사용한 사례를 들어 봅시다. 이러한 사례들을 보면서 당신은 성경을 의심하게 됩니까, 아니면 더 신뢰하게 됩니까? 그것도 아니면 둘 다입니까?

5. 앞이 캄캄한 상황에서 하나님이 길을 열어 주신 경험을 나눠 봅시다. 자신의 경험도 좋고 당신이 사랑하는 사람의 경험도 좋습니다. 하나님의 증인이 되어 봅시다!

6. 성경의 율법을 인용한 구절을 들을 때 무엇이 마음속에 떠오릅니까? 당신의 반응은 긍정적인가요, 부정적인가요? 당신이 율법에 관해 가진 이미지가 바뀌었나요?

7. "성경을 신성시하는 사람들조차 성경 해석의 과정에서 거리낌 없이 구절을 취사선택한다. 문제는 어떤 구절을 왜 선택하느냐다. 누구나 자기가 원하는 곳에 눈길을 주기 마련이다"라는 저자의 말에 공감하시나요, 아니면 동의하지 않나요?

밖으로 나가보기

8. 저자는 98-99쪽에서 로렌 위너가 '탈주석 현상'이라고 부른, 예상치 못한 장소에서 성경을 새롭게 보게 되는 현상에 관해 말하고 있습니다.

광야의 시라고 일컫는 시편 63편 1-8절 말씀을 가지고 직접 시도해 봅시다. 본문을 프린트해서 즐겨 찾는 산책로에서 읽거나, 초조하게 의사 만날 시간을 기다리는 병원 대기실에서 읽어 봅시다. 아니면 그냥 집에서 렉시오 디비나 방식으로 읽어 볼 수도 있습니다.

9. 교회 학교나 소그룹, 예배 시간에 짧은 '간증 시간'을 도입해 보는 건 어떨까요? (자세한 설명은 103-105쪽에 있습니다.)

10. 당신의 구원 이야기를 나누고 기억하기 위해서 '이야기 돌멩이'를 만들어 봅시다. 당신의 광야에 이름을 붙이기 위해 돌멩이 하나를 따로 떼 놓으세요. (https://happyhooligans.ca/story-stones/ and https://artfulparent.com/2014/05/story-stones-ideas-storytelling-rocks.html를 참조하세요.)

11. 시편 63편을 묵상한 후 노래나 시를 지어 봅시다. 자신만의 광야 경험에서 떠오른 이미지들을 섞어 넣읍시다.

더 읽을거리

12. 하갈에 관한 유색인 페미니스트적 해석을 더 알고 싶다면, 들로리스 윌리엄스의 기념비적인 책 『광야의 여인들』과 냐샤 주니어의 『다시 그려 보는 하갈』(Reimagining Hagar)을 읽어 보세요.

13. 미국의 노예 제도를 정당화하는 데 성경이 어떻게 오용됐는지 더 알고 싶다면, 마크 놀의 『남북 전쟁과 신학적 위기』(The Civil War as a Theological Crisis)를 읽으세요. 아프리카계 미국인과 성경에 관한 책으로는 앨런 드와이트 캘러한의 『말하는 책』이 있습니다.

14. 아름다운 광야의 기도들을 모은 얀 리처드슨의 『여성의 성소에서』(In the Sanctuary of Women)를 꼭 읽어 보길 권합니다. 특별히 '광야에 길을'이라는 제목의 장을 강추합니다.

성벽＋전쟁 이야기

*"그렇다고 이런 이야기를 읽으며 찔러도 피 한 방울 안 나올 것 같은
냉혈한처럼 반응하고 싶지는 않다. 예수님이 자신의 말씀과 일치하는 분이라면,
그분도 역시 나와 같은 생각이실 것이다."*

성경 구절

여호수아 6장, 사사기 11장, 빌립보서 2:6-11

곰곰이 새겨보기

1. 성경에서 지워 버리고 싶은 이야기나 구절이 있다면 어떤 것입니까?

2. 저자는 130쪽에서 "나 역시 양심과 호기심에 재갈을 먹인 채 성경을 보
   려 했던 적이 있었다. 정말이지 자아 분열에 빠지는 줄 알았다. 내가
   얼마나 거짓되게 느껴지던지……"라고 고백합니다. 당신에게도 비슷
   한 경험이 있습니까? 신앙생활을 하면서 '믿는 척' 했던 적은 없나요?

3. 당신이 내심 피해 가고 싶은 성경 속 난제가 있다면 어떤 것입니까? 믿
   음을 잃을 수도 있는 상황을 각오하고 지성과 감성을 총동원해 이 어려
   운 문제들과 제대로 씨름해 볼 의향이 있습니까? 질문과 의심이 완전
   히 해소되지 않은 상태에서 신앙생활을 지속할 수 있다고 생각하나요?

토론을 위한 질문

4. 여호수아 11장 19-20절은 이렇게 말합니다. "기브온 주민인 히위 사람
   말고는 이스라엘 자손과 화친한 성읍 주민이 하나도 없었다. 나머지
   성읍은 이스라엘이 싸워서 모두 점령하였다. 여호수아가 이들 원주민

을 조금도 불쌍하게 여기지 않고 전멸시켜서 희생제물로 바친 까닭은, 주님께서 그 원주민들이 고집을 부리게 하시고, 이스라엘에 대항하여 싸우다가 망하도록 하셨기 때문이다. 그래서 여호수아는, 주님께서 모세에게 명령하신 대로, 그들을 전멸시킨 것이다." 이 구절을 읽은 당신의 첫 반응은 무엇입니까? 역겨움? 혼란스러움? 무관심?

5. 당신을 혼란스럽게 만들고 마음을 불편하게 하는 성경 이야기가 더 있습니까?

6. 당신이 수년간 들어 온, 이스라엘의 가나안 정복에 관한 타당한 이유와 설명은 어떤 것입니까? 그러한 설명이 마음에 들었습니까? 들었다면 왜 그랬는지, 안 들었다면 또 왜 그랬는지 설명해 보세요.

7. 자신의 신앙을 의심해 본 적이 있습니까? 또는 성경을 의심한 적이 있나요? 당신의 친구와 가족, 교회 지도자들은 그러한 의심에 관해 어떤 반응을 보이던가요?

8. 당신이 가장 좋아하는 (혹은 싫어하는) 전쟁 이야기(영화, 책, 연극 등)는 무엇입니까? 우리 시대의 문화가 전쟁 이야기를 풀어 가는 방식과 고대 문화가 풀어 가는 방식이 비슷하다는 점을 인식하십니까?

9. '전쟁 이야기' 장의 끝 무렵에서 저자는 성경에 있는, 난폭하고 이해하기 어려운 전쟁 이야기에 관해 만족할 만한 답을 아직 찾지 못했다고 인정합니다. 하지만 다음 세 가지가 어느 정도 도움을 주었다고 말합니다. (1) 성경에 나오는 여성들의 이야기에 집중하기. (2) 우리 시대 문화의 폭력성에 대해서도 겸허히 인정하기. (3) 예수님 안에서, 폭력을 행하느니 차라리 폭력의 희생양이 되실 하나님의 모습을 발견하기. 이 중에 당신에게 도움이 되거나 도전을 주는 것이 있습니까? 있다면, 어떤 것이 가장 도움이 되거나 도전이 됩니까?

밖으로 나가보기

10. 이 책의 143-146쪽과 『성경적 여성으로 살아 본 1년』에서 저자는 성

경의 폭력적인 이야기에 등장하는 여성 희생자들을 기념하며, 폭력과 학대를 경험하는 현시대의 여성들을 생각하는 촛불 의식을 언급하고 있습니다. 친구들 혹은 이 책을 같이 읽는 다른 분들과 함께 비슷한 의식을 직접 시도해 봅시다. 예배 시간에도 이런 기념 의식을 끼워넣어 보면 어떨까요? 이에 관한 정보를 더 얻고 싶다면 다음을 참조하세요. https://rachelheldevans.com/blog/dark-stories, https://itistrish.com/2016/11/30/weremember-a-ceremony-to-lament-and-honor-women/

더 읽을거리

11. 성경의 폭력적이고 가부장적인 이야기를 제대로 이해하기 위해서는 필리스 트리블의 짧고 탁월한 책 『테러 문학』을 필독해야 합니다.

12. 이스라엘의 가나안 정복에 관해서 더 알고 싶으신 분은 피터 엔즈의 『성경에 써 있네』(The Bible Tells Me So)를 권합니다.

논쟁＋지혜 이야기

"심은 대로 거둔다. 맞는 말이다. 아예 심지 않을 때는 제외하고는."

성경 구절
욥기(특히 1-4, 38, 39, 42장), 전도서 3:1-8, 잠언 3장, 시편 139편

곰곰이 새겨보기

1. '지혜' 하면 무엇이 떠오릅니까? 지혜와 관련하여 자유롭게 연상되는 생각들을 적어 봅시다.

2. 179쪽에서 저자는 "젊은 시절 내가 알고 있던 성경은 여러 면에서 의심을 불러올 수밖에 없었다"라고 말합니다. 당신도 공감하나요? 성경 때문에 또는 성경에 기대를 걸었다가 실망하신 적은 없습니까?

3. 하나님께 화가 난 적이 있나요? 그러한 분노를 표현할 수 있도록 도와주는 애가나 슬픔의 시를 찾을 수 있었나요? 하나님께 화가 난 것에 대해서 죄책감을 느끼진 않았나요?

토론을 위한 질문

4. 성경에 긴장과 모순이 포함되어 있다는 주장을 어떻게 생각합니까? 그런 긴장과 모순을 발견한 적이 있습니까? 있다면, 어떻게 해결했나요?

5. 살면서 지혜가 상황에 따라 다르게 적용되는 것을 경험했나요? 한 장면에서는 도움이 되는 조언이 다른 장면에서는 전혀 그렇지 않은 예가 있다면? (예를 들어, "뿌린 대로 거둔다" 또는 "해가 지기 전에 화를 풀어라.")

6. 당신은 '성경적'이라는 단어를 들으면 어떻게 반응합니까? 도움이 되나요? 지나친 단순화라는 생각이 드나요? 짜증이 나나요?

7. 저자는 181쪽에서 "각자 다른 상황에 처해 있는 사람들에게 항상 동일한 처방만을 내리는 인생 지침서 같은 성경은 복잡다단한 현실에 전혀 맞지 않다"고 말합니다. 공감하나요? 어떤 이유로 공감하나요?

8. 성경에 '분노의 시'가 있다는 것을 알고 있나요? 혼자 혹은 같이 드리는 예배에서 얼마나 자주 슬픔과 좌절을 표현하는 노래를 부릅니까? 왜 그런 노래들이 더 많아져야 한다고 생각하나요?

밖으로 나가보기

9. 욥의 이야기에서 영감을 얻은 블랙 코미디 영화 「시리어스 맨」을 보고 함께 토론합시다. 또는 퓰리처상을 받은 아치볼드 매클리시의 극시

『JB』(*JB*)를 읽어도 좋습니다. 이 역시 욥기를 바탕으로 쓴 시입니다.

10. 하나님께 질책을 당한 욥의 친구들은 어떤 반응이었을까요? 엘리바스와 빌닷, 소발의 입장에 서서 독백을 써 봅시다.

11. 잠언 3장을 읽으면서 '길'(way 또는 path)이라는 단어에 동그라미를 치세요. 삶의 방향을 찾고, 끊임없이 성숙해 가는 과정에서 지혜를 발견할 수 있도록 하나님께 기도합시다.

12. 187-189쪽에 언급된 아카데미 수상작 「필로미나의 기적」을 봅시다. 영화가 어떻게 단조롭고 평면적인 인물과 줄거리에서 벗어나 삶의 복잡성과 미묘한 차이, 진실을 담고 있는지 눈여겨봅시다.

13. 힘든 시간을 보내고 있습니까? 그렇다면 하나님께 슬픔이나 분노를 표현할 수 있는 노래나 시를 써 봅시다. 어떻게 하면 예배 시간에 그같은 감정을 표출할 기회를 더 많이 만들 수 있을지 함께 토의해 봅시다.

더 읽을거리

14. 지혜 문학에 관해서 더 알고 싶으신 분은 엘런 데이비스의 탁월한 책 『하나님의 진심』을 읽어 보세요. 쉽고 유익한 책입니다.

15. 슬픔을 끌어안는 것에 관해서 더 알고 싶다면 라승찬의 『예언자의 슬픔』을 읽어 보세요. 성경의 '저주 시'에 관해 더 알고 싶다면 캐슬린 노리의 『수도원 산책』에서 관련된 챕터를 찾아보실 수 있습니다.

16. 시편을 제외하고 제가 가장 좋아하는 신앙 시집은 릴케의 시집입니다. 기쁨과 슬픔 모두를 노래하는 이 시집을 보면서 하나님과 진지하게 씨름하는 아름다운 예를 찾아보시기 바랍니다.

짐승+저항 이야기

～ ♔ ～

"내가 성경을 사랑하는 이유는 그 이야기가
완료된 것이 아니라 현재 진행형이기 때문이다.
지금도 우리 가운데 예언자들이 살고 있으며
여전히 용과 짐승이 어슬렁거린다. 비록 그렇게 보이지 않더라도
승리는 결국 저항하는 자들에게 돌아갈 것이다.
어둠은 밝아 오는 빛을 막을 수 없다."

성경 구절

이사야 13:19-22, 이사야 25:6-12, 아모스 5:21-25, 다니엘 7:1-4, 에스
더서, 요한계시록 13:1-10, 20:7-10

곰곰이 새겨보기

1. 205쪽에서 랍 벨 목사는 이렇게 말한다. "우리에게 끊임없이 메시지를
   던지는 성경은 두려움을 모르고, 신랄하며, 용맹하고, 혁명적이고, 시
   적이며, 때로는 냉소적이고, 때로는 분노에 차 있다. 성경은 감동을 주
   기도 하지만, 다른 이들을 희생양 삼아 끊임없이 부를 축적하는 민족과
   국가, 제도와 제국을 날카롭게 비판하기도 한다." 이것이 당신이 생각
   했던 성경의 주제입니까? 교회에서 이와 비슷한 얘기를 들어 보았습니
   까? 들어 본 경우와 들어 보지 못한 경우 모두 왜 그랬는지 얘기해 봅시
   다. 제국의 불의에 맞선 저항이라는 성경의 주제가 미국에 사는 기
   독교인들에게 논란이 될 수 있는 이유를 설명해 봅시다.

2. 주변에서 목격하는 불의한 상황 때문에 절망하거나 냉소적으로 변한
   경험이 있습니까? 이번 장을 읽고 격려를 받은 부분이 있다면?

토론을 위한 질문

3. '종말론적'이라는 단어를 들으면 무엇이 떠오릅니까? 이번 장을 읽고 '종말론'에 대한 생각에 어떤 변화가 있었습니까? 예언자나 예언에 대해서 생각이 바뀐 것은 없나요?

4. 저자는 "미국은 고대 바빌론이나 로마가 아니다. 나도 안다. 그렇다고 미국이 하나님 나라인 것도 아니다"라고 말했습니다. 어떻게 생각합니까? 원주민 학살, 노예제, 교도소 산업 복합체와 총기 사건 등 저자가 제시한, 현재와 과거의 불의한 예들을 접하며 어떤 생각이 들었습니까? 이런 이슈들에 대해 예언자와 같이 목소리를 높여야 할까요? 그렇다고 생각한다면 어떤 식으로 실행할 수 있을까요?

5. 소외된 자들을 대변하고 권력을 가진 자들에게 도전하는, 이 시대의 예언자는 누구일까요? 자신이 생각하고 있는 사람을 말해 봅시다.

6. 에스더서를 저항 문학이라고 생각하는 저자의 시각에 동의하나요? 에스더서를 저항 문학이라고 생각해 본 적이 있나요?

7. 요한계시록을 어떻게 생각하시나요? 과거에 요한계시록을 읽으면서 어떤 느낌을 받았나요? 두려움? 황당함? 고무적? 혼란스러움? 이번 장을 읽고 기존의 시각이 바뀌거나 진일보했나요?

밖으로 나가보기

8. 그림을 그리기 좋아하시는 분이라면, 요한계시록 13장에 나오는 짐승을 그려 보세요. 본문에 나온 묘사와 느낌을 살려서!

9. 유튜브에서 부림절 연극을 찾아 감상합시다. 청중들과 함께 (술을 마시고?) 환호하며 야유해 보세요. (https://www.youtube.com/watch?v=3zUfFNp8ZhA 추천합니다!) 좀 끼가 있는 분들이 모였다면, 아예 한두 장면을 직접 연기해 보면 어떨까요.

더 읽을거리

10. 성경이 말하는, 제국에 맞선 예언자적 태도에 관해 자세히 알려면, 월터 브루그만의 『예언자적 상상력』을 필독해야 합니다.

11. 사우스캐롤라이나에서 예언자 같은 행동을 취했던 브리 뉴섬에 대해 더 자세히 알고 싶은 분은 *Blue Nation Review*에 실린 골디 테일러의 기사 'Bree Newsome Speaks for the First Time After Courageous Act of Civil Disobedience'를 찾아보세요(http://archives.bluenationreview.com/exclusivebree-newsome-speaks-for-the-first-time-after-courageous-act-of-civil-disobedience/). 온라인에서도(http://www.breenewsome.com과 @BreeNewsome에서) 브리를 만날 수 있습니다.

샘물＋복음 이야기

"그리스도인이라면 누구나 자신만의 복음을 갖거나
또는 '누군가에게서 들은' 복음을 갖게 된다."

성경 구절

요한복음 4:1-42, 요한복음 9장, 사도행전 8:26-40

곰곰이 새겨보기

1. 당신은 언제 처음으로 예수님을 만났습니까? 비록 어린 시절에 있었던 일이라도 기억을 더듬어 상세히 설명해 봅시다. 예수님의 모습이나 소리, 향기가 기억납니까? 당신이 처음으로 '이게 복음이구나'라고 느꼈던 메시지 혹은 예수님의 임재를 체험했던 사건이 있었나요?

2. 당신은 왜 기독교인입니까? (물론 쉽지 않은 질문이죠! 충분한 시간을 가지면서, 틀에서 벗어나 자유롭게 생각해 보세요. 솔직하고 자세하게 답하세요. 당신의 일기에 적어 놓기 딱 좋은 내용이 아닐까요.)

3. 저자는 "예수님은 단지 죽으러 오신 것이 아니다. 그분은 살기 위해 오셨다"라고 말합니다. 이러한 사실이 당신의 삶에 미치는 영향은 어떤 것입니까? 교회와 세상에는 또 어떤 의미일까요?

토론을 위한 질문

4. 복음서에서 가장 좋아하는 이야기는 무엇입니까? 어떤 사람이 예수님을 만나는 이야기 중에 당신이 감동적이라고 느끼는 이야기가 있나요? 왜 그 이야기가 감동적인가요?

5. 어떤 이가 당신에게 "복음이 무엇입니까?"라고 묻는다면, 어떻게 답하시겠습니까?

6. "복음서를 한 문장으로 정리하려는 시도는 공연한 헛수고일 뿐이다. 하나님께서 우리에게 주신 것은 이야기, 좀 더 정확하게 표현하자면 한 사람 아닌가?"라고 말하는 저자의 주장에 대해 어떻게 생각합니까? 동의하나요? 복음을 한 문장으로 요약하려는 시도의 득과 실에 관해 얘기해 봅시다.

7. 우물가의 여인 이야기(요한복음 4:1-42), 눈먼 거지 이야기(요한복음 9장), 에티오피아 내시 이야기(사도행전 8:26-40)를 읽어 봅시다. 이 사람들이 자신의 가족과 친구들에게 '복음'을 어떻게 설명했을지 상상해 보세요. 어떤 유사점과 차이점이 있을까요?

8. 저자는 262쪽에서 "그리스도인이라면 누구나 자신만의 복음을 갖거나 또는 '누군가에게서 들은' 복음을 갖게 된다"라고 말합니다. 이러한 의미에서 마치 당신이 '왜 그리스도인인가?' 콘퍼런스(258-261쪽 참조)에 참석한 것처럼 자신만의 복음을 말해 보세요. 언제 예수님을 처음으로 만났나요? 예수님의 존재와 그분의 말씀이 기쁜 소식이라는 사실을 언제

깨달았나요? 그 사실은 여전히 변함없나요? 어떻게 그럴 수 있나요?

밖으로 나가보기

9. 우물가의 여인 이야기(요한복음 4:1-42)를 읽읍시다. 이냐시오 방식을 따라, 예수님의 제자 중 한 명의 시각으로 이야기를 상상해 봅시다. 그 제자가 그날 일에 대해 자신의 일기에 적었을 법한 글을 써 봅시다.

10. 예수님이 하나님 나라를 묘사할 때 즐겨 사용하신 방법은 직유, 수수께끼, 은유였습니다. (하나님 나라를 밭에 묻힌 보화, 반죽에 섞인 누룩, 가라지와 함께 자라는 밀, 물고기가 가득한 그물 등에 비유한 것이 그 좋은 예입니다.) 그림 그리기를 좋아하는 분은 자신에게 가장 강렬하게 다가오는 하나님 나라의 이미지를 그려 보면 어떨까요. 글쓰기를 즐기는 분이라면 위에 제시된 하나님 나라의 비유에 자신만의 비유를 더해 봅시다. "하나님 나라는 무엇과 같은가?"로 시작하되 자신의 경험과 현대 문화적인 색을 입혀 보세요.

11. 당신이 좋아하는 형식(수필, 짧은 글, 노래, 시, 만화, 전기, 블로그 글)으로 자신만의 복음을 정리해 봅시다. "나는 왜 그리스도인인가?"에 답해 보세요.

더 읽을거리

12. 예수님의 비유에 관해 더 알고 싶다면 에이미 질 레빈의 『예수님의 짧은 이야기』(Short Stories by Jesus)와 로버트 파라 카폴의 『왕국, 은혜, 심판』(Kingdom, Grace, Judgment: Paradox, Outrage, and Vindication in the Parables of Jesus)을 를 읽어 보세요.

13. 복음서에 관해 더 알고 싶다면 스캇 맥나이트의 『예수 왕의 복음』과 톰 라이트의 『마침내 드러난 하나님 나라』를 읽어 보세요.

14. 제가 좋아하는 이 시대의 복음을 소개하자면 다음과 같습니다. 사라

마일즈의 『이 빵을 떼라』(Take This Bread), 나디아 볼츠 웨버의 『여사제』(Pastrix), 브라이언 스티븐슨의 『월터가 나에게 가르쳐 준 것』. 이 책들은 당신이 왜 그리스도인인지 상기시켜 줄 것입니다.

바다＋물고기 이야기

∽ 👑 ∽

> "기독교 신앙의 첫 상징으로 십자가가 아니라
> 이크티스 곧 물고기가 쓰인 데에는 다 그럴 만한 이유가 있다."

성경 구절

마태복음 14:22-33, 마가복음 1:40-45, 마가복음 5:21-43

곰곰이 새겨보기

1. 성경 속에 등장하는 기적 중에 믿기 어려운 것이 있습니까? 어떤 이야기입니까?

2. 과거에는 성경의 기적 이야기를 이해했나요? 이에 관해 신앙의 스승, 가족, 친구들에게 어떤 조언을 받았습니까? 조언이 도움이 되었나요, 아니면 별 도움이 되지 못했나요?

3. 312쪽에서 저자는 "누군가 말했듯이, 물 위를 걸으려면 우선 배에서 뛰어내려야 한다. 어떤 이에게는 배에서 뛰어내리는 것이 중독자 치료 모임에 참석하는 것일 수 있다. 어떤 이에게는 연로한 어르신의 병원 서류 작성을 돕는 일일 수도 있다. 독감에 걸려 고생하는 이웃 가족을 위해 특별 요리를 만들어 주는 것, 친구가 직장 면접을 볼 수 있도록 친구의 아기를 돌봐 주는 것, 중요한 일이라고 느꼈을 때 과감하게 움직이는 것, 이 모두가 믿음을 위한 행동이다"라고 말합니다. "배에서 뛰어내리는 것"에 관한 당신의 생각은? "중요한 일이라고 느꼈을 때

과감하게 움직이는 것"은 당신에게 어떤 의미입니까?

토론을 위한 질문

4. 성경의 기적 이야기 중에 특별히 기이하거나 유쾌하거나 또는 믿기 힘든 이야기가 있습니까?

5. 299쪽에서 저자는 성경의 기적 이야기와 해석에 관해 다음과 같이 말합니다. "나는 보수 기독교에 만연한 문자주의적 해석에도, 또 육체를 무시하는 추상적 해석에도 만족할 수 없었다." 당신도 공감합니까? 당신이 과거에 접한 기적 이야기의 해석은 어떤 것이었습니까? 어떤 설명이 가장 설득력이 있었고, 또 어떤 설명이 가장 받아들이기 어려웠나요?

6. "믿음이 생길 때까지 믿는 것처럼 행동하라", "몸이 움직이면 마음은 뒤따르게 마련이다"라는 저자의 조언에 대한 당신의 생각은? 살면서 이 조언이 맞다고 느낀 적이 있습니까? "중요한 일이라고 느꼈을 때 과감하게 움직이는 것"을 오늘 당신의 삶에 어떻게 적용하겠습니까?

밖으로 나가보기

7. '바다 이야기'에 추가할 수 있는 당신만의 모험 이야기를 써 보세요.

8. 마가복음 1장 40-45절과 마가복음 5장 21-43절의 치유 이야기를 읽어 봅시다. 이냐시오 방식에 따라, 이야기 속의 한 인물이 되어 봅시다. 나병 환자, 야이로, 혈루증 앓는 여인, 무리 중 한 명, 제자 중 한 명, 다시 산 소녀의 엄마 혹은 언니 등.

더 읽을거리

9. 신약 성경의 기적에 관해 더 알고 싶다면 제프리 존의 『기적의 의미』를 읽어 보세요. 현대 신앙 공동체에서 일어나는 기적과 치유에 관해

알고 싶다면 사라 마일즈의 회고록 『예수쟁이』(Jesus Freak: Feeding, Healing and Raising the Dead)를 추천합니다. 아주 솔직하고 흥미로운 책입니다.

편지＋교회 이야기

"어떤 인생도 보편적일 순 없다.
그리스도와 그분의 교회도 마찬가지다."

성경 구절

골로새서 3-4장, 고린도전서 13장

곰곰이 새겨보기

1. 성경의 서신서에서 인용된 말씀이 당신이나 당신이 사랑하는 사람에게 행해지는 학대나 불의를 합리화하는 데 사용된 적이 있습니까? 그러한 일이 당신의 성경관에 어떤 영향을 미쳤나요? 사도 바울에 대한 생각 에도 영향을 미쳤습니까?

2. 342쪽에서 저자는 "성경과 화해하기 위해 나는 마지막으로 바울과 화 해해야 했다"고 고백합니다. 당신도 공감하나요? 바울 서신에 대해서 어떻게 생각합니까?

토론을 위한 질문

3. "종들아, 너희 주인에게 순종하라", "아내들아, 남편에게 복종하라"와 같은 성경 말씀을 접할 때 당신은 어떻게 반응합니까? 이 장을 읽기 전에 이러한 말씀의 맥락을 알고 있었나요? 맥락을 아는 것이 말씀을

수용하는 데 어떤 변화를 가져왔습니까?

4. 당신이 속한 신앙 공동체에서 바울은 어떤 대접을 받습니까? 그리스도 만큼 칭송을 받습니까, 아니면 불만의 대상이 되거나 무시당합니까? 바울의 글에 관한 당신의 의견은 무엇입니까? 계몽적이다, 탁월하다, 문제의 여지가 있다, 성차별적이다, 구식이다, 시대를 초월한다, 아니면 전부 다입니까?

5. 서신서를 보면서 지혜 문학과 비슷하다고 생각한 적이 있나요?

6. "왜 성경에 서신서가 포함되는가?"라는 질문에 당신은 어떻게 답하겠습니까?

밖으로 나가보기

7. 당신의 이메일함에 있는 이메일을 훑어보면서 다른 사람들이 맥락 없이는 이해하기 힘든 문장들을 뽑아 봅시다. 그룹에서 그 문장을 읽고 사람들의 반응을 살펴봅시다. 그 후에 전체 맥락을 얘기해 줍니다. 이러한 활동은 전체 맥락을 고려하지 않은 채, 또는 어떤 상황에서 편지가 전달됐는지 무시한 채로 서신서의 몇 구절을 이해하려는 것이 어떻게 오해를 불러일으킬 수 있는지 잘 보여 줍니다.

8. 지금 당신이 출석하는 교회 혹은 과거에 출석했던 교회에 편지를 써 봅시다. (꼭 보낼 필요는 없습니다!)

9. 렉시오 디비나 방식으로 고린도전서 13장을 읽어 봅시다. 너무 익숙한 말씀이니까 특별히 당신에게 새롭게 다가오는 이미지, 구, 단어에 초점을 맞추세요. 이 말씀이 어떻게 서신서와 성경 전체를 폭넓은 관점으로 바라보게 하는지 생각해 봅시다. 사도 바울이 이 말씀을 썼다는 사실을 잊지 마세요.

더 읽을거리

10. 성경이 성 역할과 성적 지향에 관해 무엇을 말하는지 깊이 있게 살펴보고 싶으신 분은 제임스 브라운슨의 책 『성경, 성 역할, 성』(Bible, Gender, Sexuality)와 매튜 바인즈의 『하나님과 게이 기독교인』(God and the Gay Christian)을 읽어 보세요.

나가며

"우리는 끝나지 않은 이야기 속에 살고 있다."

곰곰이 새겨보기

1. 이 책을 읽고 난 후 가장 새롭게 다가오는 성경 이야기는 무엇입니까? 이제 성경의 어느 부분을 더 자세히 탐구하고 싶습니까?

토론을 위한 질문

2. 저자는 357쪽에서 "우리가 상상할 수 있는 가장 큰 이야기가 세상을 구원하시는 하나님의 사랑에 관한 것이라면, 우리의 삶도 그 이야기를 따라 빚어질 것이다"라고 말합니다. 우리의 삶이 성경 이야기에 의해 빚어진다는 게 무슨 뜻입니까? (344-345쪽에 나와 있는 톰 라이트의 글을 참조하세요.)

3. 당신의 마음과 생각을 하나님으로부터 멀어지게 하는 이야기는 무엇인가요? (우리 시대의 문화와 국가, 심지어 신앙 공동체가 말하는 이야기들을 생각해 보세요.)

4. 당신의 자녀와 다음 세대에게 꼭 전해 주고 싶은 중요한 이야기는 무엇인가요? 성경이나 당신이 속한 공동체, 당신의 인생과 관련된 이야기 중에 골라 봅시다.

다시, 성경으로

거대한 회의의 산을 넘고,
흔들리는 마음처럼 물결 이는 호수 위를 걸어,
빛바랜 성경을 다시 집어 들다

초판 1쇄 발행 2020년 4월 6일
초판 3쇄 발행 2022년 1월 17일

지은이 레이첼 헬드 에반스
옮긴이 칸앤메리 박명준
펴낸이 박명준

편집 박명준
디자인 김진성
제작 공간

펴낸곳 바람이 불어오는 곳
출판등록 2013년 4월 1일 제2013-000024호
주소 03311 서울 은평구 진관1로 22, 112-903
전자우편 bombaram.book@gmail.com
문의전화 010-6353-9330

ISBN 979-11-968892-0-3 03230

바람이불어오는곳 은
교회 안과 밖 사람들의 신앙 여정을 담은 즐거운 책을 만듭니다.

🄵 🄾 bombaram.book